国家哲学社会科学成果文库
NATIONAL ACHIEVEMENTS LIBRARY
OF PHILOSOPHY AND SOCIAL SCIENCES

质性社会学导论

——基于本土经验的社会学话语体系建构

石英 著

社会科学文献出版社
SOCIAL SCIENCES ACADEMIC PRESS (CHINA)

《国家哲学社会科学成果文库》
出版说明

为充分发挥哲学社会科学研究优秀成果和优秀人才的示范带动作用，促进我国哲学社会科学繁荣发展，全国哲学社会科学规划领导小组决定自2010年始，设立《国家哲学社会科学成果文库》，每年评审一次。入选成果经过了同行专家严格评审，代表当前相关领域学术研究的前沿水平，体现我国哲学社会科学界的学术创造力，按照"统一标识、统一封面、统一版式、统一标准"的总体要求组织出版。

全国哲学社会科学规划办公室

2011 年 3 月

目　　录

Contents

第 一 章
绪 论*

第一节 何谓质性社会学

一 质性社会学是以质性研究方法为基本理念的社会学

质性研究，一般指一种社会研究方法。我们主张将其上升为社会学的基本理念和逻辑出发点，提出"质性社会学"概念。定义为：质性社会学，是以质性研究方法为基本方法，从历史和文化的视角，解释和理解社会现象，促进社会质量提升的社会学。

质性社会学首先强调的是质性研究方法，包括参与观察、个案研究、深度访谈、焦点小组、民族志、扎根理论、叙事研究、行动研究等一整套方法体系，这一方法体系与传统实证主义社会学量化分析法形成鲜明对比。

质性社会学是人文社会学。源自自然科学的经典社会学明确标榜价值中立，强调客观性、实证性、逻辑性，突出工具理性，旨在求"真"；质性社会学则重视参与、理解，倡导人文关怀，彰显价值理性，内在向"善"。因此，如果把经典社会学称为"科学社会学"，则质性社会学应倾向于"人文社会学"。

质性社会学是解释社会学。质性研究的目的不是预测，不是控制，而是理解。强调在特定历史文化背景下，透过具体的日常生活实践，对典型个案、焦点群体和社会现象的诠释理解，在具体情境中把握现象和事件的意

---

* "绪论"为作者发表在《人文杂志》2015 年第 6 期的阶段性成果，原标题为《质性社会学论纲》。

义。寓情于景，追求研究的特质化，强调地域的适用性，重视主观体验。寻求对区域社会发展质量的追求和人群生活意义的建构。

质性社会学是微观社会学。与传统社会学不同，质性社会学由追求科学性、规律性的宏大叙事，转向关注微观个体、本土经验、中观区域，遵循从个体、局部到整体的研究路径，去解释和理解社会现象，不追求"放之四海而皆准"的普适性社会理论，类似于"中程理论"。如果说传统社会学的量化研究一般是一种"远距离"的研究，质性社会学则是一种近距离的研究——参与、体验、直接观察。因而，质性社会学是"本土社会学"、"区域社会学"、"微观社会学"。

质性社会学是社会质量学。质性社会学为自己确定的只是一个"有限"目标：研究和促进社会质量提升。社会质量就是社会发展质量，即社会发展的程度和好坏，主要指经济增长之外的社会维度，包括"社会的文化价值、精神气质、历史积淀、人的社会认同、主观感受等方面，构成社会发展的质量"[①]。

欧洲学者将"社会质量"定义为"人们在提升他们的福祉和个人潜能的条件下，能够参与社区的社会与经济生活的程度"[②]，认为一个社会的社会质量状况可以通过以下四方面要素来描述：社会经济保障、社会凝聚、社会包容、社会赋权。1997 年，欧盟《欧洲社会质量阿姆斯特丹宣言》提出："我们不希望在欧洲城市中看到数量不断增加的乞丐、流浪汉和无家可归者。我们希望欧洲社会是一个经济上获得成功的社会，同时也希望通过提升社会公正和社会参与，使欧洲社会成为具有高度社会质量的社会。"

社会发展既需要"量"的积累，更在于"质"的提升。社会质量理论把每个人看成处在其自我实现和集体性认同这两方面的辩证关系中。质性社会学的社会发展质量，偏重于人的内心体验，是以人的主体感受为本的社会生活质量。

质性社会学是建构社会学。"参与"、"行动"是质性研究的核心概念，这里涉及研究者的角色、立场、态度和信念。研究者秉持建构主义的立场，

---

① 江波：《构建"质性社会"与社会学的使命》，见尹小俊、张春华、杨红娟主编《质性社会学的探索：理论、方法、应用》，社会科学文献出版社 2012 年版。

② 艾伦·沃克：《社会质量取向：连接亚洲与欧洲的桥梁》，见张海东主编《社会质量研究：理论、方法与经验》，社会科学文献出版社 2011 年版，第 117 页。

提出建构优质社会的目标，着眼生活世界，探寻行动策略，追求意义空间。这也体现质性社会学的出发点和目的，不是单纯地"追求真理"，更多的应是"寻求价值"。

二　质性社会学不等于"定性社会学"

将质性研究方法上升为质性社会学，并非我们标新立异的独创。实际上随质性方法的兴起，就有了"质性社会学"的提法。1978 年创刊的英文刊物《质性社会学》（*Qualitative Sociology*）应是最早以"质性社会学"命名的英文学术刊物。2005 年在波兰创刊的英文在线刊物《质性社会学评论》（*Qualitative Sociology Review*）在创刊号上也表明了其对质性社会学的理解："质性社会学是一种描述、理解、解释社会现象的视角……它也是关于人类经验的质性思维方式。"[1]

可以看到，西方学者的"质性研究"，基本相当或对应于国内社会学界所说的"定性研究"。在此意义上，"质性社会学"（Qualitative Sociology），被很多人理解为"定性社会学"。但我们认为，"质性"概念的内涵和外延都要大于和有别于"定性"研究。如果说"定性"是与"定量"相辅相成、相互依存的一对范畴，而质性研究本身并不排斥，或者说也内在地包括了量的分析和比较，任何一项社会研究都同时既包括"质"的判断，也包括"量"的分析。不能人为地将二者对立起来，划分出"定量社会学"和"定性社会学"。

进一步，将"质性社会学"混同于"定性社会学"，表明依然把"质性"研究仅仅看作方法，而不是一种理念。作为方法，强调研究者持客观、中立的态度，价值无涉。研究者是认识主体，"社会"是研究对象，是客体，主客体相分离、相对立。作为理念，参与、体验、"将心比心"、反身性思考等的核心是呼吁研究者尽可能全面地、自然地进入被研究者的生活，与被研究者紧密互动，从被研究者角度，以生活于特定情境中的人的视角"反身性地描述和理解人的实际行动和体验"。这里，研究者自身是"社会"中平等的一员，既是认识主体又是认识客体，主客二元相统一、相一致。

---

[1]　"Qualitative Sociology Review," 2005, http://www.qualitativesociologyreview.org.

也就是说，从认识论视角，质性社会学主客体相统一、相一致；而"定性社会学"主客体相分离、相对立。二者完全不能等同。

三 质性社会学是一种独立的研究范式

社会学自诞生以来其理论思潮经历了由实证主义，到人文主义，再到批判主义的"进化"或演变，形成了不同的学派、观点和理论体系。社会学逐步形成了结构功能主义、社会冲突论、符号互动论三种社会学基本理论，以及社会积淀论、新进化论、现代化的社会生物学、后工业化的社会理论及多边理论；与之相应形成"科学的"、"解释的"、"批判的"三大方法论体系。质性社会学注重解释与建构、批判与反思，融合了符号互动论和社会冲突论的理论假设。其主客体相统一的立场、个案到整体的研究路径，突破和超越了西方社会学传统的实证主义世界观和方法论。质性社会学已经形成一种不同于主流社会学的、新的、独立的社会学研究范式。

范式（paradigm）的概念和理论是美国著名科学哲学家托马斯·库恩提出的，它指的是科学共同体成员所共享的信仰、价值、技术等的集合，是常规科学所赖以运作的理论基础和实践规范，是某一学科的研究者群体所共同遵从的世界观和行为方式。

质性社会学的提出是期望"取道质性研究，回归人文传统"[①]，实现社会学本土化、中国化。名称中的"质性"依然借自西方，概念的提出也是在当代，但质性社会学绝不是西方社会学的分支，也不是要重新建立一套社会学体系。与其说质性社会学是一个社会学分支学科，不如说是一种社会学主张、一种价值取向、一种社会学流派、一种研究范式。

第二节 质性社会学何以必要

一 对社会学盲目和过度量化倾向纠偏的需要

虽然质性社会学不等于定性社会学，但质性社会学的提出，首先是出自

---

① 石英：《质性研究与社会学的中国化》，《人文杂志》2013 年第 4 期。

对中国当前"学院派社会学"研究盲目和过度量化倾向的反思和纠正。

社会学家对社会从宏观结构到微观行为的研究，不管其属于何种理论体系，从研究方法上简单区分，无非"定性"与"定量"两种类型。不同的社会学家有不同的倾向，不同的历史时期有不同的潮流，不同的国家或地区有不同的侧重。譬如在当代，美国社会学者中"定量"派占主流，欧洲学者则"定性"研究较多些。中国大陆社会学恢复重建30多年来，从学科和教材建设来看，可以认为受美国"定量"派影响较大。社会学以自然科学为模本，在研究应用中已经形成一整套"规范"严密的研究方法，包括抽样技术、量化资料收集技术、以数理统计为基础的资料分析技术等。从而，确立了量化研究方法在中国社会学研究中的主导地位。尤其是在高校学术研究和评价体系中，数据、模型就代表着学术规范，数据采集和分析贯穿社会学研究的全过程。"一项研究要从问题出发，然后综述相关文献和理论、讨论各种不同观点和可能的答案，进而从中抽出假设命题；之后测量概念，收集数据，设计分析方案；最后分析数据以检验假设，并作出总结。八个部分各行其职，环环相扣。"[①] 问题—文献—假设—测量—数据—方法—分析—结论，"洋八股"成为受过良好专业训练的标志，成为博士硕士论文评价、学术期刊论文发表必须遵循的标准。

量化的社会学已经垄断了今天中国社会学的学术话语权。质性研究始终处在一个非主流的、从属的、辅助性的地位，并且愈来愈边缘化。然而关于定量方法与定性方法的学术论争在社会学界长期存在，且近年有愈演愈烈之势。"学术中国"网站评出的"2014年中国社会学界十大事件"中，"《冷冰冰的社会学》引发的争议"赫然上榜。2014年年初"豆瓣网"刊登网名shirley的博客《冷冰冰的社会学》，对社会学教学研究领域量化研究一统天下、"为统计而统计，为测量而测量"的倾向表示不满；这一文章立刻遭到署名mujun的批评回应，博文《量化研究在社会科学中的应用》指其"不懂量化研究"、"再好好看几本社会学教材"。

世界进入"大数据时代"，不仅社会学，传统人文学科也以量化为时髦。就像当年发现了杠杆原理的阿基米德所言"给我一个支点，我就可以

---

① 彭玉生：《"洋八股"与社会科学规范》，《社会学研究》2010年第2期，第181页。

撬起地球"，仿佛大数据可以解决一切问题。社会学的"数据热"仍在升温，社会学的"统计学化"趋势有增无减。

然而，社会学领域"定量分析"方法在取得一定成功的同时，也表现出极大的局限性。"幸福""和谐"都是可以量化的，但干巴巴的数字总是给人以"冷冰冰的社会学"的感觉。枯燥的数字还难免会掩盖一些社会矛盾和问题。基尼系数或许可以测量贫富差距，却很难解释社会公平度。金融危机以来西方学者利用"大数据"对中国社会的"预测"几乎没有看到成功的案例。很大程度上，人类社会活动的"可重复性""规律性"值得怀疑。小到一场球赛的结果都难以被"科学"地准确预测。譬如人们热衷于利用计算机模拟预测世界杯足球赛输赢，将参赛运动员的生理、心理数据，既往表现等因素，以及赛场环境、气候气象、地理人文环境等数据都尽可能全面详尽地输入计算机分析计算，复杂性科学的发展还可以不断增加新的条件，但据说预测结果竟然输给了"章鱼哥"！问题还在于，愈来愈追求精确量化的社会学研究反倒忽略了人们的感受，"用数字说话"逐渐与现实脱节，与真实社会格格不入。当"定量"由一种方法手段演变为目的和标准，学术追求就会以表面的数据替代本质，造成相关性与真实逻辑因果关系的颠倒。其结果将是刻舟求剑，舍本求末，本末倒置，方法与目标渐行渐远。

不少社会学者看到了"社会科学越来越美国化的危机"，"今天的中国社会科学日益美国化，但模仿的恰恰是美国社会科学中最狭隘的地方——学术的标准化要求。这意味着将美国社会科学的危机加诸自身已有的危机之上"。① 学术标准化之所以是一场危机，是由于隐藏在这种标准化模式背后的是一套教条主义态度、形而上学的思维模式和思想方法，这是最需要被摒弃的。

中国社会学领域亟须一定程度的"拨乱反正"，打破量化研究一统天下的局面，实现理论体系多元化，推动质性研究主流化，给予质性社会学以相对独立、"正统"的地位。

---

① 祁涛、渠敬东：《社会科学越来越美国化的危机》，《文汇报》2014 年 12 月 12 日。

二 实现科学性与人文性统一、促进社会学学科健康发展的需要

社会学"定量""定性"之争，表面看是方法之争，实质反映出中国社会学学科建设的诸多深层次问题。质性研究的分析方式以归纳为主，而量化分析、数学模型遵循的是演绎为主的逻辑。将二者纳入同一体系，逻辑上难以自洽，需要思维的转换。科学与人文的统一更是我们必须面对的难题。

费孝通指出社会学具有科学性和人文性双重性格。以自然科学为模本的主流社会学强调价值中立、客观精确，内在的工具理性要求只管"实然"不管"应然"；而人文的社会学本质上要求深度的价值关怀。学界试图将"人文"统一于"科学"的框架下，按照"科学"的标准来"规范"人文的思维，逻辑上的矛盾冲突几乎是必然的。就好像把中医纳入西医的框架中，搞"中西医结合"。尽管无数事实可以证明中医的实效，然而西医就是认为中医不科学，中医也就只能被边缘化。海外中医针灸师几十年来一直试图在现代科学体系内，证明和捍卫自己的古老医学理论；然而按照西医理论，临床治疗的经验和病例不是"证据"，任何疗法如果不可重复，不能经过严格的"临床随机对照试验"，就不能证明该疗法的有效性。[①] 全球最权威的医学刊物载文宣称"针灸无效"，再次表明试图用西医理论去证明中医疗效是徒劳的。实践是检验真理的唯一标准，中医的疗效需要中医的理论。中医、西医二者不是一个理论体系，与其硬往一块凑，求得统一的解释，不如分离开来、独立出来。同样的道理，"人文"的社会学有必要从"科学"框架中独立出来。

除了学科内部缺乏逻辑一致性、学科核心价值基本理念矛盾冲突外，还有学科体系"边界"不清、"社会"特色模糊的问题，影响到学科的健康发展。社会学只是社会科学学科群中的一门，社会科学还包括经济学、政治学、法学等并列、独立的学科。社会科学的不同学科应当有其特定的概念、理论、方法体系，有各自的特色和"边界"。同是以社会为研究对象，如果说经济学研究更加关注"量"，社会学则应更偏重于"质"。然而以量化为规范的结果是社会学日益向经济学靠拢、趋同。现实中社会学者对数据的狂

---

① 袁端端、吕佳溪：《中医针灸在美陷最大规模论战：较"针"》，《南方周末》2015 年 2 月 13 日。

热追求一点也不亚于经济学家，他们争相找数据、建模型。社会学在数据追求中越来越经济学化，"种了别人的地，荒了自家的田"，迷失了方向，失去了自我，模糊了学科界限。

我们看到，国家不断强调"和谐社会"、"社会建设"，中央治国理政重视社会管理的思路一次次激发社会学家们的激情，他们企盼和欢呼着"社会学的春天"到来。然而春暖花未开，社会学的声音始终微弱。在经济学的渗透和社会学的主动放弃下，传统社会学领地正逐渐丧失，所有"社会"领域均有经济学介入。社会学热衷于"幸福指数"，经济学已开创"幸福经济学"；社会学研究农民工流动，经济学提出的"榨菜指数"成为方便有效的分析工具。改革开放，市场经济，经济学家无论在国家决策层面还是在公众领域都发出了专业的声音，大众传媒中充斥着经济学专栏。经济学明确区分规范研究和实证研究，基本理顺了价值导向与客观性要求的关系。而在社会学发展中表现出一种"泛社会学"倾向，似乎无所不能、无所不包，使社会学更显支离破碎，没有特色，缺乏核心的解释逻辑，对公众面临的问题无法做出强有力的回应。

社会学是"社会之学"，"社会性"本质上是"人文性"。主张质性社会学，是期待学科建设正本清源、彰显特色，回归人文本质。这也是超越方法之争，理顺学科发展内部逻辑，廓清学科建设外部边界，促进社会学本土化健康发展的需要。

三 适应社会转型、推进中国特色新型智库建设的需要

社会学的诞生源于欧洲工业化、城市化带来的社会问题、社会矛盾，社会学为解决社会问题应运而生。社会学最早传入中国也正值社会的大动荡时期，当时的学科分化和学科界限不似今天这样清晰，社会学、政治学、经济学、哲学等都是以"社会问题"为导向，那一代学人对社会理论的探讨自觉而自发地紧密围绕着改造变革社会的实践展开。

中国大陆社会学的恢复重建与改革开放完全同步。社会转型亟须社会学理论的阐释和指导，也为社会学研究提供了极为生动丰富的案例和素材，社会学应当大有用武之地。然而反观中国社会学恢复重建30多年愈益走向量化的道路，"统计社会学"对社会政策、法制进步的推动作用甚至远不如媒

体个案报道的影响力。学院派社会学一味强调社会学作为一门科学的科学性，即使很精确的量化研究分析，也只能解决"是什么"，即描述现状。当前中国社会发展面临的问题，不是"是什么"的问题，至少主要不是这个问题；而是要分析形成问题的原因，找到解决问题的办法。而"为什么""怎么办"正是质性社会学的特色和目标。媒体深度报道很大程度上相似于质性社会学的典型个案研究。像新华社经常组织小分队专题采访、深度调研，其对决策的影响绝不亚于专门智库。

30 多年前费孝通发表《小城镇 大问题》，堪称我国社会学恢复重建后的经典之作，直接推动和影响了我国城市化进程和工业化道路，形成乡镇企业大发展的局面。社会学者都期望自己的研究能影响决策、经世致用。费老的研究之所以有效有用，不仅仅在于他的社会地位，我们完全可以从他的研究思路和方法中得到启示：费老的研究完全没有那些唯数据论的洋教条，而是一以贯之自觉坚持了"质性社会学"（尽管当时并未以此为名称）的立场与方法。

中国社会科学界正掀起一股"智库热"，但智库建设也存在跟风模仿、专业性不强、有效性不足的问题。如何突出中国特色？质性社会学应当可以成为本土学者研究本土问题的最佳工具。

面对许多源自西方经验的社会指标在中国一再"失灵"，外国人一副"看不懂"的表情，这是因为他们对中国文化"隔一层纱"。然而长期生活在中国，经历并深度参与了改革开放过程的本土学者，就能够感受、体悟和理解社会现象的出现、社会心态的变化。当前我国社会面临的矛盾和问题，已经由一开始的物质层面更多地转向精神层面。一方面，有就业、教育、医疗、养老、社会保障、衣食住行等民生问题需要解决和回答；另一方面，社会上存在浮躁、焦虑、戾气，"没钱不幸福，有钱更不幸福"等问题，社会心态精神层面的问题愈加突出。质性社会学不仅提供分析、诠释社会现象的方法、工具，其"将心比心"的核心理念也有着鲜明的价值取向："己所不欲，勿施于人。"质性社会学内在要求，社会建设应当与文化建设有机结合起来。质性社会学追求一种物质与精神相统一的"优质社会"，那就是"中国梦"的愿景。

"社会"是"质量"和"数量"的统一体，质量互变，社会历史螺旋式发展。不同的区域社会，不同的发展阶段，有着不同的主要矛盾。改革开放之初我国百废待兴，以经济建设为中心，GDP 等经济指标以及量化的社会指标受到高度关注有其必然性。当中国已成为世界第二大经济体，人们对和谐社会、幸福感的追求逐渐凸显、愈益迫切。在不同历史时期，"公平"和"效率"分别表现为社会的主要矛盾。当前中国社会的社会转型，从社会治理的视角看，是由"效率优先"阶段转向"公平至上"阶段。也可以说，正是因为中国社会由"数量型社会"转向"质量型社会"，才有了质性社会学的应运而生。

第三节　质性社会学何以可能

一　实践中已有丰富的经验积累

质性研究作为一种方法被介绍到中国，是在 20 世纪 90 年代中期。英文"qualitative research"一开始在中国大陆被译为"定性研究"，在中国台湾、香港地区及新加坡被译为"质的研究"，后逐渐统一为"质性研究"。质性研究最早是从"参与式农村发展"的项目推广开始的，到"社会性别"相关研究中提出方法论问题，学术界则是从教育学、心理学领域介绍过来。如果以 1995 年北京"世妇会"为标志，质性研究在中国兴起迄今已 20 余年。

但我们提出质性社会学，核心在于质性方法中的内涵理念：参与、倾听、体悟、反思、行动等。而这些理念其实是百年前早期中国社会学家们自觉拥有自发坚持的社会学思想。笔者在《质性研究与社会学的中国化》一文中曾经指出，20 世纪初西方社会学传入中国后，中国早期社会学可概括为三大流派：以孙本文、潘光旦、吴文藻、费孝通等为代表的学院派，以梁漱溟、晏阳初等为代表的乡村建设派，以毛泽东、瞿秋白等为代表的革命派社会学。学院派社会学家很多为人类学、民族学出身，其田野调查的方法都已被纳入今天"质性方法"体系，如"民族志"、"扎根理论"等。乡村建设派则完全可以看成是质性社会学"行动研究"的早期探索典型。至于革命派社会学者，虽未能在中国社会学学术史上占有一席之地，但其带有强烈价值取向和人文关怀的社会调查研究直接引领了中国革命的成功。像毛泽东的《寻乌调查》、《兴国调查》、《湖南农民运动考察报告》、《中国社会各阶级的分析》等文章也完全可以称得上是质性社会学成果。

尤其需要指出，20世纪50年代，社会学作为学科的教学和学术研究在中国大陆被中断，但中国共产党人的社会调查研究传统并未中止。毛泽东有句名言："没有调查就没有发言权。"党的干部经常"下基层""蹲点"，强调对劳动人民的感情，社会调查被要求做到"三同"：同吃、同住、同劳动。在电视片《历史转折时期的邓小平》中可以看到，改革开放之初，邓小平对秘书讲，不要把调查研究的传统丢掉了，要他们到北大、清华、科学院"做点调查，搞点个案"。可见，中国共产党倡导和实践的社会调查研究，一直贯穿着质性社会学的主线，体现了质性研究的精髓。

近20年间，学术界的社会学质性研究虽一直处于非主流的边缘地位，但作为一种方法体系还是逐步得到承认，并得到系统化梳理和理论化提升。其间，教育科学出版社2000年出版的陈向明《质的研究方法与社会科学研究》是国内第一部系统评介"质的研究方法"的专著，重庆出版社出版的"万卷方法——质性研究方法译丛"较系统地译介了一批国外质性方法教材和专著，人民邮电出版社等也集中编译出版质性研究方法书籍。《社会学研究》、《民族研究》等学术期刊相继发表了一些介绍、评论质性研究方法以及应用质性方法的研究论文。国家社科基金、教育部社科规划等，立项、完成了一批以"参与式"、"质性研究"为题的项目，取得不少成果。

可以看到，质性研究的探讨并非专属于社会学领域，相关论文发表很多是在人类学、民族学、教育学、医学、心理学期刊上。社会学质性研究方法较多应用在农村发展研究、社会性别研究领域。其中值得一提的是华中"乡土派"农村社会学研究。贺雪峰教授等总结提炼出"饱和经验法"、"经验质感"等概念，标志着社会学的质性研究已经从方法的介绍、移植、嫁接，到了自觉的理论提升阶段。

虽然质性研究的经验积累仍停留在"方法"层面，但这种积累已经为将质性研究理念提升为质性社会学范式奠定了深厚的基础。

二　理论上自成体系，有充分的学理依据

质性社会学研究遵循"由点及面"的认识路径，注重个案研究，典型

调查，见微知著，"解剖麻雀"。麻雀虽小，五脏俱全。认真解剖一只麻雀，了解它的结构，获取感性认识，就相当于解剖了一千只、一万只同样的麻雀。然而这种研究方法受困于"代表性"问题。批评者发问：你怎么知道你所解剖的那一只和其他未解剖的麻雀是完全一样的？欲证明"天下乌鸦一般黑"，要么用完全归纳法，穷尽天下所有乌鸦无一漏网，没发现任何一只白色、褐色的"非黑"乌鸦；要么你能够从逻辑上证明你所看到的乌鸦具有"代表性"，并据此计算出乌鸦全黑的概率有多大。

的确，何以实现从个人感悟上升至世界整体存在与价值的根源？质性社会学的基础受到质疑。个案研究的"典型性"≠"代表性"。于是陷入"代表性悖论"。其实这正表明，人文的质性社会学与科学的量化社会学不属同一范式，遵循的是不同的逻辑和理论。"受过严格量化研究训练的社会学者，在选择样本考虑其'代表性'时，不自觉地运用了量化研究的逻辑。"①

质性社会学与量化研究的不同在于思维方式不同，我们称之为"质性思维"。质性思维方式是一种"全息整体思维"。"一滴水可以见太阳"，"窥一斑而知全豹"，"一叶落知天下秋"。人们正是从这"一滴"、"一斑"、"一叶"，进而认识到事物的全体。个别中有一般。通过对个别地方、个别单位、个别典型的科学剖析，求得对普遍情况的真正了解和对一般规律的正确认识。这种认知靠的是经验、类比、领悟，而不是严密的逻辑推理论证。

发端于中国古老"天人合一"思想的全息整体思维方式，在现代通过"全息科学"理论找到了学理依据。20世纪70年代，由全息照相技术发展的光学全息理论获得诺贝尔奖；生物胚胎全息克隆技术的成功，进一步发展了全息科学理论。全息科学理论认为：在宇宙统一整体中，各子系统与系统、系统与宇宙之间全息对应，凡相互对应的部位较之非相互对应的部位在物质、结构、能量、信息、精神与功能等宇宙要素上相似程度较大。从潜显信息总和上看，系统的任一部分都包含着整体的全部信息。

全息科学理论从另一个视角揭示了世界物质统一性的具体方式，进而深

---

① 庄宇皓：《在定性研究中，我们到底需要多少个案才足够？》，见"社会学吧"网站（www. socibar. com），2014年3月1日。

化了辩证唯物主义普遍联系的原理。实际上，从鸡蛋仅需适宜温度就可以孵出活蹦乱跳的小鸡，受精卵在母腹孕育出与父母遗传相似的人，我们就可以领悟和证明全息对应、全息包含的可能性与合理性。不同于西医"头疼医头，脚疼医脚"，中医可以"头疼医脚，脚疼扎耳"。中医针灸穴位经络学说，即源于"天人合一"的整体观，包含着全息科学的思想和智慧。

费孝通《江村经济》所采用的研究方法得到了马林诺夫斯基的高度评价。马氏认为："通过熟悉一个小村落的生活，我们犹如在显微镜下看到了整个中国的缩影。"① 质性社会学倡导的典型调查法体现了辩证唯物主义由个别到一般、由特殊到普遍、由个性到共性的认识论原理。其全息整体的质性思维方法、理念，自成体系，逻辑自洽，构成不同于西方传统社会学的独立系统。

三 与中国传统文化思维方式高度契合

英国学者李约瑟在其编著的 15 卷《中国科学技术史》中提出，尽管中国古代对人类科技发展做出了很多重要贡献，但为什么科学和工业革命没有在近代的中国发生？这就是著名的"李约瑟难题"。近代自然科学为什么未能在中国诞生？五花八门的解答将其归结为体制、文化和思维方式的因素。

近代自然科学可以被称为数理实验科学。其核心的要素一是数学，二是实验。或曰，一是逻辑，二是实证，这就是逻辑实证主义传统。这一传统来自西方文化，源头在古希腊文明。约公元前 300 年，古希腊学者亚里士多德创立了形式逻辑，欧几里德几何学采取严格的演绎推理证明形式，毕达哥拉斯学派坚信"万物皆源于数"。因此，西方文化中内含有追求精确、注重逻辑的理性精神。

人类思维方式可以分为关联思维和逻辑思维。显然，逻辑思维源自西方文化传统，而东方文化、中国传统的思维方式偏重于关联思维。中国文字以象形、会意为特点，给人以丰富联想。类比联想、直觉感悟、将心比心等都属于关联思维方式的范畴。这种思维方式的特点，恰好对应和符合于我们所称的"质性思维"。

---

① 陈涛：《个案研究"代表性"的方法论考辨》，《江南大学学报》2011 年第 3 期。

量化的社会学研究最基本、最常规的手段是问卷调查。然而问卷调查法移植应用于中国的确存在"水土不服"、获取"真实"数据困难的问题。追溯起来，量化问卷可能更适应于有着理性思维表达传统的社会；而深度访谈、参与体验等方法甚至可以从中国古代官员的"微服私访"中找到根源和依据。质性研究方法的概念虽是从西方引进的，而其内核却植根于中国文化土壤，具有中国传统文化基因，用于研究中国问题的确可能更适合中国国情民情。

中国文化讲究区分"道"与"术"。孔子曰："朝闻道，夕死可矣。"道：道理、规律、气质、文化，形而上；术：技术、方法、工具、具体，形而下。西方社会和中国社会的内在结构、文化结构存在显著的不同。也就是"道"的不同。中国传统文化讲求"天人合一"，追求人与自然和谐共处，西方科学文化则追求征服自然。有文化学者认为，中国传统文化尊崇的是"王道"，而西方科学文化产生的是"霸道"。

质性研究在西方只是方法，是工具。如果对质性研究的理解只是停留在方法论层面，就永远只是一种"术"。我们将其上升为质性社会学，就是由"术"而"道"。意味着是理念，是价值，是方向，是思路。长期以来，我们的社会学学科建设、教材建设都存在一个问题，"术讲得太多，而最根本的就是一个道"。

"霸道"产生的是居高临下的社会学，"王道"主张的是和谐平等的社会学。西方的质性研究方法源自人类学传统，而人类学的产生有着浓厚的殖民主义色彩。因此，西方质性研究一般是一种"下向"研究，即研究对象一般是殖民地异质社会、"土著"弱势群体。研究者本身无论学识还是社会地位远高于研究对象，似外星人来到地球，从零开始"客观"研究。由于研究者是"外来者"，于是有了"参与"。质性方法由术而道，实际强调的是本土学者研究本土问题，且研究对象并非都是"弱势"阶层，可能更多在地位上与研究者平等甚至更高。重要的意义在于，质性社会学是一种主客体相统一的、平等的、开放的、本土的社会学。

"人心"与"天道"相通。将心比心可以从个人感悟上升至对社会整体之"道"的理解。道可"悟"而不可"算"，"人算不如天算"。质性社会学认识到计算能力统计技巧的局限性，突出了社会学是"人学"，理解、尊重愈益显其重要性。质性社会学之"道"与中国传统文化紧密契合、高度一致。

第四节　质性社会学何为

一　重构与世界平等对话的本土社会学学术话语体系和评价体系

作为"西学"的社会学传入中国已有百年。一代代社会学人都把社会学的本土化、中国化作为学术追求和历史使命，然而现实的中国社会学学科发展与这一目标似有渐行渐远之势。很大程度上，我们的社会学研究止步于用中国数据或案例去验证西方理论，以"洋八股"作为学术规范，以在英文国际学术期刊发表的论文为最高标准。当我们提出"中国话语、中国表达"，立即有人呼吁"中国话语要让世界听得懂"。为让外国人听懂而故意让普通中国人不懂成为一种时髦，成为"学术性"强的标志，学术被垄断为一个小圈子中的人的自娱自乐，以西方理论、西方标准来规范中国社会学，使我们丧失或主动送出了学术话语权。

西方社会学规范强调"科学性"，希望将一切核心概念都操作化、指标化、数量化。科学崇尚的语言是数学语言：数字、符号、方程、模型。甚至汉语表达也被否定："定性研究的结果是用日常语言表述的，日常语言（尤其是汉语）是诗性的，进行科学表述时不可避免地存在模糊性。因此，从科学的视角来看，定性研究存在着根本缺陷，这是社会科学进行实证的定性研究时所必须面对的困境。"[①]

质性社会学赋予自然语言以中心地位，认为人类语言、文字符号表达的意义远胜过"数字表达"。许多概念一旦被操作化之后就会丧失其灵魂。譬如对一个地方治安状况的描述，今人用公众安全感指标"90%感到安全"，古人讲"道不拾遗、夜不闭户"。指标数据固然可以进行纵向、横向比较；而语言描述形象、具体，如身临其境，可感受到淳厚民风，寄托着对理想社

---

① 刘林平：《反事实、控制变量和文本——对定性研究的反思》，见"社会学吧"网站，2014 年 3 月 5 日。

会的向往和追求。这种"诗化的语言"为什么不能进入社会学学术话语体系？从传统城镇化到新型城镇化，是一个由"量的城镇化"到"质的城镇化"的过程。传统城镇化注重人口城镇化，以居住在城镇人口数量占总人口百分比来表示。"望得见山，看得见水，记得住乡愁"，何等的诗意，又何等易于理解，城乡统筹、城乡一体的新型城镇化模式难道非要用干巴巴的数学模型来体现？

学术植根于民间，植根于大众，植根于社会。在急剧的社会转型期，中国的学者、官员、民众、媒体创造了大量的用于描述中国社会现象的概念、词语。"弱势群体"来自经验观察，是对社会现实的客观反映，同时对"弱"的判断和关注，饱含着价值关怀。"农民工"、"屌丝"、"黑车"等概念生动反映了中国社会转型，"土豪"、"大妈"被收入牛津词典，其"话语背后的话语"可能更应由中国社会学家来解读，并加以理论提炼。

费孝通等老一辈社会学大师的成果得到国际学术界高度评价和认可，证明中国话语、中国表达，完全可以和世界平等对话，世界也不会"听不懂"，前提是触及真问题。即使外国人真听不懂，也不能削足适履去满足别人的评价标准。据说爱因斯坦创立相对论时，全世界只有两个半人能懂，但这并不影响其真理性。只要我们有足够的学术自信，世界迟早会听懂。

"何以在差序格局提出之后的60多年间，中国社会学在知识积累和理论创新上并无实质性突破？"[①] 中国社会科学界亟待改变学风、文风，走出唯西方标准的羁绊与局限，立足于中国问题、中国视角、中国思维、中国表达，重新建构具有中国特色、世界眼光的社会学学术话语体系、评价标准。质性社会学承担了这样的历史使命。

二 重塑社会学的想象力

无论中西之争，还是"定量""定性"之争，都不否认社会学是"经验科学"。如果把量化社会学研究概括为"经验加数学"，那么质性社会学研究则可理解为"经验加直觉"，更确切地说，是"经验加想象力"。

---

① 陈占江：《重返费孝通：走出概念学术的迷思》，《中国社会科学报》2015年4月24日，A08版。

社会学的想象力（sociological imagination），是美国社会学家赖特·米尔斯提出的概念，港台译为"社会学构造力"。"社会学的想象力能够使人们关注有限的个人经验和更为广阔的社会历史事件之间的联系。"米尔斯指出，这种想象力是一种视角转换的能力、换位思考的能力，是将个人议题转化为公共议题的能力。社会学的想象力也被称作社会学视野（sociological perspective）。美国社会学家约翰·J. 麦休尼斯认为："社会学是关于人类社会的系统研究。社会学的核心是一种被称作社会学视野的特殊观点。"① 也就是说，社会学区别于经济学和其他社会科学学科的核心或本质就在于"社会学的想象力"。

社会学的想象力很大程度上是一种直觉感悟能力，是长期参与、观察、体验、感悟的结果。它更多是一种形象思维，而不是逻辑思维；更多是一种文字表达能力，而不是数学计算能力。社会学的想象力帮助我们找到这个时代在历史中的定位，找到个人在社会结构中的定位。像"社会板结"、"拼爹"、"啃老"、"剩女"等诸多社会现象，你可能无法从个人经验获得完整解释，其一定源自某种个人无法控制的社会结构的力量，而这种结构的力量是从统计数字中分析不出来的。富有社会学的想象力的学者能够在个人体验与公共议题之间建立联系，在微观经验与社会趋势之间穿梭。

我们看到，计算机统计和信息技术的发展，使得大规模问卷调查越来越容易操作，机器编码识别、统计分析软件把交互分析、回归分析、趋势分析、聚类分析、相关分析等过去复杂高深的统计计算变得轻而易举。社会学研究过程中，课题设计者、数据采集者、数据分析者、论文撰写者，分工愈来愈细，形成工业化的"产业链"。原本为一个整体的不同研究环节分工、分化、分离，社会研究愈来愈工具化，变得几乎成为一个纯技术问题。社会学的想象力在这一过程中被消解，变得可有可无。

前面谈到"李约瑟难题"，这里还要发出"钱学森之问"：为什么我们的学校培养不出杰出人才？老一辈社会学家的里程碑为什么无法超越？从社会学学科队伍建设和教学课程设置现状中不难找到答案：数学、统计学等工具性学科的训练强势垄断，与社会学的想象力相关的人文学科被极度边缘

---

① 约翰·J. 麦休尼斯：《社会学》，风笑天等译，中国人民大学出版社 2009 年版。

化。社会学的想象力的淡化弱化，意味着社会学核心竞争力的丧失。因此，越来越多的学者呼吁：重塑社会学的想象力！①

质性社会学倡导质性方法主流化，就是对社会学的想象力的呼唤。实际上，社会学的想象力对研究者提出更高的要求。"定性研究在理解和观察作为微观实践行动和过程的人类社会方面具有天然的优势，也更容易发挥其批判与建构的研究功能。但另一方面，定性研究对研究者也有更高的要求。"②质性社会学不是社会研究的"低级阶段"，不是由于不懂数学而进行的初级浅显的研究，而是要求能够透过现象看本质，具有更高领悟感知能力。

三　重振中华文化自信

把"质性"由方法提升到基本理念，由方法论层次深入到本体论层次。这种提升与深化最重要的意义，在于树立和增强中华文化自信。

一百年前的中国学界有识之士在向西方学习的过程中喊出"中学为体，西学为用"的口号。社会学从发源地讲当属"西学"。然而可以认为，中国社会科学的"体""用"之争百年未解。实际是"西学为体，中学为用"，体用颠倒。这种局面很大程度上是由于我们对源远流长的中华文化缺乏自信而导致的。鸦片战争中，西方列强用坚船利炮打开了中国大门，坚船利炮是科学革命和工业革命的产物，中国人终于认识到"科学"的厉害。五四运动呼唤"德先生""赛先生"，积贫积弱的中国由"中心之国""天国"的自负，一下子又掉到极度自卑的境界。对自身文化的自卑转而表现为对西方中心主义的自觉认同。

西方文化的核心可称为科学文化。"李约瑟难题"本身就反映出西方文化的优越感。"科学"的地位是至高无上的，一旦某事物被认为"不科学"甚或"伪科学"，其意味着什么可想而知。"社会科学"的研究既然是"科学"，就必须置于"科学"的框架下来分析。要做到可证实、可证伪、可重复、可检验，具有客观性、逻辑性，达到精确、量化、数学化。"在以数据为基础的研究范式中，数据的可靠性和准确性代表了研究的精确性，人们甚

---

① 　渠敬东：《返回历史视野，重塑社会学的想象力——中国近世变迁及经史研究的新传统》，《社会》2015 年第 1 期。

② 　向家宇：《伽达默尔诠释学对定性研究的启示》，《社会学评论》2013 年第 4 期。

至将以数据为依据的实证研究作为判断'科学'与'伪科学'的标准。"①
可见，社会学的"定量""定性"之争早已不是方法上孰优孰劣之争，焦点
在于是否"科学"。说到底，我们的方法不自信源于理论不自信，理论不自
信源于文化不自信，文化不自信由于"科学"不自信。

那么究竟什么是科学？科学一词，英文是 science，其拉丁文本意是知
识、学问，尤指分类的知识、学问。1893 年，康有为引进并首先使用"科
学"二字，严复翻译《天演论》等科学著作时，也用"科学"二字。"李约
瑟难题"发出科学未能诞生于中国之问，这里的"科学"主要指近代自然
科学。

如果把"科学"只作狭义层次的理解，即近代自然科学，并且排斥一
切"非科学"的思想和方法，这样的科学观无疑是狭隘的。世间并非只有
"科学"。人类社会有数千年的文明史，自然科学从诞生到现在不过四五百
年。莫非"天不生牛顿，万古长如夜"？中华文明是世界四大古老文明中唯
一没有中断的文明，绵延至今生命力依然旺盛，自有其存在的道理，不能简
单地用"不科学"否定。

科学的本意，就是人类创造、发现、归纳的系统化、理论化的知识和学
问。这是广义的科学观，"大科学"观。北京大学吴国盛教授从科学史角度
提出，迄今存在着三种类型的科学：博物学、数理实验科学和理性科学。博
物学是人类从远古就开始积累的与自然界打交道的理论知识；理性科学是古
希腊人开创的逻辑思辨推理体系；数理实验科学是衍生于希腊理性科学传
统，16、17 世纪诞生于欧洲的近代自然科学。"近代数理实验型科学是功利
性的、力量型的、征服和控制型的科学，而沉思型的理性科学和亲近自然的
博物科学不大被人重视。"吴国盛教授呼吁"回归博物科学"，"激活古老的
东方文化传统中的这个因素，来纠正和克服当代主流科学中出现的某些自身
难以克服的问题"。②

显然，中华传统文化蕴含着博大精深的博物学资源。中国古代"天人
合一"、"天人感应"的思想，中医理论等都属于博物科学的范畴。质性社

---

① 刘红：《大数据应用促进社会科学定量研究走向深入》，《中国社会科学报》第 551 期，2015 年
1 月 9 日。

② 吴国盛：《究竟什么是科学》，《新华文摘》2015 年第 3 期，第 140 页。

会学正是建立在对博物科学反思和回归的基础上，充分认识中华文化的科学性，实现科学与人文相统一。

中华文化自信是一种建立在大科学观基础上的自信。大科学观视野下的中华文化与科学精神不是对立的，而是水乳交融的。"各美其美、美人之美、美美与共、世界大同。"其实不光是社会学，整个中国社会科学有必要摒弃狭隘科学观，从"科学"的不自信中走出来。"历史教训是，一个真正强大的中国必须是理论的发源地，即有基于自己历史、文化和实践而形成的观念与理论，而做到这一点最重要的是国家支持下的大量的基础理论研究。"①

重振中华文化自信，社会科学理当率先。

---

① 杨光斌、曾毅：《中国社会纷争的观念之维与因应之道——兼对中国社会科学研究体制的总体性检讨》，《探索与争鸣》2014 年第 1 期。

第 二 章

质性研究史

本章简单回顾质性研究方法产生、发展和传播的历史。

伴随"后现代"思潮兴起，西方社会科学的发展产生了"质性研究方法"（qualitative research method）。质性研究方法是包括参与观察、个案研究、深度访谈、焦点（主题）小组法、民族志（人种志）方法、扎根理论、叙事研究（内容分析、口述史、音像资料）、行动研究等的一整套方法体系。这一方法体系的形成并非仅限于社会学领域，而是自一开始就产生并广泛应用于教育学、心理学等不同学科。探究其起源，可以认为质性研究主要发端于三个领域：早期人类学的人种志方法，20世纪初"社会工作"兴起的个案工作小组工作实务，20世纪60年代以来对"量化"研究的"反抗"思潮。

第一节 质性研究作为一种研究方法体系的兴起和发展

自20世纪60、70年代起，质性研究开始以一种近似方法共同体的"身份"统称跃上了社会科学研究的大舞台。其作为一类综合型科学研究范式，打破了社会学、人类学、教育学、心理学、社会工作、健康教育等多个学科固守的知识边界，展现了所涵盖方法的复杂性、非单一性、技术性、经验性等特征。伴随研究主体、客体互动关系的调整变化，加之具体研究策略的差异性和个体化取向影响，访谈法、民族志、扎根理论、焦点小组、参与观察、叙事分析、历史研究、个案研究法及文本内容分析等质性研究方法都呈现一种开放包容、发展更新的知识演进状态。相应地，这一趋势在社会学、人类学两大重视田野调查实践的学科话语体系中表现得更为突出和明显。与方法、质性评估、社会语言学方法。①

　　有学者把国外质性研究归纳为七个发展阶段。② 第一段发展时期是传统时期，从 20 世纪初至 50 年代，积累了近 50 年时间，倡导的主流思想是实证主义，强调研究的"客观、真实、科学、规范"，采用生活故事的叙事方法，盛行于人类学、社会学对陌生人社会的研究，其研究历程往往带有明显的个人英雄主义意味和"相对完整的故事情节"。第二段发展时期是现代主义时期/黄金时期，从 20 世纪 50 年代至 70 年代，后实证主义思想开始泛起，质性研究方法朝着规则有序的目标方向发展，同时受到多种社会思想影响，如现象学、阐释学、民族志、扎根理论、批判理论、象征互动主义、女性主义。第三段发展时期为类型模糊时期/领域模糊时期/多样化时期/模糊体裁时期，从 20 世纪 70 年代起，止于 1986 年，著名人类学家格尔茨的代表性著作《文化的解释》、《地方性知识》成为其所处时代的社会科学研究状态的象征物。这个阶段出现整合不同研究方法的趋势，不同学科的概念及其分析工具之间的界线逐渐变得相对模糊，另外自然主义和建构主义的思潮开始渗入，常人方法学的作用也慢慢显现。第四段发展时期是表述危机时期/表达危机时期/展示危机时期，由 1986 年开始，到 20 世纪 90 年代初结束。这一阶段存在着突出的语言表述危机，即研究写作内嵌着时空差异性因素和研究版本时刻更迭，其背后有着各种各样的诠释说法，体现在类似《写文化》、《作品与生活》、《经验人类学》、《作为文化批判的人类学》等论著中。第五段发展时期为后现代时期/后现代主义时期/实验的和新民族志时期/多样化小叙事时期，集中在 20 世纪 90 年代初期（1990—1995 年），本阶段开始涌起后现代主义思潮，研究过程和结论带有多样化叙事与理论叙事的时代特征，终结了宏大叙事的传统，开始关注多元声音和"以往被忽视的声音"，同时行动研究取向也逐步进入质性研究圈子。第六段发展时期称为后实验研究时期/新形态书写时期/后实验写作时期，起于 1995 年，止

---

　　① 陈向明：《质的研究方法与社会科学研究》，教育科学出版社 2000 年版，第 46—66 页。
　　② 陈向明：《质的研究方法与社会科学研究》，第 31—45 页；邓津、林肯：《定性研究：方法论基础（第 1 卷）》，风笑天等译，重庆大学出版社 2007 年版，第 3—4 页；文军、蒋逸民：《质性研究概论》，北京大学出版社 2010 年版，第 8—10 页；弗里克：《质性研究导引》，孙进译，重庆大学出版社 2011 年版，第 16—17 页。

于 2000 年，即在后现代主义思潮影响下所采取的一种新书写形态，影响因素更趋复杂多变。第七段发展时期属于未来时期，即从 2000 年发展至今，实际上进入质性研究的新探索阶段，质性研究的期刊形式和电脑技术运用正在有效"改造"着质性研究的结构和内容体系，引导和影响着质性研究的未来走向。

二　质性研究的理论渊源和思想积淀

1. 对量化研究方法的反思

在国外社会科学研究场域中，如何看待和理解质性研究也可有多种视角，其中值得重视的是反思性角度，即质性研究的生长和演化是得益于对量化研究的深挖和反思，具体通过对量化研究所属的各类方法及其方法论的梳理、对话、探索，归纳出一些知识盲点和分析限制，立足弥补和跳出这些原有的能力缺陷，在批判中成长，在反思中进步，从而使得质性研究获得与传统定量研究不同的理论"营养"，并由此孕育了可追溯至古典社会学传统的质性研究解释范式，量化研究、质性研究在此消彼长的知识竞争过程中发生了力量比例对比的调整变化。实际上，在欧美社会学和质性研究学术圈中，对于质性研究方法及其方法论的冲突和争议始终都未有一个理想的结果，量化研究的立足点和质性研究的出发点在分析范式层面上存在着明显分歧，这些现状使得学人们不得不集中精力去反思社会科学研究方法论的前途和走向，考虑"向何处去"的紧要问题，虽然学界也有声音提出采取一种综合研究方法的实践取向——量化研究方法加上质性研究方法，但在研究者面对一个个研究议题时往往不易走出"方法惯习"的思维定式，无论是在量化研究者中还是质性研究者中都有这种现象发生。所以，要消除类似的不理解和不认同甚至是误解的情况，就得改变质性研究著作、期刊、平台、项目等被介绍、推荐、引入社会科学不同领域和学科的机会较少和数量有限的现状，使其成为社会科学研究过程中重要的方法选择和理论导引。

2. 后现代主义思潮的兴起

质性研究可以被喻为关于非量化研究知识体系的"三棱镜"，从每一面观察都能看到不一样的且活跃度不一的质性话语及研究轮廓，这是基于对质性研究的理论定位和立场选择。进一步来说，也有田野实践的具体案例与之相对应。如一位有趣的作者运用三个观察维度和三种呈现方式来述说同一个故事——《一个讲了三遍的故事》（A Thrice – Told Tale）[①]，即对土著所属的一个村子里曾经历的一段生活进行深入的描述。以上一个看似简单的研究表述样本实际上揭示了质性研究的典型特征，这一点判断是源于如何理解"质性研究"，可将其概括为质性研究的诠释学：质性研究并不是由单一学科来承受的，而是带有复杂的多学科合作特质，它的演变历史很好地诠释了质性研究知识复合体的定位，汲取人文社会科学和自然科学的分析方法与研究范式，某种程度上也为当前一段时期质性研究采用流行的整合型研究方法（量化研究方法加上质性研究方法）提前打下知识基础和理论储备。质性研究由于其"多棱面"的内在属性存在，决定着所带来后果的多重性。作为社会科学研究的一类中心轴——质性研究，因其多研究范式的特点，主导了研究操作者们对多元方法操控性和实践性的探索程度大小，这预示着应对复杂社会变化的经验方法论价值之大。与此同时，质性研究领域难免需要考虑道德伦理、社会规则等因素综合之后产生的连带影响。相伴随的是，质性研究进程推动来自三类动力：一是，其基于多种社会理论思想的熏陶和孕育，如后现代主义、建构主义、女性主义等；二是，其直接依附于跨学科的各种具体研究方法，如扎根理论、个案访谈、叙事分析、焦点小组、民族志、参与观察等，这些方法的实践落地展现出质性研究独具特色的一面；三是，本土文化的成长及其传统的承续为质性研究的可持续发展创造了不可替代的竞争张力。[②] 这些影响因素的存在直接或间接地框定了质性研究的演进脉络和典型路径，而且社会学、人类学发展史上投射出一幕幕值得回味的"经典研究场景"，也充实了质性研究的格局分布。

　　具体来看，质性研究路径变化主要徘徊在符号互动主义/现象学、常人方法论/建构主义、结构主义/精神分析这三类理论流派之间。一是，围绕个体意义或主观意义的赋予和生成为主的理论流派——符号互动主义/现象学，

---

① 邓津、林肯：《定性研究：方法论基础（第1卷）》，第7页。
② 邓津、林肯：《定性研究：方法论基础（第1卷）》，第9页。

这一理论流派强调个体观点和主观看法，凸出其主体性，常常使用结构式提纲访谈、叙事访谈等研究方法；二是，围绕日常生活习惯和社会事实的生产为主的理论流派——常人方法论/建构主义，这一理论流派强调社会情境和社会秩序的诞生，一般较多地采用小组讨论、民族志、参与式观察、记录互动、收录文档等研究方法；三是，围绕心理无意识和潜在社会结构的构造为主的理论流派——结构主义/精神分析，这一理论流派强调对社会的深层结构的探究，通常应用记录互动、照片和电影等研究方法。其实，以上无论哪一种理论流派影响下的质性研究路径，都需要一类或多类理论流派的具体支持和引入实践，每种理论流派对质性研究过程中的主客体嵌入了不同的结构型要求，这自然导致研究者对所处社会情境和所面对的社会事实能够提出经验性的理解和探索性的互动，这反过来增加了质性研究的适用多样性、实用多维性、使用广泛性。①

3. 流派各异的思想积淀

质性研究经过大规模的不同学科概念及其方法互借使用的经验积累，逐步进入成熟期和扩散期，而支撑质性研究发展的各类理论流派慢慢露出了思想全貌。

其一，现象学。现象学对质性研究的影响主要体现在：研究要有明确指向性，要理顺研究者、被研究者、外部社会生活世界几者之间的意识联系状态，包括研究过程中互动双方之间的"理解"出现的可能性及其发生机制。具体来看，研究者要尊重被研究者的自我主体性发挥，鼓励和引导被研究者作为社会成员的生活经验自我阐述和地方性知识表达，学会用一种"旁观者"视角来观察和体会当地"生活世界"的轮廓和细枝末节走向。现象学为质性研究铺垫了一种认识角度，不仅学会在情境中定位社会现象的本质和"真相"，而且也理解任一社会现象实际来临时所导致的复杂性和连带性，借助现象学的悬置思维能够抽离外在的社会形式，展现社会个体发展过程的主轴和核心线索，同时要注意融入过去、现在、未来的时间要素和变化不停的空间地点带来的影响。②

---

① 弗里克：《质性研究导引》，第47页。
② 文军、蒋逸民：《质性研究概论》，第42—46页；陈向明：《质的研究方法与社会科学研究》，第34—35页；陆益龙：《定性社会研究方法》，商务印书馆2011年版，第68—70页。

其二，阐释学/解释学。事实上，质性研究的思想积淀有很大一部分得益于解释学的理论传承。包括韦伯的解释社会学、狄尔泰的体验解释学、施莱尔马赫的一般解释学以及伽达默尔的哲学解释学等，都为之贡献了各自的阐释优势和理论解释力。受到解释学影响的质性研究，其核心任务之一就是如何理解和解释人们所看到、遭遇到的社会世界及其社会事实，并把握住社会行动背后的意义。就此而言，质性研究具有了社会个体日常社会互动过程中的理解、解释、建构的含义和特征，而这些相关的社会个体各自所处的历史文化和社会环境氛围决定着理解和解释的可及性，还有解释话语结构的整体范畴，另外，也通过这一理解路径间接地沟通了社会个体彼此的实践经验和事实判断。①

其三，建构主义。在建构主义看来，社会个体建构了所有知识，这一立场是与质性研究的主体性视角相互对应的，即每一社会个体的日常生活经验和社会经历差异性地构建着他们眼中的世界和情境。对于质性研究来说，引入建构主义视角的价值在于，避免了认知的绝对性和单一性，因为社会事实总是一个关于认识的复杂知识体系，在建构主义研究者的视野中，不同的社会个体只能受限于自身的经验视域，换言之，是各自所拥有知识碎片的简单拼凑。具体来说，观察者进入质性研究过程时，通过每一次社会实践发现社会行为及其后果是如何被"合理化"解释的，并被不断重复建构成社会习惯性规则，以及给予其相对特殊的意义。建构主义视角并不带有强烈的批判理论意味，相反却展现出一种调和性，试图扭转认识客观绝对主义的看法，打通主客观之间知识建构的可能性。②

其四，常人方法学。其被引入质性研究领域正好得其所哉，因为提出常人方法学的目的就是要密切关注普通人在日常社会生活之中如何生产社会现实和回应社会情境的实际方法。更直接一点，可理解为：以"去客观化"为目标，采取实地参与、田野观察的研究方法，重新梳理和现场呈现社会参与者们进行日常互动背后的"引导性方法"到底是什么。对于常人方法学

---

① 艾尔维森、舍尔德贝里：《质性研究的理论视角：一种反身性的方法论》，陈仁仁译，重庆大学出版社 2009 年版，第 61—121 页；文军、蒋逸民：《质性研究概论》，第 32—37 页。

② 陆益龙：《定性社会研究方法》，第 74 页；弗里克：《质性研究导引》，第 58—60 页；陈向明：《质的研究方法与社会科学研究》，第 16—17 页。

来说，最为直接的分析方法就是会话分析，这基于：一是，日常生活语言隐藏着丰富的社会互动细节；二是，对话过程中嵌入了社会交往规则和制度化的生活秩序；三是，"语言"本身也是"常人"日常使用的一种互动方法。由此，常人方法学所蕴含的价值体现得非常充分，与质性研究的特征也极为契合，在社会互动情境中寻求理解，重新诠释规则生成前后的含义指向。[①]

其五，女性主义。某种程度上，研究者们常常把女性主义研究等同于质性研究，究其原因在于二者都遵循人的主体性研究路径，强调对人的需求差异的尊重和关注。因此，二者往往不谋而合。在量化研究的视野中，女性易被研究客体化，而不是呈现一种优势视角，甚至成为男性观察视角的附属物和衍生品。而与量化研究不同的是，质性研究更适合观察和研究女性的主体位置。首先应该看到的是，批判男性支配地位的研究视角——这成为女性主义研究的出发点。以往过于强势的社会性别认知传统和男性资源优势都会导致女性社会角色总是处于观察盲区的地位，而改变这一局面就必须走出传统性别研究路径，以对女性社会生活境遇的高度关注来回应研究方法论层面的变化、调整和转移。这也丰富了质性研究的视域对象和方法论内涵，尤其是从方法反思层面推进了质性研究的深度和广度。[②]

三　国外质性研究的代表性出版物和其他交流载体

质性研究，包括质性社会学研究的发展，都离不开学科平台建设，一方面体现在以质性研究方法为主题出版的多部书籍内容之中，另一方面则依靠一些具有学术影响力的专业化刊物来传播和推进质性研究/质性社会学研究的学科进程，包括质性研究的具体方法类型、框架体系和流程、新技术和分析工具应用、理论基础、道德伦理和评估标准等方面。

---

① 弗里克：《质性研究导引》，第50—52页；陈向明：《质的研究方法与社会科学研究》，第40—41页。

② 弗里克：《质性研究导引》，第57—58页；艾尔维森、舍尔德贝里：《质性研究的理论视角：一种反身性的方法论》，第241—257页；文军、蒋逸民：《质性研究概论》，第57—62页；陆益龙：《定性社会研究方法》，第75—76页。

　　第一，从代表性研究专著来看，涌现了一批值得推崇的且被公认为经典质性研究的出版物。例如《质性研究手册》（*The Sage Handbook of Qualitative Research*）和《质性社会学：一种狂热的方法》可以算作比较有代表性的著作。《质性研究手册》由伊利诺伊大学香槟分校传播社会学和人类学教授 Norman K. Denzin、德州农工大学高等教育和教育管理学教授 Yvonna S. Lincoln 共同主编，该书涉及质性研究以往并未触碰的多个研究主题，例如本土研究、人的主体性研究、批判民族志、表演民族志、叙事访谈、互联网研究的道德伦理和策略、文化诗学、评估政治学等。1979 年，施瓦茨（Howard Schwartz）和雅各布斯（Jerry Jacobs）合作的《质性社会学：一种狂热的方法》一书出版。该书由 Free 出版社负责发行，厚达 480 页。《质性社会学：一种狂热的方法》旨在通过努力重建社会情境事实，发展出许多理论和方法领域的策略。目前，质性社会学提供一系列广泛的、综合的、详细的非量化研究方法和概念性的理论说明以用于社会学研究，较好地弥补了现存文献的空缺。该书的出发点是认识到在"事实重构"和"形式社会学"的理论及实践方面需要一个清晰的、简明的讨论。施瓦茨博士和雅各布斯博士消化吸收了韦伯、齐美尔、米德、布鲁默、戈夫曼、舒茨、加芬克尔、格拉泽、施特劳斯及塞科莱尔、奇科瑞尔、西库列尔（Cicourel）等人的理论和思想，此外还证明、解释和描述了部分研究方法，如田野研究、参与观察、民族志、访谈、生活史、个人叙事、现象学、主体性研究方法、非介入性测量分析、视听技术等。更为重要的是，该书不仅描述各个不同种类的理论和方法，而且还说明谁使用过这些方法以及为什么使用，同时评估每种方法的优缺点，以此增加读者的理解力。另外，这本书还补充了一批贯穿案例研究的文本以说明质性研究所能产生的效应。实际上，并没有其他可利用的文本能够覆盖此书中如此众多的在非正式的方式中被检验的方法。这样一来，对于那些以前没有质性理论和实践知识基础积累的学生来说，讨论就会变得容易。[①]

　　第二，从质性研究结构来看，可以基于其跨学科特征、研究流程、具体方法、新分析技术等方面进行探讨。

　　一是质性研究具有较强的跨学科实践特征，这体现在不同学科和研究领

---

　　① "Qualitative Sociology"，http：//book. douban. com/subject/7565280/.

域都有其思想印迹。像弗林德斯大学地理学教授 Iain Hay 所著的《人文地理学质性研究方法》（*Qualitative Research Methods in Human Geography*）、Sharon Hartin Iorio 编的《新闻学质性研究》（*Qualitative Research in Journalism*）、Bonnie S. Brennen 的《传媒研究的质性研究方法》（*Qualitative Research Methods for Media Studies*）、Sharan B. Merriam 的《教育质性研究与案例分析》（*Qualitative Research and Case Study Applications in Education*）、Russell W. Belk 的《市场质性研究方法手册》（*Handbook of Qualitative Research Methods in Marketing*）、Carla Willig 的《心理学质性研究》（*Introducing Qualitative Research in Psychology*）、Michael D. Myers 的《商务管理质性研究》（*Qualitative Research in Business and Management*）、C. Daymon 的《公共关系和市场营销沟通中的质性研究方法》（*Qualitative Research Methods in Public Relations and Marketing Communications*）、Margaret A. Morrison 的《广告的质性研究应用》（*Using Qualitative Research in Advertising*）、Amir B. Marvasti 的《社会学质性研究》（*Qualitative Research in Sociology*）、Ian F. Shaw 和 Nick Gould 的《社会工作质性研究》（*Qualitative Research in Social Work*）等。

二是从质性研究进程和规范程序来看，可以从整个研究的诸多侧面展现其内在变化规律。像质性研究的整体流程情况，如 Robert K. Yin 的《质性研究始末》（*Qualitative Research from Start to Finish*）；像质性研究在初期阶段涉及如何进行思路设计的问题，如 Joseph A. Maxwell 的《质性研究设计》（*Qualitative Research Design*）；像质性研究在中期阶段涉及如何开展研究实践的问题，即如何做质性研究，如 David Silverman 的《做质性研究》（*Doing Qualitative Research*）、Adrian Holliday 的《质性研究的做和写》（*Doing and Writing Qualitative Research*）、David Silverman 和 Amir Marvasti 的《做质性研究：一项综合性导引》（*Doing Qualitative Research：A Comprehensive Guide*）、Jane Ritchie 和 Jane Lewis 的《质性研究实践》（*Qualitative Research Practice*）等；再有像质性研究在末期阶段还会涉及如何评价的问题，如 Rose Wiles 的《质性研究伦理是什么?》（*What Are Qualitative Research Ethics?*）、Clive Seale 的《质性研究的质量》（*The Quality of Qualitative Research*）等。除了对质性研究实践的探讨之外，还涉及其理论层面的研究，如 Alecia Youngblood Jackson 和 Lisa A Mazzei 的《质性研究的理论思考》（*Thinking with Theory in*

Qualitative Research）、Mats Alvesson 和 Dan Karreman 的《质性研究与理论发展》（*Qualitative Research and Theory Development*）等。

三是质性研究方法是整个质性研究体系的关键组成部分之一，也是其被应用得最为广泛和深具影响力的部分。具体来看，质性研究方法分类众多，包含多种标准，其实学界对此也并未完全达成共识。但即使这样，也有不少典型和常用的质性研究方法值得介绍和推荐。像 Michael Quinn Patton 的《质性研究与评估方法》（*Qualitative Research & Evaluation Methods*），David L. Morgan 的《作为质性研究的焦点小组方法》（*Focus Groups as Qualitative Research*），Anselm L. Strauss、Juliet M. Corbin 的《质性研究基础：扎根理论的程序和技术》（*Basics of Qualitative Research：Grounded Theory Procedures and Techniques*），Nigel King 教授和 Christina Horrocks 博士合著的《质性研究访谈》（*Interviews in Qualitative Research*），Cathy Urquhart 的《作为质性研究的扎根理论》（*Grounded Theory for Qualitative Research*），Max Travers 的《贯穿案例研究的质性研究》（*Qualitative Research Through Case Studies*）等。

四是质性研究还在原有研究传统基础上，结合现代社会变迁过程中涌现的新技术，如互联网平台，或引入一些非典型性研究工具进行创新研究，从而改善和增进其研究的前沿性、丰富性、敏感性。比如 Ann Lewins 和 Christina Silver 的《质性研究中的软件使用》（*Using Software in Qualitative Research*），Lyn Richards 教授的《质性研究 NVIVO 软件使用》（*Using NVIVO in Qualitative Research*），Marcus Banks 的《质性研究中的可视资料利用》（*Using Visual Data in Qualitative Research*），Christian Heath、Jon Hindmarsh 及 Paul Luff 的《质性研究中的录影》（*Video in Qualitative Research*），Chris Hahn 的《用计算机做质性研究》（*Doing Qualitative Research Using Your Computer*），William Fielding、N. G. Fielding 等人的《质性研究中的计算机使用》（*Using Computers in Qualitative Research*），Nigel G. Fielding、Raymond M Lee 的《计算机分析和质性研究》（*Computer Analysis and Qualitative Research*）等。

第三，以质性研究或质性社会学研究为主题的一批专业性学术期刊出现，积累了一些应用具体研究方法的实践经验，并拓宽了理论视野。其中，比较有代表性的研究刊物如《扎根理论评论》（*The Grounded Theory*

Review）、《质性研究》（*Qualitative Research*）、《质性研究杂志》（*Qualitative Research Journal*）、《质性社会研究论坛》（*Forum：Qualitative Social Research*）、《质性社会学评论》（*Qualitative Sociology Review*）、《质性社会学》（*Qualitative Sociology*）等。

（1）《扎根理论评论》。《扎根理论评论》由挪威斯塔万格大学的 Astrid Gynnild 任编辑，社会学出版社的 Jillian G. Rhine 任管理者，格拉泽担任出版人，由社会学出版社负责出版发行，每年共出三期。刊物的内容结构由四个部分组成：编辑前言、一般论文、概念论争、书评。《扎根理论评论》是为了促进经典扎根理论研究发展和学术进步，并经同行严格评议，一种跨学科的、在线的、国际性开放数据型学术期刊。该刊为学者基于可信的和联系紧密的资料进行深入理解、学识分享以及理论应用提供讨论空间，同时服务全球扎根理论研究者网络召开的研讨会，欢迎读者与编辑委员会成员进行对话和讨论。该刊是开放式的研究型杂志，遵循最高标准的同行评审制度，向世界各地学者约稿，建立学术联系，并欢迎任何来自学术领域的投稿，其学术焦点是社会科学和医疗保健领域。该刊每期都有使用经典扎根理论方法并带有实质理论特征的论文和聚焦于方法视角的文章。目前，扎根理论的一代学人正处在研究方法发展的快速增长期，同时不少人现在对经典扎根理论及其方法视角感兴趣，这是基于由格拉泽和施特劳斯在《扎根理论的发现》一书中所概括的扎根理论基本原则，而后进一步经格拉泽深入阐述和发展推动所带来的。①

（2）《质性研究》。该刊主要由英国卡迪夫大学的 Bella Dicks、Karen Henwood 及 William Housley 等人负责编辑。该刊每年出六期，出版时间相应是当年的 2 月、4 月、6 月、8 月、10 月、12 月，每期内容包括文章、短讯、研究笔记、有关新技术及其他创新的报告、综述文章和书评。《质性研究》自 2001 年 4 月起开始出版发行，2001—2004 年每年出版 3 期，2005—2007 年每年出版 4 期，2008—2009 年每年出版 5 期，2010—2015 年每年出版 6 期。该刊是一份完全实行同行评审的国际性学术期刊，刊登原创研究成果和

①　"The Grounded Theory Review", http：//www. groundedtheory. com/gt－review. aspx；"The Grounded Theory Review", http：//groundedtheoryreview. com/；"The Grounded Theory Review, About：Focus and Scope", http：//groundedtheoryreview. com/about/.

述评文章，焦点停留在有关方法多样性和在社会科学范围内跨学科质性研究方面，其独特之处是在一个更为广阔的知识框架内促进和讨论质性研究方法。这份学术期刊在研究方法方面能够提供一个很有必要的讨论空间，尤其是对跨越社会科学和文化研究的质性研究来说。该刊论文侧重方法特色，重在讨论具体经验研究、调查问题以及那些会引起质性研究在哲学、理论、历史和思想层面进行争论的论文。目前，基于质性研究方法的研究和有关方法评论，在过去的几十年中已经成倍地扩展了，这种情况遍及一些学科，如社会学、社会人类学、社会心理学、人文地理学、文化研究、话语分析、教育、健康护理等。伴随着网络互联程度的加深，质性研究变得日益全球化，它既是真正国际性的，也是跨学科领域的。对于社会科学和文化研究领域的多个学科而言，质性研究方法现在变得流行起来。[①]

（3）《质性研究杂志》。《质性研究杂志》的主编是澳大利亚维多利亚大学 Mark Vicars 博士。该刊创办于 2001 年，2001—2012 年每年出刊 2 期，2013—2014 年每年出刊 3 期，2015 年开始已改为每年出刊 4 期，自 2006 年起建立了该期刊的网络版，到 2015 年第 15 卷第 4 期为止，共出刊 15 卷 34 期，约有近 200 篇文章。该刊是国际性期刊，致力在人文社会科学领域进行理论交流和开展质性研究实践。它是跨学科和兼收并蓄的，覆盖了质性研究的所有方法。该刊也是质性研究会（the Association for Qualitative Research，AQR）的官方刊物。《质性研究杂志》提供了一个国际论坛，有利于研究者和实践者推进知识发展和帮助质性研究实践提升质量到较高水平。《质性研究杂志》综合处理人文社会科学领域的理论和概念，探究质性研究资料和数据收集、分析，为研究者提供一系列学理和应用层面的信息，包括：质性研究领域关于认识论、理论和实际问题方面的会议论文，对方法发展问题科研项目的描述，经典质性研究者或代表性研究文本或典型研究的评论，有关达到本科生和研究生水平的质性研究方法教学问题的讨论，质性研究软件应用的评论和书评。[②]

---

① "Qualitative Research"，https：//uk. sagepub. com/en－gb/asi/qualitative－research/journal201501；"Qualitative Research"，http：//qrj. sagepub. com/.

② "Qualitative Research Journal"，http：//iaqr. org/publications/qr－journal/；"Qualitative Research Journal"，http：//www. emeraldgrouppublishing. com/qrj. htm.

（4）《质性社会研究论坛》。《质性社会研究论坛》是一种经同行严格评审的、多种语言形式的质性研究在线学术期刊，也是一种开放型研究期刊。德国柏林自由大学 Katja Mruck 博士担任主编，其主要研究领域是质性研究方法等。该刊创办于 1999 年，截至 2015 年，已出刊 16 卷，累计 48 期，共计 1700 多篇论文和文章。该刊每年按照专题出版三期。《质性社会研究论坛》对使用质性方法的经验研究比较感兴趣，而且鼓励投稿的范围集中在质性研究理论、方法及其应用等方面，值得指出的是，有关思考、写作、研究、呈现等方法创新方面的论文尤其受欢迎。该刊也组织作者与读者进行网络互动，例如在线讨论。如果是实证主义研究，作者应提供关于研究过程的资料以及更多的细节信息，比如田野笔记、编码程序的详细内容等。如果提供的是数据资料、长篇记录摘录，就有必要向编辑证明所遵循的数据保护或隐私标准。文章经过同行专家评审和选定之后，根据其类型会被分到该刊的争鸣、访谈、评论和学术会议等相应栏目，很快能够出版。[①]

（5）《质性社会学评论》。其始办于 2005 年，属于带有电子化和开放数据库特征的社会科学领域国际性学术期刊，每年出刊四期，出版时间分别是 1 月、4 月、7 月、10 月，其中 2005—2012 年年度出版 3 期。截至 2015 年，累计刊出 11 卷 34 期，共 200 余篇文章。该刊主编是波兰罗兹大学的 Krzysztof Tomasz Konecki 教授。《质性社会学评论》是一本围绕符号互动主义、解构主义、自然主义、诠释学、社会世界研究、协同社会研究、场域研究、行动研究、内容分析、话语分析、传记分析、会话分析、扎根理论、民族志、整体民族志、制度民族志、民族学、社会人类学、常人方法学、现象学、现象分析学、叙事分析、案例质性研究、评估社会研究及其他带有质性研究取向的社会科学等主题的学术期刊。[②]

（6）《质性社会学》。该刊主编是美国杜兰大学 David Smilde 教授。《质性社会学》致力于对社会生活进行质性解释和分析。该刊兼顾研究的理论性和分析性，发表出版的论文侧重于研究方法领域，例如访谈、参与观察、

---

① "Forum：Qualitative Social Research"，http：//www. qualitative‐research. net/index. php/fqs/index.

② "Qualitative Sociology Review"，http：//www. qualitativesociologyreview. org/ENG/index＿eng. php.

民族志、历史分析、内容分析以及其他并不依赖量化数据的方法。所有论文都需要经过专家评审环节。①

第二节　西方社会学质性研究几种代表性理论的产生

追溯质性研究历史可知，不同理论流派、各色学科分支、诸多研究领域都涌现出一批代表性的学者，其奠基性成果对质性研究演进产生里程碑式的影响。这里我们重点介绍一下开创了扎根理论和参与观察理论的几位代表性人物和观点。

一　格拉泽、施特劳斯与扎根理论

巴尼·G. 格拉泽（Barney G. Glaser），美国著名社会学家，扎根理论研究方法创始人之一。1930 年，格拉泽出生于加利福尼亚州旧金山，居住在附近的米尔山谷区域。1952 年，格拉泽获斯坦福大学学士学位。他在巴黎大学继续求学，追求学术研究，研读当代文献。在服兵役期的休息时间里，格拉泽花了两年时间研究弗赖堡大学的馆藏文献。1961 年，格拉泽在哥伦比亚大学跟随保罗·拉扎斯菲尔德和罗伯特·K. 默顿学习并获博士学位。他的博士学位论文《有组织的科学家：他们的职业生涯》出版成书。格拉泽作为博士后进入旧金山的加州大学与施特劳斯合作研究。1965 年，格拉泽和施特劳斯基于加州医院实地研究的经验共同撰写了《垂死的认知》一书，大获成功。1967 年，格拉泽和施特劳斯合著《扎根理论的发现》，首次以扎根理论的研究方法回应有关"垂死"现象等诸多方法层面的问题。1970 年，格拉泽开始在社会学出版社出版扎根理论的专门研究成果及其读本。1978 年，格拉泽以其特有的理论敏感书写第二本以扎根理论方法为题的著作。此后，格拉泽出版了多达四种以上的扎根理论读本。他足迹遍及世界各地，给许多研究人员召开工作坊和研讨会。1998 年，格拉泽获斯德哥尔摩大学的荣誉博士学位。1999 年，格拉泽创立了基于网络的非营利性组织——扎根理论研究所。

安瑟伦·伦纳德·施特劳斯（Anselm Leonard Strauss），美国知名社会

---

① "Qualitative Sociology"，http：//www. springer. com/social + sciences/journal/11133.

学家，作为一位医学社会学家而闻名于世，尤其是施特劳斯对慢性病和临终议题的关注广为人知，他做出的贡献是开创性的。施特劳斯和格拉泽首创了扎根理论，这种创新的质性分析方法被广泛应用于社会学、教育学、社会工作、组织研究以及护理中。他还写了大量论著，比如芝加哥社会学/符号互动主义、工作社会学、社会世界、场域理论、社会心理学和城市意象。他共出版了30余本书，在其他的30多种书中撰写了多篇章节，发表了70余篇期刊文章。施特劳斯的祖父母是在美国的德国移民，1916年，他出生于纽约市，并在纽约弗农山长大。因其患上支气管炎，医生建议施特劳斯在高中毕业后搬到亚利桑那州。然而，1935年，他进入弗吉尼亚大学，1939年，获生物学学士学位。1942年，他到芝加哥大学读书，并获社会学硕士学位。1945年获社会学博士学位。在芝加哥大学，施特劳斯师从赫伯特·布鲁默学习符号互动主义。1944—1947年，施特劳斯在劳伦斯学院任教当老师。1946—1952年，他从劳伦斯学院进入印第安纳大学，他在此遇见阿尔弗雷德·林德史密斯并与之进行学术合作。1949年，他们出版了一部极具影响力的书《社会心理学》，该书被译成瑞典文、德文、日文等多个版本，1999年出了英文第八版。1952年，施特劳斯重返芝加哥大学担任助理教授。在此期间，他曾与埃弗雷特·休斯教授一起工作，并与著名的被称为"第二芝加哥学院"的一些同事建立了学术联系，例如霍华德·S.贝克尔和欧文·戈夫曼等。1960年，他去了旧金山加州大学的护理学院，在那里，他创建了社会与行为科学系。施特劳斯一直任系主任到1987年，但即使他作为教授荣休以后，仍然继续他的研究和教学活动。他在担任系主任期间，1962年和1970年，兼任世界卫生组织（WHO）顾问。施特劳斯和格拉泽在旧金山的加州大学时，他们所创建的扎根理论被广泛使用在质性研究领域。1980年，施特劳斯当选美国科学促进会院士。同年，他还因符号互动主义的社会研究获得了查理·H.库利奖。1955—1980年，他应邀作为访问教授赴德国法兰克福大学和康斯坦茨大学、英国剑桥大学和曼彻斯特大学、法国巴黎大学、澳大利亚阿德莱德大学讲学交流。

　　格拉泽和施特劳斯的扎根理论来自于他们实地研究的积淀。作为社会习俗之一的死亡现象，算是人类存在的巨大转折点之一，但是在《垂死的认知》这部经典作品出现之前，很少有较为科学的研究。死亡在美国人眼里似乎存在一种令人奇怪的悖论——在报纸中常面对死亡这一冷酷的事实，然而美国人并不愿意公开谈论关于死亡本身的过程。垂死的认知——使用一个高标准的原创认知理论——检验了临终的病人以及那些与之进行互动的人们的关系。它为读者提供了一门分析语言和技术工具：了解人们在什么环境下临终意味着什么，以及彼此有什么不同之处。

扎根理论的诞生，实际上与格拉泽和施特劳斯所进行的一项研究经验有着紧密联系。20 世纪 60 年代初，格拉泽和施特劳斯围绕美国医院的病患垂死状况及其临终过程进行研究，为此收集了不少实地观察材料和个案访谈资料。当施特劳斯来到旧金山的加州大学医学院时，他找到了一个也许能引起病患关注的有趣主题。在访问医院时，他发现临终是一个非常棘手的问题。施特劳斯开始实地研究，6 个月后又从哥伦比亚大学邀请了格拉泽。他们关于这个主题都已有了自己个人的经历：在最近几年里施特劳斯已经失去了他的母亲和一位朋友，格拉泽失去了他的父亲。施特劳斯和格拉泽早有疑问：理解人们之间互动的关键是临终者和病患亲人对死亡的预期。通过医院和岗位的选择使得他们得以比较各种预期。一家早产儿机构死亡率高，但病患并没有意识到他们身边即将发生的死亡；而在一家肿瘤研究机构死亡率低，死亡认知差异却是非常明显的。对于急诊室、老年病专科、儿科来说，这些典型情况又有所不同。在研究过程中，美国医生并不太情愿透露他们的病人濒临死亡时的情况。这本书揭示当病人临终时知道或不知道其正处在死亡的边缘，伴随程度上的不同，医院临终者的社会心理问题是什么。此书关注的焦点是在不同认识的竞争中互动带来的影响及那些照顾临终者的护理人员所采取的应对策略。这些田野研究素材重点记载了多所医院的重病患者临终离世前对死亡主题的应对措施和反应情况，并从个体视角整理出病患死亡过程的现场情境状态和对话交流状况。来自这些田野研究的积淀孕育产生了《垂死的认知》，这是一种关于与临终者互动的认知影响理论。该理论可区分为封闭意识、怀疑、相互欺骗及开放意识几种维度。该项实地研究已经表明认知类型对互动有显著影响，例如，如果患者没有意识到他们即将死亡，护理往往仅限于绝对必要的医疗措施。①

---

① "Awareness of Dying", https://en.wikipedia.org/wiki/Awareness_of_Dying.

1965 年，格拉泽和施特劳斯合作出版了《垂死的认知》一书。这是第一本关于扎根理论的书，现已出四种语言的版本。《垂死的认知》全书共分成五个部分。第一部分是前言，包括临终认知的问题、死亡估计及社会定义。第二部分是认知背景的类型，包括封闭的意识，怀疑的意识，支配竞争、相互伪装的仪式戏剧，开放意识的不明确性，低估的意识。第三部分是认知的问题，包括直面最终结果、无意识家庭、有意识家庭、没有恢复的问题、安慰的问题、认知和护士的镇定。第四部分是结论，包括关于认知理论的实践应用及认知和社会互动研究。第五部分是附录，即收集和分析资料的方法。该书出版后获得巨大成功，而且影响广泛，导致了仅仅两年以后，有重大意义的经典扎根理论被汇编在《扎根理论的发现》一书中。

这项研究既可以看作一次具有典型意义的田野实地观察研究成果总结，又可以看作一次在方法论层面上突破传统的研究方法创新尝试，即立足于较大数量的个案观察和现场访谈资料，梳理出一套不同于以往的研究质性资料的分析范式、理论解释路径及话语表达策略。就此种策略而言，其关键的突破口在于引入了"编码"技术，通过这种类似量化研究的编码技术整合质性研究内容，把分散的、重复性的、看似矛盾的场景话语进行抽离，独辟蹊径地创建新的理论和概念。[①]

格拉泽和施特劳斯称其所使用的质性研究方法为扎根理论，意味着既可以依靠扎根质性研究资料来实现新的理论建构，也可以使新的理论扎根进入质性研究资料。[②] 那么何谓扎根理论呢？在格拉泽和施特劳斯看来，扎根理论实际上是一种研究方法，而非具体的理论，他们在回应实地研究材料及其存在研究主题时采用的研究策略是比较分析方法。目前整个社会科学研究现状是偏重或依赖通过假设验证理论或者指望逻辑推导得出理论，缺少现实数据来印证理论的存在与否。理论定位需要着重考虑其被应用的程度和范围，而非其生成的具体过程，最值得关切的是质性研究类型的多个数据和资料及其具体的分析策略和研究技术。不可否认，现在不少研究取向都停留在理论验证的目标层面，而这一思路和目的只是完成了一个阶段性的研究任务，缺

---

① 陆益龙：《定性社会研究方法》，第 157 页。
② 陆益龙：《定性社会研究方法》，第 156 页。

乏进一步研究的价值和值得思考的问题点。应该说，进行宏大理论叙事的历史时代已经结束，这是基于两个方面的原因判断：一是社会科学领域的理论架构已基本搭建完成，而后有不少理论创新是进行修修补补、查缺补漏的工作；二是后现代阶段的到来对宏大理论分析方式产生了直接挑战，微观化、谱系化、具体化的分析技术和话语表达逐渐应运而生，新的知识生产随之到来，新的理论诞生也并不是纸面的"演绎神话"。作为质性研究方法之一的扎根理论，扭转和破除了传统量化研究的思维习惯，给予了学者新的社会认知选择的可能，理论产生拥有了多元研究路径。尤其是编码技术改变了质性研究的尴尬境地，以一种"别样"的研究面貌来回应量化研究的质疑和挑战。

施特劳斯曾说过：扎根理论是一类具备完整体系的研究程序，是通过实用的编码技术，借助归纳方法建构出新的理论产物的一整套研究方法。[①] 我们既可以用一种"是什么"的思维来理解扎根理论，也可以换一个角度从八个"不是什么"的思维来理解这一概念：一是扎根理论并不是太容易掌握并实践操作的一种质性研究方法；二是扎根理论并非是一概而论不提前阅读前人的研究成果，担心受到事前理论"诱导"；三是扎根理论并不是原始资料的堆砌和主体感受的释放；四是扎根理论并不是直接等同于内容分析方法；五是扎根理论并不是一系列严格分步骤的资料分析技术；六是扎根理论并不是一种理想化、科学化的质性研究方式；七是扎根理论并不能忽视方法论；八是扎根理论并不是不需要理论引导。以上的扎根理论基于"八个不是"回应了社会科学/社会学领域对其的诸多疑问，尤其是量化研究从方法论根基和方法可操作性对其进行挑战。具体看来，"八个不是"分别涵盖了扎根理论的方法特征、理论准备、表现形态、方法形式、分析策略、研究范式、方法论基础、理论导引等多个方面，有效形塑了扎根理论的概念内涵和实践范围。[②]

格拉泽的扎根理论方法。格拉泽提供了扎根理论方法的基本程序，其被描述成一种重复比较方法，即伴随理论的出现研究人员开始分析收集得到的

---

①　Strauss, Anselm L. & Corbin, Juliet：《质性研究概论》（*Basics of qualitative research：Grounded theory procedures and techniques*），徐宗国译，巨流图书公司1997年版，第26页。

②　瞿海源等编《质性研究法》，社会科学文献出版社2013年版，第61—63页。

第一手资料以及经常地比较指标、概念和范畴。1967 年，格拉泽和施特劳斯共同合作的成果《扎根理论的发现》出版发行。1978 年，格拉泽撰写了《理论敏感性》一书，此后出版了五种以上方法领域的书，主编了五本汇集扎根理论方法方面的文章和论文的书籍。格拉泽扎根理论方法不同于一般的质性研究方法，宣称一切研究都是数据。这意味着，当研究问题本质的时候，不但包括个案访谈或实地观察，而且包括问卷调查或统计分析，不管研究人员使用哪种方法。除此之外，还包括来自媒体甚至小说的文献资料都能被使用在比较过程之中。因此，在格拉泽看来，这种研究方法并不限于质性研究的范畴，他称之为质性资料分析，这一分析方式的贡献价值主要在于描述的准确性，而且格拉泽扎根理论方法强调从时间、空间和社会个体抽离的概念化。伴随扎根理论方法产生的一种新理论应该比较容易被用在由其生成的本质领域之外的地方。①

　　施特劳斯的扎根理论方法。一般来说，扎根理论是一种以理论生产和建构为目标的寻找体系化质性资料的研究方法，例如访谈记录或实地观察方案。有时，扎根理论被看作一种质性研究方法，但是它实际已经走得更远，扎根理论是由一种特定的研究或范式类型和实用的行动理论以及部分方法准则共同组成的。20 世纪 60 年代，作为赫尔伯特·布鲁默弟子的施特劳斯和作为保罗·拉扎斯菲尔德弟子的格拉泽把这种方法书写成书并使之系统化、体系化，当时他们一起在旧金山的加州大学合作研究疾病社会学。以其研究为基础，施特劳斯和格拉泽创建了一种方法学，这一领域已经变得易于理解且作为质性社会学一个重要分支的学科基石。扎根理论方法的重要概念包括分类、准则和编码。扎根理论方法后面的研究准则既不是归纳式的，也不是演绎式的，而在某种程度上是来自于查尔斯·桑德斯·皮尔士的溯因推理。这导致出现一种研究实践，即资料样本、数据分析和理论发展并不是清晰和脱节的，而是重复不同的步骤直至研究者描述和解释一类被研究的现象。当新的资料再也不会改变新出现的理论时，研究就会停下来。施特劳斯曾指出，每一扎根理论研究方法都应包括三种基本要素：编码的理论敏感性、理论抽样、现象和背景比较。与格拉泽的扎根理论方法强调归纳法不同，施特

---

①　"Grounded theory", https：//en. wikipedia. org/wiki/Grounded_theory.

劳斯对研究准则的有效性和方法的系统性更感兴趣一些。[①]

　　整体而论，扎根理论方法改写了质性社会学研究路径，使更多的研究人员关注质性研究的来龙去脉，甚至可以说重新书写了质性研究方法论取向及其方法的思想层次和内容的丰富性。在《扎根理论的发现》中，格拉泽和施特劳斯坚守扎根理论，以另一种形态的方法来回应外界对质性研究的质疑和挑战，可以说经过他们的坚持不懈和努力推广，质性研究与量化研究相比有了一定程度上比肩的实力，也推进了以扎根理论为重要方法基础的质性研究分析范式的合法性、规范性、系统性建设。应该说，扎根理论的诞生不仅为社会科学研究者提供了新的研究方法选择，更重要的是，引起了质性研究的内部变革和自我创新，与其他同样是基于实地田野研究的方法策略比较，更能看出扎根理论通过质性资料、理论构建、方法实践之间反复勾连和理解尝试的处理路径，达到质性社会学研究的分析范式提升和完善的指向。

二　约根森与参与观察法

　　丹尼·林恩·约根森（Danny L. Jorgensen），1951 年出生，美国知名宗教社会学家，南佛罗里达大学宗教研究系教授，1999—2006 年他担任该系主任，曾任南佛罗里达大学研究生院院长。他的研究求学经历如下：1972 年，在亚利桑那州弗拉格斯塔夫北亚利桑那大学获得社会学学士，主要学习社会学专业知识，除此之外还进行了田野调查工作；1974 年，在肯塔基州西肯塔基大学获得社会学硕士，毕业论文题目是《专业知识的社会构建：1956—1973 年社会工作的说明性经验模式》；1979 年，在俄亥俄州立大学获得社会学博士学位，博士论文题目是《在太阳谷塔罗牌占卜：深奥和神秘的存在主义社会学》。[②] 约根森的研究兴趣主要集中在文化社会学、知识社会学、宗教社会学、科学和宗教社会学、美国宗教、美国原住民宗教、新兴宗教等多个方面。其教学及研究领域除了宗教社会学，还涉及质性研究、社会科学研究方法、参与观察法、民族志、历史社会学、女性主义理论历史等

---

①　"Grounded theory", https：//en. wikipedia. org/wiki/Grounded_theory.

②　Danny L. Jorgensen, "Curriculum Vitae", http：//religious – studies. usf. edu/faculty/djorgensen/.

方面。自 20 世纪 80 年代末开始，约根森长期活跃在约翰·怀特默历史协会，并于 1996—1997 年担任其主席。他使用其所擅长的参与观察法做出了大量优异的研究成果，成为这一研究领域的代表人物和著名学者。约根森出版了多部著作，主编了多个读本，撰写发表了多段书中章节和多篇学术论文。他在参与观察研究领域的代表作有《参与观察：原则、方法与问题》、《参与观察：一项人类研究的方法论》、《了解参与观察：发散方法论视角》等。书中章节包括"参与观察"（载于《社会和行为科学发展趋势》）、"参与观察方法"（载于《犯罪与正义的质性研究方法：来自田野的视角》）等。他在《美国社会学杂志》、《社会学季刊》、《城市生活》、《符号互动》等影响力大的学术刊物上发表了不少重要的论文。① 在约根森看来，参与观察方法提供了一个观察社会现象的基础性准则和研究策略，而且他也有实地田野方面的研究经验，为参与观察方法论层次的理论反思打下了基础和创造了条件。应该说，参与观察方法注重实用原则，强调解决问题的思维方式，并且作为一类经典研究分析范式传承下来。②

介绍约根森的质性研究思想时，必须首先谈及其撰写的一部重要代表性著作《参与观察：一项人类研究的方法论》（*Participant Observation：A Methodology for Human Studies*）③。对于约根森来说，在其田野实践中，大量采用参与观察法介入研究过程，提供了一个很好的观察研究对象的可操作角度。《参与观察：一项人类研究的方法论》一书 2008 年被翻译成中文版《参与观察法》④。该书共包括 9 个章节的内容，分别为第 1 章 "参与观察方法论"、第 2 章 "界定研究问题"、第 3 章 "进入研究现场"、第 4 章 "参与日常生活"、第 5 章 "建立和维持实地关系"、第 6 章 "观察和收集资料"、第 7 章 "笔记、记录和档案"、第 8 章 "分析和理论化"、第 9 章 "离开现场和交流成果"。

参与观察是一类资料收集方法，也是做质性研究的典型范式。它以方法

---

① 乔金森：《参与观察法》，龙筱红、张小山译，重庆大学出版社 2008 年版。

② "Danny Jorgensen"，https：//en. wikipedia. org/wiki/Danny_Jorgensen.

③ Jorgensen，D. L. *Participant Observation：A Methodology for Human Studies.* Newbury Park，California：Sage Publications，1989.

④ 乔金森：《参与观察法》。

的形式被广泛地用于许多学科，特别是文化人类学和欧洲民族学，像社会学、传播研究、人文地理学和社会心理学等都有所涉及。参与观察方法旨在与一群特定的个体获得接近的和亲密的熟悉关系，例如宗教的、职业的亚文化群体，或者一个特殊的社会团体，观察他们的日常生活实践，即长时间卷入他们的文化环境中。这种方法源自社会人类学家的田野研究，尤其是英国勃洛尼斯拉夫·马林诺夫斯基、美国弗朗茨·博厄斯的学生们，以及后来的芝加哥社会学院的城市研究者。① 上述关于参与观察方法的论述是一种概括性的内容描述和浓缩表达。事实上，对于约根森来说，他认为仅仅把参与观察方法当作一门研究方法、分析技术是远远不够的，或者有可能导致失去认识社会现象本质的机会。进一步来看，约根森将其深化为一个对事物全面观察和认知的视角，兼具了一些方法论反思的色彩。在他的研究体系和田野经验中，参与观察超越了某些传统的研究方法，如调查法和实验法，不仅具有可操作性，更具研究实用性。与之匹配的是，约根森把类似理解意义、人际互动、情境解释、突发事件、过程呈现、社会事实表达、日常生活叙事等赋予了参与观察的概念内涵和方法特征之中，这些特征的先天存在直接决定着参与观察的使用价值。与扎根理论的理论建构优势不同，它在描述、解释以及探索研究主题时具有自己相对独特的特点。

具体来看，约根森把参与观察方法体系标注为主体原理、分析策略、推进程序、实践方法和研究技术五个方面的内容。而更准确地可以用七个特征来规范何谓"参与观察方法"。首先，七个特性主要可分成三种类型，第一种类型涉及其研究方法因素，第二种类型涉及社会活动和角色塑造因素，第三种类型涉及其研究逻辑及其理论形成。其次，对应第一种类型的特性包括多层次和复杂的质性研究方法设计，日常生活情景化属于研究方法的出发点，以直接观察法为代表的收集资料方法；对应第二种类型的特性包括实地田野研究中局内人与局外人的互动关系，外来研究者进入研究场域和社会情境时所产生的互动关系和角色塑造；对应第三种类型的特性包括符合社会生活世界变化规律背后隐藏的研究逻辑，理解类型存在形式的理论构建。②

---

① "Participant observation", https：//en. wikipedia. org/wiki/Participant_ observation.
② 乔金森：《参与观察法》，第3—4页。

第三节　国外质性研究的传统与特色

对质性研究发展历史有着不同的观察角度，可以按照其知识体系脉络延伸过程来分析，亦可追溯其具体研究方法生长路径来探索，但不能忽略质性研究的国别视野。因为基于这一视角，能够更好地折射出一国研究的历史、文化、社会发展等诸多因素对质性研究的影响，同时也能够展现质性研究复杂演进和艰难变迁的点点滴滴。由此出发，即使是对质性研究历史的局部探究——梳理美国、德国、日本质性研究，也能看到质性研究的国别差异性和本土落地化的内在特征。

一　美国：发端于民族志的人类学传统

质性研究在美国的发展足迹始于美国早期从事民族志的研究者们。他们对当地印第安人产生了浓厚的研究兴趣，却以外来强力征服者的角色划定研究过程中的主客体关系，对这种陌生人社会及其原始生活状态充满了好奇和关注，试图通过这一研究路径探知不同人群的生活轨迹和成长线索。其中博厄斯作为美国人类学家多次深入到美国印第安部落做实地调查，成为质性研究实地调查法的创设者和实践者。同时，涉及美国种族领域的质性社区研究数量从 20 世纪初到 60 年代这短短的 60 年时间里呈现快速增长的态势，如帕克、怀特、林德夫妇、富兰克林、里德菲尔德、霍林斯海德、甘斯、莱曼、维迪奇、本斯曼等人都加入到质性研究的阵营中来。此后，进入 20 世纪 60 年代后期，种族质性社区研究迎来了新的挑战。

开展对他者的民族志学研究，把关注焦点转移到少数民族聚居区。杜·波依斯通过在费城第七区展开的 5000 个访谈调查，研究了费城黑人社区状况，试图改善费城黑人的生活质量，从而形成了《费城黑人》一书，该书也成为社区民族志研究的先驱之作和时代典范。20 世纪 20 年代，林德夫妇（林德和海伦）开始了中镇社区研究，先后完成了《中镇——美国现代文化研究》、《过渡中的中镇——文化冲突研究》。前者重点围绕生活、家庭、年轻人、社区活动等多个方面进行研究，而后者反映了中镇的时代变化及其影响因素，尤其是对家庭与亲属关系相当关切。应当说这些著作也逐渐演变成为社会学民族志研究的典范之作。

作为芝加哥大学社会学系领军人物的斯莫尔与林德夫妇的研究路径略有不同，其在之前就对民族志学深有研究，认为新教价值观和道德感不同程度地影响着种族和宗教聚居地的社区居民生活。[①] 但随着帕克、伯吉斯、托马斯、沃思及里德菲尔德等人的崛起，斯莫尔的这一思路并未形成研究传统得以延续下去，只能算是美国质性研究历程中的一块思想碎片。帕克的代表作《城市》倡导博厄斯的人类学研究方法，鼓励面对面访谈和实地观察，注重实物收集分析。在帕克看来，认识社区已经摆脱了斯莫尔的既有观念框架，城市已经成为巨大的"实验室"，强调和推崇自然区域的世俗化，社区的道德提升也已并行不悖，而且城市自然区域形似"马赛克"小社区，各有其典型性。始自帕克的芝加哥大学社会学系的城市民族志学长期专注于研究上述"自然区域"社区——自杀者躲藏的城市地区、黑社会的城市生态学、黑人住宅区、唐人街、小意大利、小德国等。[②] 帕克的追随者们沿着沃思的思想足迹继续前行，除此之外，霍林斯海德的"埃尔姆镇的青年"民族志研究缅怀了小城镇传统的历史价值，而弗雷泽选择终身观察黑人聚居区的生活方式，维布伦通过自己的实际经历研究了美国大学社区，这些民族志研究成果把芝加哥大学社会学系的研究积累又向前推进了一步，但真正带来转折的是怀特的《街角社会》，其研究方法——参与观察为芝加哥大学社会学民族志研究传统注入了新的生命力，改善了质性研究方法技术的运用质量，增添了新的研究策略选择。在此基础上，芝加哥大学毫无疑问地成为质性研究的重镇。

20世纪50年代末，维迪奇和本斯曼完成了"斯普林戴尔民族志研究"，他们关注了纽约北部乡村社区状况，反思小城镇怀旧的"前因后果"，深入挖掘了小城镇和社会整体的互构关系。进入20世纪60年代，美国社区发生大转变，沃伦很好地观察了这一社会历史现象，并提出了一系列有关社区主题的价值判断和分析逻辑。同期，斯坦对美国社区研究进行60年反思，全

---

① 邓津、林肯：《定性研究：方法论基础（第1卷）》，第54页。
② 邓津、林肯：《定性研究：方法论基础（第1卷）》，第55页。

面展现了美国社区演进历史和整体发展格局。进一步来看，在实物分析层面，由托马斯和兹纳涅茨基共同撰写的《身处欧美的波兰农民》，通过个人的实物（如信件）来探究移民的个体心态和日常生活状态，这一研究成果丰富了质性研究方法技术库。20 世纪 70—90 年代，美国涌现了一大批围绕印第安人、亚裔、非洲裔、墨西哥裔美国人的社区日常生活的民族志研究作品，这些成果的出现无形中影响或改变了质性研究工具的取向和特征，包括文化元素带来的结构性反思，颠覆了质性研究传统中的主客体关系，以致后现代主义色彩的民族志研究文本和作品不断诞生。到了 20 世纪 90 年代初期，布洛维提出了"被解放的民族志学"和"扩展的个案方法"，以方法论和方法这两个层次的创新变革影响了质性研究的发展方向，这一变化是具有转折性的。继此之后，邓津倡导了后现代民族志学研究方法的实践应用，强调观察生活融入，实现新的理解，达到经验和理论的整合。

二　德国：方法论反思的哲学传统

与美国引领和贯穿质性研究的历史发展脉络不同，德国质性研究有不一样的传承。自 20 世纪 70 年代开始，重新审视量化研究的理论思潮开始广泛流传于德国，但德国社会科学界对量化研究进行反思和讨论并倡导质性研究在时间上实际晚于美国，由于德国深厚的思想理论传统背景优势的存在，为引入的质性研究方法增添了德式哲学严谨风格，覆盖到社会科学各大学科领域，包括心理学分支。由于这些德国本土特质的存在，也值得进一步梳理德国质性研究相对特殊的阶段性特征和演变轨迹。整体上，德国社会学研究场域内出现了类似在全球其他区域发生过的研究立场层面的冲突。这场学术层次的对立双方包括坚持归纳式个案研究方法的质性研究和倡导实证式统计模型分析方法的量化研究，二者的争论形式或实质在不同的学科或研究领域都有多个形态的表现，德国质性研究也面临着量化研究的质疑和挑战。

德国质性研究萌芽初生阶段。从 20 世纪 60 年代后期开始，哈贝马斯就开始肯定美国社会学质性研究的存在传统，并且认为这一传统源自三位重要的现象学社会学代表人物——戈夫曼、加芬克尔和西库雷尔。质性研究思潮被引入德国时具有标志性的事件是 1970 年西库雷尔的方法论反思之作德语版问世，包括常人方法学和符号互动主义等经典质性研究支撑理论短时间内成为德国学界的热议焦点。在此讨论过程中，得出了三个方面的论点判断：一是质性研究要坚持倡导和贯彻"开放性原则"、"解释性准则"和研究态度；二是要时刻注意尊重和适应研究对象的主体性，学会流动性理解；三是研究方法要趋向自然主义的社会学，体现日常生活的影响性。

德国质性研究引发关注阶段。进入 20 世纪 70 年代后期，德国摆脱了 70 年代初期质性研究外来译介的知识输入模式痕迹，强调结合本土实际展开讨论和研究，尤其是关于方法论和具体研究方法等主题内容的探讨，成为这一发展阶段的中心任务。但德国学界对如何准确理解和合理定位本阶段的发展程度存在明显争议，既有学人认为它是一个时代研究潮流所向，也有学者判断其属于方法历史上的新开端，还有其他各类看法产生。总之，对此并没有达成一个完整共识，分歧依旧。

德国质性研究局部发展阶段。发展到 20 世纪 80 年代初期，德国质性研究进入到具体议题层面，具体的研究方法更能引起本领域专业研究者的兴趣。与传统的质性研究方法如参与式观察法、结构式提纲访谈法、焦点小组会议法等不同，新出现的两类方法——客观注释学和叙事访谈法在更大程度上影响了德国质性研究的发展进程。其带来的影响也是跨国的，不仅在美国如此，更是引起德国学界的高度重视，因为这两种方法背后嵌入的方法论思想改变了质性研究实践传统，也推动了德国质性研究方法论的研究深度和关注广度。

德国质性研究获得重视阶段。迈入 20 世纪 80 年代中期，德国质性研究主题从宏大层面开始转向，逐步触及微观技术内容，重点讨论的内容包括质性研究成果的有效性、推广性、可理解性、质量标准、数据技术处理及其写作形式五大类问题。从该时期的德国质性研究阶段性特征对比来看，美国质性研究的田野调查特色更加明显，而德国质性研究对理论传统和程序技术更加倚重，这一内容也可算是美国、德国质性研究的学术分野体现。

德国质性研究确立地位阶段。新的时期开始于 20 世纪 80 年代后期，德国质性研究又进入了一个新的发展阶段。本阶段可以分为 20 世纪 90 年代之前和 90 年代之后两段时期：20 世纪 80 年代末至 90 年代前，德国质性研究完成了"三部曲"，一是基础成果涌现——质性研究教科书和概论作品涌现，二是研究风格形成——质性研究流派及其相应具体研究方法有了自身的定位，三是学术机构依托——质性研究方面的专业性学术机构逐步建立；20世纪 90 年代后，德国质性研究上了一个新台阶，专业研究期刊和专著大批量诞生。①

三 日本：实地观察、田野范式的心理学传统

20 世纪 80 年代，日本质性研究从心理学领域开始萌发。在此之前，日本心理学研究更侧重于采用量化研究方法和统计分析模型，经常推崇其所带来的科学性、客观性、规范性及理性的社会科学知识。但也有"另一种"学术传统刚开始起步，主要集中在发展心理学方面。由于这一分支研究领域的主题内容及其发展过程的特殊性，质性研究的影响力和学术分量相对于心理学其他分支而言要更大和更重一些。从 20 世纪 80 年代追溯至 50 年代，日本心理学界中有学者围绕"身份"主题引入了不同的研究范式，质性研究方法的作用开始初步显现。到 60 年代，使用个案研究方法的文献零星出现。进入 70 年代，类似采取分析参考书目录的研究也已产生。尤其是在1974 年，参与观察法被明确列入了《心理学研究方法》（十卷本）中。时间进入 80 年代，心理人类学领域率先采取了实地观察的研究策略，即依靠参与观察法和个案访谈法进行研究，与此同时，延展至发展心理学、跨文化心理学、现象学心理学等分支学科领域。到了 80 年代末期，日本心理学研究方法开始出现了一些突破口，定量研究方法受到部分质疑，不过，即使如此，面对处于整体强势的量化研究方法的学术环境，质性研究方法的声音仍然显得相对弱小。

20 世纪 90 年代，日本心理学界出现质性研究变革的新趋势。主要体现在以下的三个方面。

第一，质性研究方法成为心理学研究变革的起始点。首先，任何一个学科结构进化及其内容的创新演进都是从一个疑问开始的，即探寻和反思心理学研究方法之问；其次，质性研究方法已经转变成为研究变革思潮，引起了学界的多方关注；再次，实地观察不仅仅是小众学者的"方法嗜好"，而且走进了日本心理学会等专业学术机构及其召开的学术专题研讨会，包括一些

---

① 弗里克：《质性研究导引》，第 14—16 页。

邻近学科会议都加入了以质性研究方法为主要议题的内容议程；最后，质性研究方法的引入与人类学的实地观察法密切相关，越贴近田野实践，越容易对质性研究产生认同感。

第二，实地观察的"田野范式"直面和应对心理学问题。质性研究的主要特质与日本心理学提倡的"田野范式"精神主旨是相互契合的，能够有效回应心理学学科拓展和跨学科联系、理解研究范式、学术客观性关系、理论结构与分析概念的互动等心理学问题。恰恰由于其能够弥补量化研究之不足，以致对质性研究方法的关注会由个体化积累提升至群体化学习的程度，通过召开学术研讨会、交流座谈会、社会科学方法培训会可以快速扩大质性研究方法的受益人群规模。以往"田野"大多数都是社会学家关注的研究空间，而今随着质性研究方法影响扩散，心理学研究视域也开始从量化方法向质性方法转向，引入了"田野实践"的多种表现形式——论文研讨会、研究型圆桌会议、经验型圆桌会议等，尤其是通过"田野"与心理学维度的互动观察，产生了两个直接后果：一是在田野空间中参与实地观察对研究者与被研究者心理关系的塑造；二是心理学研究方法与田野实践思维之间的互动，从而改造其方法体系。

第三，分支心理学领域关注质性研究方法的频度增加。在心理学的学科内部，质性研究方法不是一下子涌入其中并产生全方位影响的，反而是从影响部分分支研究领域开始的，比如涉及（跨）文化心理学、教育心理学、发展心理学、生命心理学史等，不管具体触碰到哪一类分支领域，聚焦点都停留在质性研究方法及其方法论的层面。实际上，一方面，日本心理学专业性质的协会机构召开以文化心理学为主题的学术会议，并出版相应的技术著作，无论是学术会议还是研究论著都渗透并散发着质性思维，并且一点一点展现出质性研究方法与心理学研究实践的关系勾连。另一方面，教育心理学、发展心理学、生命心理学史也大幅引进个案研究方法及其方法论，并围绕其进行探讨、分析、思考，值得注意的是，质性研究不同的具体方法被使用的程度和范围存在着"质"和"量"的差距。进一步来看，质性研究方法与生命心理学史有机结合，研究书目数据文本形式成为一种新的调查方法的选择，有着独特的心理特质因子附着物。在对应的心理学研究进程和阶段中，质性研究方法对心理学方法原则产生冲击和更新。

　　除此之外，还应注意到日本心理学质性研究的新趋势变化——从初步感兴趣到主动倾向。质性研究方法在日本心理学界从最初的无人问津，逐渐引发部分学者的研究兴趣，然后再到探讨心理学质性研究方法概念、含义、问题、取向等，从而引起对心理学研究方法传统的质疑和讨论，再进一步探索重新书写日本心理学研究方法架构的可能性和可及性。需要解释的是，为什么个案研究和实地参与观察会成为心理学研究的首选方法。其原因主要在于个案研究和实地参与观察的实际过程都紧密体现出研究个体的主体感受和主观体验，这并不是常规意义上研究客观性的对立面表达，而是强调质性研究在心理学学科的独特存在。而这一存在充分适应了心理学质性研究发展逻辑，应该可以这样说，心理学质性研究方法不能不被重视和再考虑，特别是青年心理学者更容易破除研究惯习限制，展现自我才华和实现方法突破，加速日本质性研究的发展。日本质性研究不仅在心理学有所进展突破，而且这一发展势头也被传递给其他社会科学分支领域。日本社会学、文化人类学沿袭了质性研究中的欧美社会学、人类学传统，其相互对接熟悉程度优于日本心理学质性研究本土化程度，重点体现在实地参与观察和民族志考察的研究实践层面，而分支研究领域则涉及现象学社会学、生活史研究、会话分析等。由于全球社会科学整体结构发生变迁，其方法整合趋势不断加剧，日本质性研究体现出跨学科的取向愈加明显，而且如何结合本土语境来刻画质性研究更是成为时代的一个新课题。[①]

四　国外质性研究的发展趋势

　　通过从多个维度了解和分析质性研究发展历史，可知质性研究近期乃至中长期的变化趋势，即它的未来到底会是什么样，其轮廓也在此过程中慢慢变得清晰可见。概括来说，质性研究的发展趋势主要体现在：一是尝试引导新技术嵌入质性研究，二是质性研究方法走向整合，三是质性研究成果书写形式创新，四是质性研究的本土化与国际化逐渐融合。[②]

---

① Kazujo Suzuki, "Qualitative Social Research in Japan", *Forum：Qualitative Social Research*, 2000 (1).

② 弗里克：《质性研究导引》，第 350—354 页。

第一，尝试引导新技术嵌入质性研究。对于质性研究来说，新技术相应包括电脑软件技术和互联网分析工具。具体来说，在新时期质性研究的视野里，网络已经成为其可选择的研究对象，其对研究者有相当高的技术要求和互联网使用经验，而且研究问题必需网络的支持。以此为前提，可以采用网络访谈、网络焦点小组、网络民族志、网络文档分析等质性网络研究方法，进行质性网络研究实践。同时，可以考虑使用电脑软件开展录像分析和电影研究，借此完成视觉资料的数据化处理。这些电脑软件一般被称为质性资料分析软件或电脑辅助的质性资料分析软件，例如 ATLAS/ti、NUDIST/NVivo、MAXQDA，这些软件处理程序的诞生大幅提升质性数据处理和分析能力，甚至能够有效挖掘出以往容易被忽略的数据资料"盲点"和"误区"。

第二，质性研究方法走向整合。这种整合形式主要包括三种类型。一是质性研究的各种具体方法走向整合。在实地研究中，民族志学、文化分析、扎根理论等多种研究方法既可以交叉使用，也可以结合使用，这一方法"捆绑式"使用趋势隐含了质性研究对象的复杂性和差异性，力求实际效果最佳是方法整合背后的指导原则。二是质性研究方法与量化研究方法走向整合。摆脱传统上质性研究与量化研究对峙、争论不休的格局，是相当重要的研究选择，更是质性研究方法与量化研究方法走向整合的关键前提。从表面上看，二者似乎是不能兼容共存的，但在实际操作和研究分析实践中，质性研究吸收量化研究的特长是极其有益的，并且这种思维方法层次上的超越之举无疑会助推质性研究方法的演进。三是质性研究方法论的不同研究立场走向整合，其研究立场涵盖对应着质性研究方法论的纯粹主义和务实主义两种取向，纯粹主义强调研究的程序性和规范性，而务实主义注重研究的实际成效和现实结果，因此，需要在二者之间找到一个平衡点，从方法论整合投射到方法整合。

第三，质性研究成果书写形式创新。这一创新与质性研究成果密切相关，其一是质性研究成果的写作类型变迁，其二是质性研究成果的质量标准评估。对于写作类型变迁，需要在质性研究中嵌入主体视角下的生活世界，也需要进一步澄清写作工具论背后的价值判断。此外，写作形式可以因质性研究对象和研究方法的差异程度采取对应的表达角度和呈现形态。对于质量标准评估，需要变革研究传统中的信度和效度，以及引入学术标准和研究要求来界定质性研究成果质量。事实上，在此领域争议不断，原有的与量化研究相配套的质量标准并不适用于质性研究，而且质性研究内部体系的复杂性远非量化研究相对清晰的结构所能概括描述，但目前如何调整、评估和完善质性研究的质量标准还是一个待解的问题。

第四，质性研究的本土化与国际化逐渐融合。质性研究的本土化和国际化议题其实是这一发展变化趋势的核心内容之一。一方面强调质性研究的本土化，主要是因为通过"拿来主义"建立的质性研究，需要结合地方性知识适应当地实践实际，进行调适和改变，不能也不宜直接"生搬硬套"。应该说，质性研究的本土化程度决定着质性研究国内与国外对话交流能力的强弱，也影响到质性研究生存空间的大小。另一方面强调质性研究的国际化，但要切记质性研究不能盲目国际化，而是要依靠质性研究本土化建设推进力度，二者形成牢靠的互动关系而不是对立矛盾体，质性研究本土化程度越高，也就意味着其国际化水平越高，反之亦然。有学者认为，要做到上述要求得分两步走，一是长期跟踪英语世界最新的质性研究成果，二是借助国际交流平台发表质性研究的本土化成果，以此达到在开放状态中发展质性研究的目标指向。

第四节　质性研究在中国的发展轨迹

一　从妇女/社会性别领域切入的质性研究：参与式方法和行动研究

可以认为，质性研究方法传入中国并被逐步接受和推广，始自 1995 年在北京召开的世界妇女大会。一方面，大会召开前后"性别研究"成为学术界关注的热点，而质性研究方法切入性别研究是一种最佳视角，产生了一批研究成果；另一方面，会后一些 NGO 组织在中国开展的许多妇女发展、农村发展项目大力倡导参与式方法和行动研究，对于质性研究方法起到很大的推广普及作用。

进入 20 世纪 90 年代，在我国筹备、举办北京世界妇女大会暨 NGO 妇女论坛的过程中，妇女研究者通过举办研讨班、参与国际项目等方式加强与国外、国内学者、组织的交流，推动了我国妇女研究在理念、方法、内容等方面的快速发展，提出我国妇女研究应以妇女为中心，注重加强妇女的主体意识，提高妇女的参与性、推动平等的参与式研究等。如 1992 年由北京大学中外妇女问题研究中心举办的"北京大学首届妇女问题国际学术研讨会"，近 150 名中外学者参加了研讨会，对妇女的发展问题进行了广泛深入的讨论。1993 年，天津师范大学妇女研究中心和政法系联合主办的"中国妇女与发展——地位、健康、就业研讨班"，农业部农村经济研究中心和北京农业大学国际农村发展研究中心在"外来女劳工调查"、"生育健康调查"等项目中将参与法用于妇女社会问题的调查。①

　　1995 年后，质性研究在妇女研究项目中得到越来越多的应用和推广。加拿大多伦多大学熊秉纯博士的博士论文《客厅即工厂》② 于 1996 年在美国出版，2010 年重庆大学出版社出版了中文版。《客厅即工厂》采取批判的视角，用质性研究的方法，探讨台湾社会经济变迁过程中，宏观结构与微观机制之间错综复杂的关系，对台湾地区 80 年代经济起飞背后的阶级结构和社会性别关系进行深刻的解析，揭示出在全球化的宏观背景下，地方政权如何透过父权意识、家庭体制，动员已婚妇女的劳动力，达到台湾经济发展的目标。1997 年和 1998 年，熊秉纯博士在陕西师范大学的中加合作项目"妇女与少数民族在高校的成长与发展"中，就质性研究做了相关介绍，随后在国内举办了多次质性研究讲座，引入质性研究方法，拓宽了国内妇女研究视野。

　　熊秉纯认为相对于定性研究，质性研究①不是空对空、思辨性的；②它也不是以由理论到理论的逻辑推理来建构知识的；③它是以文字叙述为材料（data），以归纳法（inductive approach）为论证步骤，以建构主义为前提的研究方法。熊秉纯在《质性研究方法刍议：来自社会性别视角的探索》中提出：以社会学运用定性和定量研究为主要研究方法所隐含的问题和局限性为起点，说明质性研究对突破目前困境所带来的契机；质性研究的主旨就在于发觉当事人的经验，从当事人的经验、角度来了解他/她的世界，而不是

---

① 刘伯红：《1994 年中国妇女研究趋势》，《妇女研究论丛》1995 年第 1 期。
② 熊秉纯：《客厅即工厂》，蔡一平等译，重庆大学出版社 2010 年版。

用一些社会上或学术上的、已存在的偏见或刻板印象来了解或评断一个社会现象或一件事例；这对那些向来没有机会使他们的经验被包括在知识体系内的弱势群体特别有意义，也意味着既有的知识内容会受到新的知识内容、视角的冲击；质性研究采取由具体到抽象的归纳法，受既有理论范畴的限制，又有颠覆既有理论、结论和假设的可能，还有另辟蹊径的企图。对整个知识的内涵、知识的创造、再创造，以及知识创造的结构和机制的民主化也有深刻的意义。[①]

同时，1995 年世界妇女大会暨 NGO 妇女论坛后，一些国际 NGO 组织开始进入中国。他们所强调的关于妇女的主体意识、参与性、行动取向及其运作模式深刻影响着中国妇女研究与实践。一些 NGO 组织介入扶贫活动，虽然没有明确以质性研究为名，但方法要素中主要是"参与"。如早期云南农村妇女生育健康项目就明确该项目的主导原则："第一个是参与式的规划原则，即让有关的人都来参与规划。第二个主导原则是，我们深信只有妇女本身才最明确她们自己的需求并能充分表达出来，让妇女来参与规划，能更好地满足云南省农村妇女的生育健康需求。"[②] 国际 NGO 组织参与式运作模式要求妇女自始至终参与项目，发出她们自己的声音，表达她们的需求。这种运作模式也推动了国内参与式研究的发展。如云南的计划生育项目、陕西丹凤县妇女教育项目、宜川县社区综合发展项目的运作中，无论是前期的需求评估，还是后期的效果监测评估，都运用了参与式的方法，妇女成为主要的评估者。全国各地举办了多期的参与式研究培训班，并建立起社会性别意识参与式培训的北京、云南、陕西网络。北京出版了王佐芳、冯媛等编写的适应中国大陆参与式培训的培训手册。[③]

在有关妇女的研究中，参与式方法随着妇女研究项目的开展逐步深入。项目的实施需要各方主体的共同参与，而参与式研究注重立足于本土知识，倡导自下而上的参与，为研究对象提供表达、选择、决策的平台，促进项目

---

① 熊秉纯：《质性研究方法刍议：来自社会性别视角的探索》，《社会学研究》2001 年第 5 期。

② 王绍贤、李祯：《云南农村妇女的心声：生育健康需求评估》，北京医科大学、中国协和医科大学联合出版社 1994 年版，第 2 页。

③ 参见王金玲《社会学视野下的女性研究——十五年来的建构与发展》，《社会学研究》2000 年第 1 期。

的实施，也体现了研究者与被研究者之间的视域融合和主体间性。

潘毅所著的《开创一种抗争的次文体：工厂里一位女工的尖叫、梦魇和叛离》①，是国内早期应用质性研究方法的一篇代表性作品。作者以阿英夜半的梦魇和尖叫为切入点，显示社会无时无刻不在对个体施行的压力，对于阿英来讲，户口制度、机械化生产、父系制度三重挤压造成了阿英的巨大焦虑，而她的尖叫处于意识与无意识之间，宣示了她的抗争的存在。

以杜芳琴为主的天津师范大学性别与社会发展研究中心团队21世纪初完成了一系列参与观察或性别研究项目。包括："促进妇女参与城市社区综合治理能力建设"（加拿大国际发展署公民社会项目，2005—2006年）、"知青经历的口述实录研究：代际与性别的视角"（中英合作项目，2004年至今，两期）、"在天津三个城乡社区进行将性别平等纳入'千年发展目标'与'小康'社会的研究与实践"（联合国妇女发展基金项目，2007—2009年）、"贫困与社会性别主流化：翻译与培训项目"（加拿大国际发展研究项目，2008—2009年）、"艾滋病防治系列（2008—2009年）"（包括"性别平等在艾滋病防治中的实现"、"促进政府与非政府组织合作参与艾滋病防治的现状与对策研究"、"天津性工作者现状与艾滋病防治调查"、"艾滋病防治资讯平台建设与女性小组研究"、"女性感染者小组调查"）。杜芳琴在《开启社会性别视角下质性研究的一扇亮窗——〈客厅即工厂〉评介》② 一文中提出，质性研究的最大挑战不在于方法技术的掌握是否娴熟，而在于研究者的认识论、立场、态度和反省精神。认识论的核心还是围绕着知识的内涵（什么是知识）、知识建构的过程（知识怎样生产）和知识建构的参与者（知识生产的主体如何影响到知识生产结果和效果）。什么是知识，直接关系到谁有知识，这又关涉到为谁、为什么研究的问题；如果没有变革社会使之更公正、平等的诉求热忱，就不会以批判的眼光看待现存世界之不足，不会怀着善意和建设的态度去付诸行动，去进行积极的改善。所以质性研究应该成为社会研究者和行动者手中推动社会变革的利器，而不是沦为炮制精致的学术论文以

---

① 潘毅：《开创一种抗争的次文体：工厂里一位女工的尖叫、梦魇和叛离》，《社会学研究》1999年第5期。

② 杜芳琴：《开启社会性别视角下质性研究的一扇亮窗——〈客厅即工厂〉评介》，《中华女子学院学报》2012年第4期。

晋级升迁的工具。女性主义质性研究的践行者与倡导者出于学术探索和社会变革的双重使命，吞食社会生活的"桑叶"后吐出"丝"，自己做"茧"又破"茧"而出，抽"丝"剥"茧"，织成"锦缎"，奉献社会，满足人们所需。

特别值得一提的是，以高小贤为学科带头人的陕西妇女理论婚姻家庭研究会研究团队，在西部地区较早开展参与式行动研究。他们多年来坚持参与性与可持续发展的理念，推动扶危助困、农村社区综合发展、农村妇女参选参政、为贫困妇女提供社工辅导与法律援助等多个项目的实施，通过不同领域和手法关注社会转型期的妇女问题和妇女地位的改善。每个项目都是以参与性监测评估培训开始，与各相关群体共同制定评估指标与活动计划，通过项目的实施提高村民参与发展的能力。在项目实施过程中同时出版发表多项研究报告、论文和著作。

高小贤研究团队所发表的文章中，有对妇女运动、劳动力转移的理论研究，如《"银花赛"20 世纪 50 年代农村妇女的性别分工》①，文章选择 50 年代陕西关中地区规模最大的一场以妇女为主体的劳动竞赛"银花赛"，通过大量的口述访谈和文献档案分析这场社会动员背后的多种因素，呈现国家的经济政策如何与妇女解放的策略交织在一起，在推动妇女走向社会的同时制造并维持了社会性别差异和社会性别不平等。《当代中国农村劳动力转移及农业女性化趋势》② 的作者提出农村剩余劳动力向非农产业转移在促进、繁荣农村社会经济发展的同时，带来农村新的社会分化，农村妇女在分化中由于非农转移的滞后而处于不利的地位，从而限制了农村妇女自身的发展，随之也潜伏着对中国城镇化及农村现代化进程的掣肘。也有对于行动研究的思考，如《整合资源，建立县、乡级反家庭暴力的支持性社会环境——陕西妇女理论婚姻家庭研究会合阳项目介绍》。③ 2001 年 8 月—2002 年 10 月，陕西妇女理论婚姻家庭研究会与合阳县妇联合作，在合阳县开展了题为"建立县、乡、村级反家庭暴力的支持性社会环境"项目。这是该研究会自 1998 年以来执行的第四个关注家庭暴力的项目，其目的是将研究会以前在不同时间、地

---

① 高小贤：《"银花赛"20 世纪 50 年代农村妇女的性别分工》，《社会学研究》2005 年第 4 期。

② 高小贤：《当代中国农村劳动力转移及农业女性化趋势》，《社会学研究》1994 年第 2 期。

③ 高小贤：《整合资源，建立县、乡级反家庭暴力的支持性社会环境——陕西妇女理论婚姻家庭研究会合阳项目介绍》，《妇女研究论丛》2003 年第 4 期。

点取得的经验在农村社区层面整合，建立农村县、乡、村级反对家庭暴力的支持性环境。在社区干预中，研究团队通过参与，倾听群众，特别是妇女的意见，根据她们的需要设计在社区中的项目活动，让所有的合作伙伴都参与到项目的实施过程中，调动他们的积极性，提高了项目的质量和他们执行国际项目的能力。类似的项目还有《合阳模式：妇女组织联动的成功范例》、《红凤工程：一个成功的扶贫项目》、《一个赋权农村妇女的发展项目：丹凤个案》。①

高小贤研究团队为妇女提供心理咨询、社会工作辅导、支持小组、法律咨询、法律代理、紧急状态下的帮助与庇护服务。1996 年，陕西妇女理论婚姻家庭研究会开通了妇女热线，覆盖全国 28 个省市；1996 年创建全国首个以贫困女大学生为资助对象的民间助学项目——红凤工程；1999 年 3 月，创办了西北第一家妇女法律研究与服务中心，宣传法律知识、维护妇女权益。在陕南贫困地区商洛建立妇女儿童维权工作站，就近为妇女提供法律帮助。2000 年，发起并筹建了"中国社会性别与发展网络"；2001 年，成立了全国首家以社会工作方法为家暴受虐妇女提供服务的"家庭暴力预防与辅导专线"；2004 年 4 月，与西安市妇联合作开展"西安市零家庭暴力社区网络筹备会议"，对西安各区的妇女干部、司法人员等进行了 20 余期社会性别与反家庭暴力的培训与讲座，推动了碑林区零家庭暴力社区的建立；2005 年 3 月，开通妇女健康热线和婚姻家庭热线。目前，研究会成为国内为妇女提供服务门类最多最全的民间机构。2005 年，推动成立陕西公益组织学习网。2008 年，成立陕西妇源汇性别发展培训中心，探求本土公益事业专业化发展的道路。

二　从教育学领域切入的质性研究：概念界定

北京大学陈向明教授是最早将国外质性研究方法和理论介绍到国内社会科学界的学者。从 1990 年代中期起她连续出版、发表了多部关于质性研究的专著和论文，并在国内率先举办多次质性研究方法培训班及研讨会，对质性研究在中国的发展起到了重要的推动作用。

---

① 高小贤：《合阳模式：妇女组织联动的成功范例》，《中国妇女报》2008 年 2 月 19 日；高小贤：《红凤工程：一个成功的扶贫项目》，《中国妇女报》2002 年 7 月 16 日；高小贤：《一个赋权农村妇女的发展项目：丹凤个案》，见《社会性别与发展在中国：回顾与展望》，陕西人民出版社 2000 年版。

1996 年，陈向明《定性研究方法评介》① 一文，就定性研究的定义、理论基础、过程及方法、使用范围和意义做了详细的介绍。作者认为目前国外学术界一般认可的定性研究方法指的是：在自然环境下，使用实地体验、开放型访谈、参与型与非参与型观察、文献分析、个案调查等方法对社会现象进行深入细致和长期的研究；分析方式以归纳法为主，在当时当地收集第一手资料，从当事人的视角理解他们行为的意义和他们对事物的看法，然后在这一基础上建立假设和理论，通过证伪法和相关检验等方法对研究结果进行检验；研究者本人是主要的研究工具，其个人背景以及和被研究者之间的关系对研究过程和结果的影响必须加以考虑；研究过程是研究结果中一个不可或缺的部分，必须详细加以记载和报道。陈向明的《质的研究中的局内人与局外人》② 也是国内首次明确以"质的研究"为题的文章。同时还有陈向明的《质的研究中的研究者如何进入研究现场》③、《研究者个人身份在质的研究中的运用》④ 等几篇文章也都强调了"质的研究"提法。

陈向明在《社会科学中的定性研究方法》⑤ 一文中指出，"qualitative research" 在中国大陆被译为"定性研究"，而在中国台湾、香港地区及新加坡被译为"质的研究"。后来，她从读者的反馈中意识到，"定性研究"这一译法在国内学术界容易产生歧义，遂改用在中国香港、台湾地区，新加坡等地常用的"质的研究"。进入 21 世纪，国内学界发表文章出版著作对"qualitative research"的介绍，逐步统一为"质性研究"。

陈向明提出，质性研究是解释主义占主导地位。而且，随着质性研究进入 21 世纪，各种不同的"理解"和"解释"立场和风格进入了研究的行列，研究者通过"对话"来检验自己的"知识宣称"。质性研究者对"理解"和"解释"的认识也发生了变化：从强调"客观"、"中立"，到"体验"、"移情"，再到在"参与"和"对话"中"共同建构"意义。研究者在关注个人心理结构和心理过程的同时，还需要关注建构这些心理现象的社

---

① 陈向明：《定性研究方法评介》，《教育研究与实验》1996 年第 3 期。
② 陈向明：《质的研究中的局内人与局外人》，《社会学研究》1997 年第 3 期。
③ 陈向明：《质的研究中的研究者如何进入研究现场》，《高等教育研究》1997 年第 3 期。
④ 陈向明：《研究者个人身份在质的研究中的运用》，《教育研究与实验》1997 年第 2 期。
⑤ 陈向明：《社会科学中的定性研究方法》，《中国社会科学》1996 年第 6 期。

会交往和社会过程，将个人作为历史和社会的参与者，理解人类社会选择以及形成有关"人"的各种错综复杂的方式和关系。研究者不再把文化看成是一个独立于个人的系统，而是与个人的自我中最深沉的部分紧密相连的、个人在世界上安身立命的方式。在这个意义上，质性研究已经从方法论的个体主义走向了关系主义，在个体与集体之间、个人与文化之间、现在与过去之间思考问题。

2013年9月1日，北京大学教育学院举办首届"实践—反思教育质性研究"学术研讨会。来自北京大学、北京师范大学、中国人民大学、首都师范大学、北京教育学院、浙江大学、上海师范大学、台湾中原大学、天津职业技术师范大学等10余所高校的60余名学者与部分来自一线的中小学教师、教育管理者一起，围绕"实践—反思教育质性研究"的主题，进行了深入交流。研讨会是北大教育学院基础教育与教师教育研究中心对近20年"实践—反思教育质性研究"所做的一个阶段性总结与展望。会议为"实践—反思教育质性研究"的发展和深入推进奠定了良好基础。

2012年、2013年由北京大学研究生院主办，北京大学教育学院教育与人类发展系承办了"质性研究方法与社会科学研究"暑期学校课程。课程主要针对全国高校、研究机构、教育机构等单位中有志于从事质性研究并有一定研究基础的高校青年教师、博士生、硕士生、教研员、中小学骨干教师等。课程旨在帮助学员学会运用质性研究方法进行社会科学研究，课程注重理论与实践相结合。教学内容主要包括：深入理解质性研究的基本概念和理论基础，如何提出有价值的质性研究问题，质性研究设计的基本步骤，如何使用访谈收集资料，如何做焦点团体，如何使用观察收集资料，如何整理资料、分析资料，扎根理论的方法，建构理论模式，连续比较方法。

杨钋、林小英、陈向明所著《聆听与倾诉：质的研究方法应用论文集》[①] 是国内第一本质性研究应用论文集，是一部学生心得体会的汇集，收集的是1999年秋季学期学生的期末论文，研究者以观察、访谈为主要研究手段，深入研究对象内心深处，体验、了解问题的深层原因并给予意义的解释，从初学者的视角描绘了他们个人的感悟与体会，分析在特定教育环境中

---

① 杨钋、林小英、陈向明：《聆听与倾诉：质的研究方法应用论文集》，教育科学出版社2001年版。

使用质的研究方法有可能遭遇到的问题和取得的收获。

1997—2000 年，国内介绍质性研究方法有一定影响的文章还有许多，大都发表在教育类期刊上。① 陈向明所著《教师如何做质的研究》② 是一本具体介绍在专业领域中质性研究的操作方法和实践过程的著作。结合教育研究领域中的有关问题介绍了"质的研究"的基本思路、实施方法和操作技巧，在介绍方法的同时提供了大量的研究实例，包括西方著名学者，中国学者、学生以及作者本人的研究实践。在此之后，陈向明又陆续出版了《在行动中学作质的研究》、《如何成为质的研究者：质的研究方法的教与学》等，主编了由重庆大学出版社出版的《质性研究：反思与评论》（第一卷）、《质性研究：反思与评论》（第二卷）等③，重点探讨质性研究方法在社会科学中的运用及其方法论问题，注重推进国内学者本土化的思考，实现更具适应性的、富有想象力的创新。

2000 年陈向明的《质的研究方法与社会科学研究》④ 是国内第一部系统评介"质的研究方法"的专著。陈向明在《质性研究的新发展及其对社会科学研究的意义》⑤ 中就有关质性研究的理论基础、分类、方法与理论与问题的关系、研究的规范、质的方法与量的方法的结合、有关质的方法与行动研究做了深刻的分析、解读。

---

① 如黄娟娟：《质的教育研究方法及在学前教育领域的应用》，《学前教育研究》1997 年第 5 期；黄娟娟：《质的教育研究方法及在学前教育领域的应用（续）》，《学前教育研究》1997 年第 6 期；陈向明：《质的研究中的个人倾向问题》，《教育研究》1998 年第 1 期；陈向明：《教育研究中访谈的倾听技（艺）术》，《教育理论与实践》1998 年第 8 期；刘晓瑜：《教育研究方法的新取向——质的教育研究方法》，《教育理论与实践》1998 年第 10 期；周亚君：《质的研究中开放性访谈的实践》，《学前教育研究》1998 年第 12 期；周亚君：《农村家长对孩子进行语言教育的质的研究》，《学前教育研究》1998 年第 12 期；马云鹏、林智中：《质的研究方法及其在教育研究中的应用》，《中国教育学刊》1999 年第 4 期；陈向明：《质的教育研究中研究问题的界定》，《教育评论》1999 年第 2 期；陈向明：《从一个到全体——质的研究结果的推论问题》，《教育研究与实验》2000 年第 4 期；骈茂林：《质的资料分析：理念、思路与基本方法》，《外国中小学教育》2000 年第 4 期；李雁冰：《质性课程评定的典范：档案袋评定》，《外国教育资料》2000 年第 11 期；等等。

② 陈向明：《教师如何做质的研究》，教育科学出版社 2001 年版。

③ 陈向明：《在行动中学作质的研究》，教育科学出版社 2003 年版；陈向明：《如何成为质的研究者：质的研究方法的教与学》，教育科学出版社 2004 年版；陈向明主编《质性研究：反思与评论》（第一卷），重庆大学出版社 2008 年版；陈向明主编《质性研究：反思与评论》（第二卷），重庆大学出版社 2009 年版。

④ 陈向明：《质的研究方法与社会科学研究》。

⑤ 陈向明：《质性研究的新发展及其对社会科学研究的意义》，《教育研究与实验》2008 年第 2 期。

2011 年陈向明主编的《质性研究博士文库》①，由重庆大学出版社出版，收集了部分运用质性研究所作的优秀博士论文，包括杨朝晖的《大学教师介入中小学实践的角色调适研究》、王海燕的《实践共同体视野下的教师发展》、王红艳的《新手教师在学校实践共同体中的学习》、钟启畅的《体验式课程的教学知识》、卢立涛的《发展性学校评价在我国实施的个案研究》、宋改敏的《教师专业成长的学校生态环境》等。

三　从人类学、民族学等领域切入的质性研究：方法推介与意义探讨

2000 年以后，质性研究方法在学术界越来越受重视，研究者以质性研究为主所做的研究已涉及社会学、人类学、民族学、政治学、医学、心理学等学科，以质性研究为方法路径的文章大量发表，成果不仅体现在方法的选择上，而且在文本的表现形式方面，体现出质性研究的理念。不仅有方法的推介，更有对质性研究意义的探讨。

《重新认识质性研究在当下中国研究中的重要性——以人类学应用研究为例》② 一文发表在 2007 年的《民族研究》杂志。作者翁乃群认为，自 20 世纪末以来，我国社会人文学界出现了对"科学"的一种误读，将"科学"研究理解为"量化研究"，甚至将"数字"视为科学性的最高表述，将应用研究中有无"数字"表述作为衡量其价值的标准。以经验研究为主要方法，以质性研究（对社会结构、制度、关系以及社会文化意义等的探索）为目标的人类学，在社会人文应用研究中遭到了质疑，也因此又一次被边缘化。作者以人类学为例，从研究经验和人类学学理的角度，就质性研究在当下社会文化研究中的必要性和意义做了分析和讨论。

菲尔·卡尔斯贝肯、任玥在《批判的质性研究方法论与行动取向》③ 文中提出：批判的质性研究方法论作为当代西方质性研究方法论中的一支，结合了一般质性研究法论与批判理论的特点，既关注社会中作为行动者的个人

① 陈向明：《质性研究博士文库》，重庆大学出版社 2011 年版。
② 翁乃群：《重新认识质性研究在当下中国研究中的重要性——以人类学应用研究为例》，《民族研究》2007 年第 6 期。
③ 菲尔·卡尔斯贝肯、任玥：《批判的质性研究方法论与行动取向》，《北京大学教育评论》2010 年第 10 期。

及其解放，又为以此为对象的研究者提供一套可操作的研究方法理论。批判的质性研究方法理论认为，人在受到压抑或被异化后，总有寻求突破与解放的要求，而现实的行动条件却制约着这种要求，但这并不意味着行动者完全没有获得解放的可能。除了对个人难以控制的行动条件进行大规模的社会变革外，每一位行动者还可以通过反思自身的行动取向，突破经由文化施加的限制，获得一定意义上的解放。文化结构与行动意义正是该研究方法论为研究行动取向而建构的两个重要概念。

蒋逸民在《自我民族志：质性研究方法的新探索》[①] 文中指出，作为一种新的质性研究方法，自我民族志正在日益引起人们的学术关注。自20世纪60年代以来，随着后现代研究运动的兴起，民族志等传统的质性研究方法备受诟病。研究者尝试用多种方法来写作民族志，突显个性化叙述和表达性说明，试图用自己的亲身体验和自我意识来表达文化，讨论文化，深化对文化的解读。这种"唤起式"写作实践被冠名为"自我民族志"。文章在揭示自我民族志内涵的基础上，把自我民族志置于质性研究方法发展逻辑中进行思考，对自我民族志的理论基础、表达方式和优劣进行了探讨。

此后出版的著作中，范明林、吴军的《质性研究》[②] 主要介绍质性研究方法的理论背景和扎根理论、口述史、焦点小组等具体研究方法的理论来源、发展和操作技术。文军、蒋逸民主编的《质性研究概论》[③] 对质性研究的基本理念、理论基础和研究设计做了系统的探讨和分析，对一些常用的质性研究方法做了详细介绍和深入浅出的案例说明。

2008年后，重庆出版社、人民邮电出版社分别以"万卷方法丛书"等名义，集中翻译出版了一批介绍质性研究方法的系列著作。《质性研究的理论视角：一种反身性的方法论》[④] 主要讨论反身性方法论的发展与例证。反身性是研究过程的基本要素，它为实地研究的成功解释与深刻结论的进展提供了必要的视域。反省包括哲学反思与对研究者的假定的问题化、解释以及

---

① 蒋逸民：《自我民族志：质性研究方法的新探索》，《浙江社会科学》2011年第4期。
② 范明林、吴军：《质性研究》，格致出版社2009年版。
③ 文军、蒋逸民：《质性研究概论》。
④ 艾尔维森、舍尔德贝里：《质性研究的理论视角：一种反身性的方法论》。

与经验材料的互动。揭示了经验研究所运用的方法与不同的研究传统之间的关联，为理论结构与经验研究之间更具思想开放性与创造性的互动指明了途径。作者对主要学派，如建构理论、解释学、批判理论、后现代主义与后结构主义、会话分析、谱系学与女权主义等，给出了评述，尤其关注文化、语言、选择性理解、认知与意识形态的主观形式是如何渗入科学活动的。

《质性研究导引》① 介绍了在不同国家和地区发展起来的主要的质性研究理论和方法，既包括来自英美国家的质性研究理论和方法，也包括来自德国和欧洲的质性研究方法和策略。

《建构扎根理论》② 指出虽然扎根理论的创始人格拉泽教授认为扎根理论不属于质性研究，但是，不少研究者仍会将其归于此类。扎根理论是具有高度影响力的处理质性资料的方式，其创立于 1960 年代，被西方社会科学界公认为是过去 40 多年中，质性研究发展中最重要的，却也是最受争议的方法论基础之一。作者认为，扎根理论必须从其实证主义源头那里继续发展，融入过去 20 年来由建构主义者所提出的很多方法和问题，使其成为一种更加细致和更具反思性的实践。

《质性研究的伦理》③ 认为质性研究的一个重要特点就是以人本身为基本的研究工具，人要去观察、倾听、理解、诠释。因此，在这个过程中关于对研究者、研究对象的保护、关心等伦理问题就显得格外重要。该书内容来自一个由十余位质性研究者组成的工作坊多年来共同研究、讨论的成果。她们长期从事质性研究，并且对于其中的伦理问题给予了特别的关注。

《质性资料的分析：方法与实践》④ 的重点放在资料展示上，包括矩阵表与网状图，而不仅仅是一般的文字叙述。对每一种资料展示的方法，都详加说明并举例，并对采用者提出了习作方面的建议。本书的实例来自于教育研究、医疗保健、公共卫生、人类学、心理学、社会学、企业研究、政治科学、公共行政、评估、图书馆科学、组织研究、犯罪学、家庭研究、政策研究等。这背后的含义是：方法是通用的，并不受领域限制。

---

① 伍威·弗里克：《质性研究导引》，孙进译，重庆大学出版社 2011 年版。
② 卡麦兹：《建构扎根理论》，边国英译，重庆大学出版社 2008 年版。
③ 莫特纳、伯奇等：《质性研究的伦理》，丁三东、王岫庐译，重庆大学出版社 2008 年版。
④ 迈尔斯、休伯曼：《质性资料的分析：方法与实践》，张芬芬译，重庆大学出版社 2008 年版。

《设计质性研究》① 一书的目的就是为设计质性研究提供具体化建议，以填补这一领域中的空白。书中不仅讲述了质性研究同传统民族志学之间的联系，而且阐释了研究者在新时代研究新问题时会遇到的挑战和困惑。此外，还分析了如何用质性研究方法解决主张研究应该为被研究者服务的后现代主义和女性主义研究者提出的新问题。该书为读者提供了许多范例，具体说明影响质性研究设计的多个因素，包括研究者的个人能力、技术水平、伦理道德和政治问题。设计质性研究是呈非线性分布的，因此在不同阶段需要采取不同策略。

《如何做质性研究》② 一书大体上按照开展一项研究的时间顺序安排，并根据新手们在一个完整的质性研究过程中面临的实际情境一一讲授。

《质性研究方法：健康及相关专业研究指南》③ 一书系统阐述质性研究法的理论基础，研究方法的类型有深度访谈、焦点团体、非干预性研究方法、叙事分析与人生历程、民族志、参与行动研究及其具体应用。

《质性研究中的访谈：教育与社会科学研究者指南》④ 介绍访谈方法的基本原理，以及设计研究方案、建立与访谈对象的交流渠道、如何联系和筛选受访者、聆听和提问的方法，研究参与者融洽关系的复杂性，以及平等性在访谈关系中的重要作用，如何管理、利用和分享从深度访谈中所获得的数据等。

《分析社会情境：质性观察与分析方法》⑤ 描述和分解了实地调查研究相互重叠的三个阶段——资料的搜集、聚焦与分析，介绍了编码、备忘方法及电脑在资料整理和分析中的运用。

《参与观察法》⑥ 对参与观察的基本原则和策略做了系统的介绍。虽然有学者运用实证主义的观点，将参与观察法仅仅视为一种收集资料的方法，

---

① 凯瑟琳·巴歇尔、格雷琴·B. 罗斯曼：《设计质性研究》，王慧芳译，重庆大学出版社 2008 年版。

② 大卫·希尔弗曼：《如何做质性研究》，李雪、张劼颖等译，重庆大学出版社 2009 年版。

③ 利亚姆帕特唐、艾子：《质性研究方法：健康及相关专业研究指南》，郑显兰等译，重庆大学出版社 2009 年版。

④ 塞德曼：《质性研究中的访谈：教育与社会科学研究者指南》，周海涛主译，重庆大学出版社 2009 年版。

⑤ 洛夫兰德等：《分析社会情境：质性观察与分析方法》，林小英译，重庆大学出版社 2009 年版。

⑥ 乔金森：《参与观察法》，龙筱红、张小山译，重庆大学出版社 2009 年版。

归属于以探索和描述为目的的科学研究的初级阶段，但该书作者却将该方法视为一种完整的研究方法，主要归属于人文主义的研究传统。

《文化研究：民族志方法与生活文化》① 从知识论和方法论的背景知识展开，探讨如何利用先前的研究经验，以及如何将"经验"这个工具运用到研究里。

《质性访谈方法：聆听与提问的艺术》② 主要讨论了研究设计、访谈实施和数据分析，每一部分都提出了相应的工作目标和实施路径，并在讨论的过程中结合了大量的研究实例，详细明确地提供了不同种类的研究展开操作的可行办法。

《质性研究中的资料分析：计算机辅助方法应用指南》③ 介绍如何使用所熟悉的工具（如 Word、Excel、Access 等）有效地管理和分析质性资料，帮助质性研究者使用扎根理论、民族志、案例研究、焦点群体、现象学等方法，或这些方法的不同组合来进行研究设计。

《如何成为质性研究专家》④ 主要从质性研究方法的基本问题，包括什么是质性数据、质性方法与量化方法的联系与区别、质性方法对研究现实问题和理论建构的作用与意义，语库构建的各种途径，包括深度访谈法、焦点小组讨论法、参与观察法、档案与媒体分析法和个案法等，质性数据的分析方法，包括数据转录和编码、利用计算机软件分析质性数据、从数据分析到理论建构，如何撰写和发表质性研究报告，四个方面介绍了质性研究方法。

《心理学质性研究导论》⑤ 介绍了质性研究的基本概念，质性研究设计的一般原则和四种具体的设计方法，评价不同质性研究方法的标准。类似的，还有麦可斯威尔的《质性研究设计》⑥ 一书。

《质性研究方法导论》⑦ 则阐述并分析了质性研究方法的理论基础、研

①　格雷：《文化研究：民族志方法与生活文化》，许梦云译，重庆大学出版社 2009 年版。

②　赫伯特·J. 鲁宾、艾琳·S. 鲁宾：《质性访谈方法：聆听与提问的艺术》，卢晖临等译，重庆大学出版社 2010 年版。

③　哈恩：《质性研究中的资料分析：计算机辅助方法应用指南》，乐章等译，重庆大学出版社 2012 年版。

④　格莱斯：《如何成为质性研究专家》，人民邮电出版社 2008 年版。

⑤　卡拉·威利格：《心理学质性研究导论》，郭本禹等译，人民邮电出版社 2013 年版。

⑥　麦可斯威尔：《质性研究设计》，陈浪译，中国轻工业出版社 2008 年版。

⑦　格莱斯：《质性研究方法导论（第 4 版）》，王中会等译，中国人民大学出版社 2013 年版。

究设计、参与式观察、访谈、资料分析、写作、后续探索等方面的内容。

《质性研究访谈》[①] 以一项具体的访谈研究为例,具体介绍了访谈调查的概念化、访谈设计、访谈情境和各种不同的访谈形式,将口头的访谈互动转录为书面的文本资料,以及多种用于分析访谈文本资料的工具,直到访谈结果的验证和访谈研究报告的写作等多方面内容,涵盖了访谈研究的整个过程。另外,还有一本书《泰利的街角:一项街角黑人的研究》[②],借此书很多人了解到美国都市中经济上被边缘化的黑人的困窘境地。

此外,李晓凤、余双好所著《质性研究方法》[③] 主要针对社会工作与心理咨询过程中的具体问题。刘明主编的《护理质性研究》[④] 主要介绍质性研究在护理专业的应用,案例分析来自于临床实践、护理管理及护理教育方面。李剑所著《中国西部女童:西部三十名贫困女童学业成就提高的质性研究》[⑤],通过运用质性研究方法,探讨西部贫困女童的生活和学习状况及其未来的发展。陈宇卿主编的《学做质性研究:质性研究中的经验和故事》[⑥],简要介绍质性研究,从做选题设计资料的收集、分析、报告的撰写等方面指导中小学教师做质性研究。杨鲁新的著作《应用语言学中的质性研究与分析》[⑦] 系统讲解了应用语言学中的质性研究方法。

瞿海源等编的《社会及行为科学研究法:质性研究法》[⑧] 由台湾社会科学领域具有独特风格的学者共同完成。每位学者在各自的专章中,除了介绍专业知识外,也透露各自的学术理念。

四 农村社会学领域的质性研究:"华中乡土学派"的田野调查与"饱和经验法"

华中科技大学中国乡村治理研究中心主任贺雪峰教授及其研究团队长期

---

① 斯丹纳·苟费尔、斯文·布林克曼:《质性研究访谈》,范丽恒译,世界图书出版公司 2013 年版。

② 列堡:《泰利的街角:一项街角黑人的研究》,李文茂、邹小艳译,重庆大学出版社 2010 年版。

③ 李晓凤、余双好:《质性研究方法》,武汉大学出版社 2006 年版。

④ 刘明:《护理质性研究》,人民卫生出版社 2008 年版。

⑤ 李剑:《中国西部女童:西部三十名贫困女童学业成就提高的质性研究》,中央编译出版社 2011 年版。

⑥ 陈宇卿:《学做质性研究:质性研究中的经验和故事》,上海教育出版社 2012 年版。

⑦ 杨鲁新:《应用语言学中的质性研究与分析》,外语教学与研究出版社 2013 年版。

⑧ 瞿海源等编《社会及行为科学研究法:质性研究法》。

致力于农村研究，注重田野调查经验积累，在"三农"研究领域产生了较大影响，在国内社会学界形成"华中乡土学派"。早在 1980 年代，华中村治研究的开创者张厚安教授即提出要"理论务农"，要"面向社会、面向基层、面向农村"的"三个面向"的社会科学研究转向；徐勇教授在 1990 年代提出村治研究要"三实"，即"实际、实证、实验"的研究风格；2002 年华中村治研究学者发表《村治研究的共识与策略》① 一文，提出"田野的灵感、野性的思维、直白的文风"三大研究原则。②

贺雪峰、吴毅等学者在华中科技大学创办中国乡村治理研究中心。自 2007 年以来，该中心每年都组织大规模的"集体调研"。仅每年暑假的集体调研规模便超过百人，一般同时在多省数十个村开展驻村调查。自 2005 年以来，华中科技大学中国乡村治理研究中心累计驻村调研时间已近 4 万个工作日。华中乡土派强调以大量深入的驻村调查来形成"经验质感"。

以形成经验质感为目的的饱和经验训练的方法，称为"饱和经验法"。饱和经验法的主要原则可以归结为三条：一是不预设问题，不预设目标；二是具体进入、总体把握，不注重资料而重体会，大进大出；三是不怕重复，要的就是重复，是饱和调查。饱和经验训练关注经验的自洽性、模糊性、总体性，强调经验的自在性和全息性，强调经验的未知性、联系性、变动性、灵动性。村庄是一个相对完整封闭的社会，有历史，有政治、经济、社会、文化、宗教各个方面。农民有自己的生活逻辑，而自上而下的各种政策法律制度都要在村庄落地。因此，通过深入研究村庄中农民的生活逻辑和乡村治理的逻辑，可以获得丰富的经验，形成对个人生活经验以外完整经验的厚重理解。当前中国村庄中，进行经验训练的一个最大优势是，农民愿意接受研究者的访谈，研究者每天都可以与农民进行长时间的深入交流，可以就自己关心的几乎所有问题向农民请教，通过长时间的、反复的、饱和的村庄调研来形成经验的质感。村庄经验的训练只是起点，没有经过完整经验训练且形成经验质感的社会科学研究，都是颇值得怀疑的纸上谈兵。在多年农村调查

①　徐勇、吴毅、贺雪峰等：《村治研究的共识与策略》，《浙江学刊》2002 年第 1 期。

②　贺雪峰：《饱和经验法——华中乡土派对经验研究方法的认识》，《社会学评论》2014 年第 1 期。

基础上，"华中乡土派"研究团队总结出一些开展农村经验调查形成经验质感的具体方法：一是多点调查、区域比较；二是集体调查、现场研讨；三是不分专题、全面调查。[①] 该团队出版了《新乡土中国》、《乡村治理的社会基础》、《村治的逻辑》 等有影响的学术著作，发表了一些较高质量的文章，成为具有鲜明质性研究特色的本土学派。

五　从研究方法到学科范式："质性社会学"的提出

陕西省社会科学院社会学研究所是国内较早成立的社会学专业研究机构。2000 年以来以石英、江波为学科带头人的研究团队将"参与式""行动研究"的质性研究方法和理念引入到项目实践，先后完成多项课题并出版了《西安城市社会问题研究》[②]、《贫困对健康的呼唤——西部贫困山区基础教育的一项质性研究》[③]、《贫困对教育的呼唤——西部农村医疗与农民健康的一项质性研究》[④] 等著作。在这几部质性研究成果中，研究者采用的参与式培训、影像记录和口述故事等方法，是一种为"弱势人群"发声的方法。研究者提出我们的生活是被话语建构的。此研究的主要内容实际上是在以贫困山区人们的话语，根据他们当时和现在的经验和认识来建构贫困山区医疗、卫生、健康的状态、问题及需求，也是在以社区人的真实生活去见证贫困山区医疗、卫生、健康状况，并透过这些方方面面评估贫困山区对医疗、卫生、健康的需求。处于贫困山区的人们通常是不太被关注的群体，他们较少有机会表达自己的声音。

研究者选择个人口述和焦点小组资料分析为主的方式，是想通过不同人群、重要知情人的特殊身份、认知性、能动性以及他们对具体生活、成长经历的感受、评价及对事件的期望评估，观察研究者所要讨论的主题。访问对象是各社区内能够呈现贫困山区基础教育变革的重要知情人和重要相关群

---

① 贺雪峰：《饱和经验法——华中乡土派对经验研究方法的认识》，《社会学评论》2014 年第 1 期。
② 石英等：《西安城市社会问题研究》，兰州大学出版社 2004 年版。
③ 石英等：《贫困对健康的呼唤——西部贫困山区基础教育的一项质性研究》，西北大学出版社 2006 年版。
④ 石英等：《贫困对教育的呼唤——西部农村医疗与农民健康的一项质性研究》，西北大学出版社 2006 年版。

体，他们是从不同年龄、性别、学校、社区等代表不同社会身份的人群中选取的。通过不同个人的经验及评价，不仅能够深入理解贫困山区基础教育变革的过程及需求，而且可以通过不同的主体经验，反映出公众对贫困山区基础教育的不同感受和评价。不同的年龄、不同的性别、不同的经济状况、不同身份的个人，在分享农村基础教育的过程中，在社区内人与人的互动中，会有不同的经验，产生不同的感受。因此，通过口述和小组资料的收集与分析，正可以把个人和集体的经验与社区教育体制和教育政策变迁的脉络联系在一起，促使对贫困山区的基础教育进行多层次、多视角的剖析。质性研究方法尊重每个人的经历，避免了只见"社区"不见"人"的局限，也敏感地防止了可能对研究对象"边缘化"的倾向。从特定社区人的生活形态行为模式等涉及农村基础教育的不同过程去获取资料，更多的是在本地化的情景中完成对有关贫困山区基础教育现状的描述和解释。将以往被忽视的生活在贫困山区中的主体的经历、感受和情感呈现在科研成果中，回复农村基础教育历史、现状及亲身经历和感受的故事，而不借助习以为常的、规范的文献、报告、报表告诉我们贫困山区基础教育变革的历史与现状。这二者最大的区别就是，后者是以"第三者"身份呈现农村基础教育的"历史"和"现实"，而前者更多的是想揭示、呈现"第一人称"眼中关于农村基础教育的"历史"和"现实"。显然，前者更接近"真实"，更符合我们期望的当代社会研究的方向和方法。研究者发现同贫困山区基础教育的接受者、实施者的关系，实际上是同研究者对叙述者的关注程度，对他们叙述资料的呈现取向息息相关的。为此，在本项研究中，有别于传统的研究方式将这些个人和群体的声音排斥在研究成果之外的取向，而是调整了研究的焦距，以阅读叙述者的资料，来解读农村基础教育的变革、现状和需求，调整研究中关于知识生产的权力关系。

　　质性研究方法呈现个人口述和焦点小组访问遵循的若干原则。第一，关注差异性的故事。访问一直是在寻求让叙述者讲自己真实的故事，以透视被忽略和遮蔽的涉及贫困山区基础教育的某些事实。人群间存在的差异性恰恰能为全景观地、动态地认识贫困山区基础教育现状及变化提供重要的依据。将不同人群的经历纳入到调查中来是重视差异性，实现访问有效性的重要步骤。第二，关注呈现的故事。对叙述者的感受评价不会是依据所谓的"客观性""真实性"和"价值中立"的原则进行评价。这些故事都是经由叙述者"过滤"和"加工"的叙事，是"再表现"的产物。他们叙述的关于贫困山区基础教育的经历和感受都是主体性的反映，是被其建构的。不同的故事后面实际上是叙述者在阐释各自的立场、利益和观点，所以，并不存在完全的中立和客观。警惕在学术中立的规范下软化弱势人群的声音。这样，挖掘不同群体的声音呈现的故事显得尤为重要。第三，关注基于经验的声音。在访问不同的相关群体成员过程中，要体现平等和尊重。在访问和资料的整理、分析过程中会遇到"研究者"与"被研究者"、"聆听者"与"叙述者"的权力关系。在访问过程中尽量围绕叙述者的记忆及叙说取向进行访问，希望使这些资料丰富和充实以往的研究成果，更重要的是使"弱势人群"对贫困山区基础教育的经验能进入研究成果的"殿堂"，让更多的人知道，从而改写传统研究者撰写的贫困山区基础教育的风格与内容。第四，关注声音背后的声音。更会关注话语背后的意思到底是什么，在尊重的前提下，说明本次访问的目的，建立平等的关系，在聆听的原则下实现访问过程中的分享和互动。第五，关注个人口述和焦点小组资料的分析。访问过程实际上也是一个知识生产的过程，不同的叙述者因其所在的社会、文化、性别、阶层的社会位置不同，所叙述的"故事"也不会相同，而因与访问者的互动关系不同，也会受多元权力关系的影响而产生不同的"故事"，叙述者会在互动关系中建构自己的"身份"和"故事"。贫困山区基础教育涉及相关人群各自的利益，同其社会身份、互动身份必然有很强的关系，使其表现出不同的表达策略，这就需要研究者具有敏感的意识，并将访问过程作为资料的分析过程，将贫困山区基础教育表象背后的社会结构与社会关系呈现出来。在研究者看来，不同叙述者的声音所呈现出的贫困山区基础教育的故事和需求就是一项关于贫困山区基础教育的重要研究成果。把研究的关注点由科研人员完成"文本"转向不同相关群体，尤其是与其利益密切相关的生活在农村的"弱势人群"的声音。恰恰是这些人的话语和故事，为从事相关研究的人们提供很有见地的信息和观点。

2009 年在西安召开的中国社会学学术年会上，石英研究员代表陕西省社会科学院研究团队做了题为"质性社会学的本土经验"的大会主题发言。

石英、江波等在国内首次正式提出了"质性社会学"概念。自此，从 2009年开始到 2016 年连续 8 年的中国社会学年会上，陕西社科院社会学研究所都主办以"质性社会学"为主题的论坛，吸引了国内社会学界同仁的广泛关注和参与。

2010 年，江波研究员在陕西社科院社会学研究所成立了质性社会学研究室，创办了专业刊物《质性社会学研究》，搭建起质性社会学研究和交流的学术平台。

近年来，质性社会学研究团队在质性社会学研究领域取得了一系列研究成果。已完成《质性社会学研究：理论、方法与实践》、《社会变迁视角下质性社会的研究》、《质性社会学的实践：转型期农民的日常生活和价值观变迁》等多项质性社会学研究课题。2012 年由尹小俊、张春华、杨红娟主编，质性社会学研究团队共同撰写的《质性社会学的探索：理论·方法·应用》一书由社会科学文献出版社出版发行。全书围绕"质性社会学"研究主题，紧扣质性社会学的理论视角，对质性社会学研究体系进行了尝试性建构，以全新的文本形式完成了质性社会学框架体系的叙事探索。首先，梳理了质性社会学的发展脉络及其基本论题，阐明质性社会学的历史使命、理论背景、文化基础、知识谱系、核心概念及关注领域。其次，围绕"质性"、"田野情感"、"知识生产"、"网络话语"、"在地性"、"实践性"和"倾听"等代表性话语进行反思，力图实现不同研究方法的视域融合。最后，通过对不同社会群体如新生代农民工、青少年、山区学生等的"深描"，呈现质性社会学研究的实践过程及其印迹。该书认为："质性社会学是关于人们对社会理解的科学，指将有关质性的相关理论纳入到社会学知识体系中，把质性作为社会学研究的基本原则和出发点，是对追求质性社会建设的一种理论关怀。"

石英在《人文杂志》2013 年第 4 期发表《质性研究与社会学的中国化》，指出：社会学中国化应"取道质性研究，回归人文传统"。他在《人文杂志》2015 年第 6 期发表《质性社会学论纲》进一步明确提出："质性研究，一般是作为一种社会研究方法。我们主张将其上升为社会学的基本理念和逻辑出发点，提出'质性社会学'概念。"至此，质性研究由西方社会学的研究方法开始转向中国社会学的学科范式。

第五节　中国早期社会学自发的质性研究传统

质性社会学的核心在于质性方法中内涵的理念：设身处地、深度参与、用心倾听、体悟反思、积极行动等。而这些理念其实是百年前早期中国社会学家们自觉拥有、自发坚持的社会学思想。中国早期社会学可概括为三大流派：以孙本文、潘光旦、吴文藻、费孝通等为代表的学院派，以梁漱溟、晏阳初等为代表的乡村建设派，以毛泽东、瞿秋白等为代表的革命派社会学。学院派社会学家很多为人类学、民族学出身，其田野调查的方法都已被纳入今天"质性方法"体系，如"民族志"、"扎根理论"等。乡村建设派则完全可以看成是质性社会学"行动研究"的早期探索典型。至于革命派社会学者，虽未能在中国社会学学术史上占有一席之地，但其带有强烈价值取向和人文关怀的社会调查研究直接引领了中国革命的成功。像毛泽东《寻乌调查》、《兴国调查》、《湖南农民运动考察报告》、《中国社会各阶级的分析》等文章也完全可视作深度参与、亲身体验、积极行动的质性社会学成果。

尤其需要指出，20世纪50年代社会学作为学科的教学和学术研究在中国大陆被中断，但中国共产党人的社会调查研究传统并未中止。毛泽东有名言"没有调查就没有发言权"。党的干部经常"下基层""蹲点"，强调对劳动人民的感情，社会调查被要求做到"三同"：同吃，同住，同劳动。可见，中国共产党倡导和实践的社会调查研究，一直贯穿着质性社会学的主线，体现了质性研究的精髓。

质性社会学赋予自然语言以中心地位，认为人类语言、文字符号表达的意义远胜过"数字表达"。许多概念一旦被操作化之后就会丧失其灵魂。费孝通在《试谈扩展社会学的传统界限》一文中明确提出了要研究"天人之际"、"精神世界"、"文化与不朽"、"只能意会"、"讲不清楚的我"、"将心比心"、"方法论与古代文明"。他还指出，"心领神会"就是古人所理解的一种真正深刻、正确的认识事物的境界，它不是我们今天实证主义传统下的那些"可测量化"、"概念化"、"逻辑关系"、"因果关系"、"假设检验"等标准，而是用"心"和"神"去"领会"，这种认识论的方法，不仅仅是文学的修辞法的问题，而是切切实实生活中的工作方法，表明中国文化和文明历经几千年长盛不衰，其中必定蕴含着的某种优越性和必然性。

这里，费老讲的"只能意会、不可言传"、"将心比心"都生动地表达了质性方法的特色和要义。而质性研究基本的深度访谈、参与体验等方法，甚至可以从中国古代官员的"微服私访"中找到根源和依据。可以认为，质性研究方法的概念虽是从西方引进，但其内核却植根于中国文化土壤，具有中国传统文化基因。

习近平在哲学社会科学工作座谈会上讲话指出，构建中国特色哲学社会科学，一是要体现继承性、民族性。要善于融通马克思主义的资源、中华优秀传统文化的资源、国外哲学社会科学的资源，坚持不忘本来、吸收外来、面向未来。坚定中国特色社会主义道路自信、理论自信、制度自信，说到底是要坚定文化自信，文化自信是更基本、更深沉、更持久的力量。

质性社会学思维方式和价值取向契合于中华传统文化，也是中国早期社会学研究的成功路径。质性社会学的提出就是期望"取道质性研究，回归人文传统"，建构中国特色社会学话语体系。

第 三 章
质性方法论

哲学上的方法论是指认识世界改造世界的根本方法，或是指一门具体学科所采用的研究方式方法的综合。质性方法论，即关于质性研究方法的基本理论，质性方法的综述概括。

追溯质性研究的发展历程必然会关切如何合理界定其概念，即在什么意义上理解质性研究。在此背景下，质性研究实质上是一种涉及理论、方法论及其方法的复合知识内容体系。社会学方法论是围绕社会学研究方法进行的理论总结和思想升华，侧重从哲学视角探讨与学科体系和基本假设相关的一般原理性问题，即涉及指导社会研究的原则、逻辑基础以及学科的研究程序和研究方法等问题。它也不同于社会学理论，前者是工具理论，它只涉及科学发现与检验的逻辑及规则，但不涉及具体的社会事实；后者则是包含经验事实的实质理论。社会学方法论也不能等同于研究方法或具体技术，它是对研究方法的系统研究和整体评价。研究方法是研究者用来建构资料与探寻资料来源的不同研究技巧，而方法论所描述的却是整个研究所采取的知识论路径。

第一节　质性方法的知识生产模式及主要类型

由于质性研究自身的跨学科性质，以及被应用的广泛性，它涵盖了多个社会理论或古典社会学理论代表性论述的内容。从理论角度来看，马克斯·韦伯的理解社会学、曼海姆和舍勒的知识社会学、齐美尔的形式社会学、吉登斯的社会结构论、加芬克尔的常人方法学/俗民方法论、舒茨的现象学社会学等经典理论或有影响力、解释力的理论，或为质性研究提供理论框架，或为其创设概念基础，或为其诠释方法工具，有力地支撑了质性研究的思想积淀。从方法论角度看，质性研究嵌入了三种分析范式——后实证主义、批判理论、建构主义。后实证主义推崇用一种理论证伪的方法来无限接近客观真实性，虽然此种真实也许是部分真实；批判理论既不强调证实，也不强调证伪，而是关注使用辩证对话交流的方式改变研究者和被研究者之间的互动关系，消除无知与误解；建构主义秉持相对主义的视角，重在探究"合适与否"的问题，"真实与否"反而成为次要考虑的问题。① 质性研究的方法论视角存在，正好揭示出其与量化研究的最根本差异之所在。另外，质性研究常被当作一类分析方法，即运用质性思维类型的方法工具来描述、解释、预测各类社会事物、社会现象及社会发展趋势。由此可知，质性研究的理论维度奠定了其方法活力，其方法论维度形塑了质性思维的轮廓，而其方法维度标明了另一种看待社会、认知社会、理解社会的思考途径。

　　一直以来，社会科学研究的各种理论和方法处于相互渗透、相互融合、相互争论之中。在长期的实证主义和人文主义两大理论范式的断裂和不断融合下，质性研究方法的提出，不仅是对长期占据统治地位的定量研究的反思和发展，更重要的是，随着质性研究方法的日益发展与完善，其内在的结构层次不断明晰，已经从单纯的方法范畴逐渐实现到研究范式的转向，形成了一套相对完整的研究体系，即它不再仅仅停留在操作性的工具层面，而且成为一种规范，具有一定的方法论意义。它在消化吸收以往定量研究中所凸显的质性思维元素基础上，展现出与实证研究截然不同的方法特点，从而形成了符合自身特点的独特研究路径，并逐步建构出相对成熟的方法体系。

　　质性研究方法并不是一类经历统计程序或其他量化流程分析后产生研究结果的方法。目前，学界对于质性研究方法尚无统一的定义。有学者做出如下定义："质的研究是以研究者本人作为研究工具，在自然情境下采用多种资料收集方法对社会现象进行整体性探究，使用归纳法分析资料和形成理

---

① 　Denzin, N. K. & Lincoln, Y. S. （Eds.）. *Handbook of Qualitative Research*. Thousand Oaks. 1994.

论，通过与研究对象互动对其行为和意义建构获得解释性理解的一种活动。"[①] 这种活动，既可以是对人的生活，人们的故事、行为的研究，也可以是对组织运作、社会运动或人际关系的研究。在质性社会研究与实践中，常用的质性研究方法主要有主体叙事模式、田野参与模式、影像分析模式和文本诠释模式四种类型。尽管它们的研究模式和研究技巧各有差异，但都强调，要认知、理解现代社会及生活的意涵，唯有深入其生活实践，并进行深度的描述，才能诠释性地理解其多重繁杂的关系和网络。同时，它们都注重在社会世界与文化世界相互交融的语境下，把握社会、文化的生产性、建构性以及表意性特质，从而在方法层面体现质性社会学研究的精神和主旨。

第二节　主体叙事模式

依据质性社会研究的理念，研究人类社会现象，不能忽视事件中行动者的主体性。与定量研究侧重于测量的特性不同，质性研究的目的不仅是"了解"社会事实，而且是寻求"理解"研究对象的内在经验，注重对研究对象获得比较深入细致的解释性理解。这些都是无法转化为定量的问卷调查的。在质性研究方法的类型中，主体叙事模式就显著地体现了上述特征，该模式主要探索由研究对象生活经验所建立的社会世界，以焦点小组、深度访谈和口述历史等具体研究方法为代表。

在研究过程中，主体叙事模式主要探索由研究对象生活经验所建立的社会世界。从整体上来看，它主要关注两个方面："他们"和"他们的声音"。也就是说，该模式的研究主体始终定位于研究对象，他们是质性社会研究的"主人"，对于研究议题，他们最有"资格"来描述它。倾听他们的话语、尊重他们的观点以及关注他们对生活事件的经验感受，知识的生产正是在和相关群体积极对话后逐步形成，这是该模式所坚持的非常严格的研究路径。基于前述的认识，该模式坚持认为，在研究操作阶段，对研究者的"去权威"和对研究对象的"赋权"非常重要。这个过程是研究对象针对研究议题进行讨论、对话以及交谈的过程。知识的生产是自下而上的，是富有启发

---

① 陈向明：《质的研究方法与社会科学研究》。

性和建设性甚至权威性的。而对于整个研究来说，唯有对原始资料的尊重、对研究目标的明确、对研究对象所处社会处境的高度感知以及对学术生命的关切，才能成就有价值的研究成果，或者才会让研究成果不至于变得枯燥且抽象。

一　焦点小组

目前，焦点小组是应用于质性社会研究中最广泛的研究方法之一。这种方法具体表现为，以描述和理解一组选定人群的观点和信念为预定目的，从小组参与者的观点中获得对特殊事件的理解。特别需要注意的是，焦点小组参与者或有相似的社会和文化背景，或有相似的经历，或对某事件有相似的关注。① 也可以这么理解，焦点小组就是小组成员结合自身的经历或经验，在小组现场协作者的协调下，针对研究议题进行互动和讨论，表达其对研究议题多元的观点、感觉、态度与想法，从而对研究议题做出集体性解释，共同参与知识的生产和建构。由此，我们不难发现，焦点小组具有如下特征。①参与人员相对较少，能对研究议题进行深入交流。②小组参与者通常或拥有相似的社会或文化经历，或是来自于同一生活地域，或对相关研究议题持有较高的关注度。③研究议题比较集中，也就是研究对象均关注的焦点话题。只有将交流重点置于小组成员感兴趣的某一特定领域，才能让小组参与者对主题的讨论更详细。④互动是焦点小组访谈的突出特点。与其他研究方法不同，焦点小组访谈侧重于小组参与者之间的交流和互动，而非集体的问答形式。只有当小组成员之间对研究议题进行了充分的互相交流和讨论，而不是个体单独回答小组协作者的问题，才可称之为焦点小组访谈，这样的小组才会成功。⑤小组协作者在焦点小组进行过程中扮演着重要的角色，起着重要的作用。在焦点小组开展过程中，协作者介绍研究议题，并协助参与者进行讨论，同时鼓励参与者之间的互动并引导讨论。值得注意的是，小组协作者在小组当中不是研究权威，与小组参与者之间的对话和交流是平等的。在小组进行活动时，协作者尽量要"去权威"，保持低调姿态，将主动权交给参与者，鼓励小组参与者相互对话，积极参与讨论，协作者则注意观察和

①　理查德·A. 克鲁杰：《焦点团体：应用研究实践指南》，林小英译，重庆大学出版社 2007 年版。

倾听小组成员的对话。⑥焦点小组对有关研究议题的探讨是通过小组参与者的集体性思维获取的，这种知识的生产不仅是小组参与者集体智慧的结晶，也达到了一种知识建构的效果。⑦由于研究者可以从小组参与者的对话和互动中获取资料，洞察信息，焦点小组这种方法很适合探索性研究。

不过，在具体应用中，对于具体问题，焦点小组不只是在探讨研究者已知的问题，更希望能产生一些研究者起初也没有想到的想法，所以其半结构化特点较明显；小组实施过程中，研究者不参与意见表达，更多通过观察参与者间的互动行为了解参与者在访谈中的思维过程（如认知方式、看问题的角度、思考问题的逻辑、分析问题的步骤等）及行为所代表的意义。如此，我们可以发现，焦点小组特别关注参与者各种不同的主观经验，以及小组成员通过自己的集体性解释，来肯定事件或行为背后的原因。这其实就构成了一个"实践—反思—再实践—再反思"的不断循环的知识生产价值链：从零散到集中，从隐性知识到显性知识的跃升。正因此，在质性社会学所有的研究方法中，焦点小组比其他方法更能达成知识建构的效果。

二 深度访谈

深度访谈，又称作无结构访谈、自由访谈、焦点访谈、无指导性访谈、无限制性访谈和半结构访谈等，是一种无结构的、直接的、一对一的访问形式，是指拥有专业访谈技巧的访问员对一个符合特定条件的访问对象，使用无结构式的方法进行个人对话式访问，以揭示受访者对某一社会议题的潜在动机、目的、态度、情感和感受，并发现其内在的关联关系。与小组座谈会一样，深层访谈法主要也是用于获取对问题的理解和深层了解的探索性研究。只不过不如小组座谈会使用那么普遍。同时，与焦点小组对协作者的要求相似，深度访谈法要求访问员必须清楚自己的研究问题和深度访谈的目的。也正是由于这种特性，它更适合于探讨复杂、抽象的问题，了解复杂行为、敏感话题或对管理高层、专家、政府官员和重要知情人进行访问，研究者也只有通过与研究对象进行自由交谈，对所关心的研究议题进行深入探讨，才能从中概括出所要了解的信息，找出潜隐的、内在的关系。具体来看，深度访谈法具有如下特点：①访问员与研究对象之间的关系是伙伴式的，注重平等、和谐、信任；②从研究的视角来看，访问员与受访者之间的谈话具有较强的目的性，聚焦于某个研究议题，对话内容的焦点也主要集中于受访者对自己生活经验的感受，并且用他/她自己的话语表达出来；③谈话内容主要是了解受访者对相关议题的感受、看法和认知以及其背后的原因；④访问员运用谈话这种人际沟通最基本的媒介和工具与研究对象进行交流，获取信息、材料的过程，并非单向的信息交流，而是访问者与受访者，双向沟通交流与互动的过程，共同建构着社会事实；⑤通过深度访谈获取的绝对是有关研究议题的第一手资料，这点与质性社会研究的本质相契合；⑥与定量研究严格的结构化、程式化要求不同，深度访谈法具有较强的开放性和弹性；⑦访问员具有较高的专业性，访谈者必须以同理心与受访者进行互动；⑧研究是在自然情境下进行的，通过较长时间（2 小时至数小时）的访谈收集信息。

在具体应用中，深度访谈法的鲜明特征使其操作程序相对比较复杂，操作难度也相对较高。具体来说，深度访谈法被称为"深度访谈"，但何谓"深"，如何才算"深"，理解和把握这个"深"，可谓是深度访谈法的精髓。在我们看来，深度访谈法的"深"主要体现在如下三个方面。第一，受访者要具有丰富的生活经验。也就是说，所谓深度访谈、理解的意涵是：受访者首先必须是真实生活的成员或参与者，他对每日活动、事物和地点等均持有自己的理解与看法。同时，因为访谈的目标在于探索潜藏在受访者内心深层的意义，所以，受访者的谈话必须超越普通常识的感受。唯有如此，才可捕捉及表达对某些活动、事件、文化事物的多元观点。第二，访问员与被访者的交谈要"深入"。深度访谈法较强的开放性特征决定了其在实施过程中没有标准程序，访问员在访谈过程中依据的提前准备的问题大纲更多只是个引子，大量的与研究议题有关的新的信息是从被访者口头上得到的。因此，若仅从受访者得到类似"是与否"、"好与差"和"同意与反对"等二元取向的回答，满足于表面信息的获取，缺乏对受访者提供信息的专业敏感和深层次挖掘，则背离了深度访谈的本质要求，不能促使访问员挖掘深层次的关系。第三，访问员对关键问题要"深究"。对于受访者就研究议题相关事项的描述、感受和看法，访问员不能满足于其表面陈述，而应通过连续追问，鼓励访谈对象阐述、解释等方式"深究"受访者的真实想法，并透过受访者的相关表述，探索其中折射出来的对相关社会政策、社会现象、社区发展等的多元观点。通过这个循环递进的过程，使访谈问题在互动过程中不断变化、调整，并加以分析与收集。

三　口述历史

口述史学的英文是 oral history，或者称 history by word of mouth，也有文献称其为个案研究、深度生命/生活史访谈、传记访谈、生命/生活史、个人叙述史等。该术语最初是由美国人乔·古尔德于 1942 年提出来的，之后被美国现代口述史学的奠基人、哥伦比亚大学的阿兰·内文斯教授加以运用并推广。所谓口述历史，简单地说，就是通过传统的笔录、录音、录影等现代技术手段，记录历史事件当事人或者目击者的回忆而保存的口述凭证。口述史并不是像有的人所理解的那样，就是一人说，一人记，而是一种将记录、发掘和认识历史相结合的史学形式，即通过调查访问，用录音设备收集当事人或知情者的口头资料，然后与文字档案核实，整理成文字稿。可见，从研究的角度来看，口述历史就是一种搜集历史资料的途径，该类历史资料源自人的记忆，由历史学家、学者、记者、学生等，访问曾经生活于历史现场的见证人，让学者笔录、录音、录影等；之后，作为日后学术分析，在这些原始记录中，抽取有关的史料，再与其他历史文献比对，让历史更加全面、更加接近具体的历史事件真实。

口述历史作为质性社会学另一种至关重要的研究方法，来源于人类学的田野研究，正被愈来愈多的研究者运用于质性社会研究中。与焦点小组强调集体性思维的研究取向不同，口述历史注重透过一个或者一群或"典型"，或"关键"，或"重要"的社会个体/社群叙述其生命/生活经验或生命/生活故事，"通过群体资格的路径，单个个体不再是孤立的真空中的个体，在他身上，我们不是去发现他个人性的偶然欲望、情结、动机和个性，而是能够揭示他作为行动者在和社会力量的互动中建构自身多元品质或特征的过程"[1]。口述历史作为研究方法将"口述"与"历史"进行有机地融合，

---

[1]　方文：《群体资格：社会认同事件的新路径》，《中国农业大学学报》（社会科学版）2008 年第 1 期，第 89 页。

颠覆性地打破了以往"历史"或"事件"书写中,"拥有文字权"与"历史解释权"两者互为因果的双向关系,让参与"事件"的社会弱势者的声音拥有发出的机会和管道,使他们既是"事件"的参与者,也是"事件"的解释者。由此可见,口述历史在研究应用上更多地体现了一种赋权理念,它抛弃了以往人们眼中人、地、事、物上附着的"权力"属性,注重社会弱势者的声音传递,使社会中的弱势群体能通过叙述其生命/生活经验和生命/生活故事,表达利益诉求和维护自身利益。正因此,倘若我们的研究对象为社会弱势者或身处社会边缘的社会个体或社群,在方法设计上运用口述历史开展研究是再合适不过了。不过,对于口述历史的应用,还有两点十分重要。其一,我们在研究中必须清楚,口述历史资料的收集、整理和分析,也是一个建构以弱势群体观念、意义和态度为出发点的生命/生活史。其二,让研究对象口述历史,并非天南海北随意谈论,而是研究者在研究设计时,心里就要有一个大致的研究话题,然后在倾听其叙述中逐渐丰富这个话题的内容,并且明确研究话题的意义,最终抽离出一个清晰的研究问题。

一个完整的口述历史研究过程主要包括三个阶段:访谈前、访谈中和访谈后。访谈前主要是一些有关录音录像器械、选题、问题、建立关系等基础方面的工作。访谈中主要着重于和受访者建立良好的互动关系,访问员如何仔细倾听受访者的谈话内容,收集受访者昔日的照片、书信、日记和影音等非口语资料。访谈后的工作主要集中于整理资料(包括将录音转换为文字)、验证资料和诠释资料。

第三节　田野参与模式

质性研究是从实际研究中收集所需资料,对自然发生的事件进行观察,描述事件发展的历程,记录现实情境产生的结果。由此产生了以参与观察法、民族志和行动研究为代表的另一类质性研究方法类型——田野参与模式。也有学者称此类研究模式为"实地研究",认为该研究模式的最基本的特征是"研究者必须深入实地,近距离、长时间地生活在被研究的群体和社会背景中,与被研究对象面对面互动,主要通过参与观察和无结构访问的方式来收集资料"①。如果说主体叙事模式注重研究对象的"主体性"和他们的"声音"以及在研究过程中他们如何反思自己的身份，交流彼此经验和自我赋权，田野参与模式则展示了质性社会研究方法的另一种视角，它打破了"实证主义"对研究者的定位和主张，强调"研究者"的身份变化和行为模式变化，要求研究者"主动出击"，深入研究情境，与研究对象"共生"、"共情"，注重研究者融入研究对象所处社会情境的深度和广度，注重研究者和研究对象关系的建立和互动的质量。同时，更强调研究者在研究实践中对自我身份的认识和反思。总而言之，田野参与研究模式是一种对研究者要求很高的资料收集方式。在进入研究场域之前，所有研究者都将不可避免地面临一个非常现实且至关重要的问题：在深入田野过程中，研究者应该扮演什么样的现场角色？

一 参与观察法

作为田野参与模式中最基本方法的参与观察法，就是研究者深入到研究对象的生活背景中，在实际参与研究对象日常社会生活的过程中所进行的观察。随着质性研究方式在当今社会研究领域的日益兴盛，作为其主要研究方法的参与观察法也得到越来越多学者的关注和青睐。根据象征互动学派的观点，社会是人们营造的生活的集合，生活就是人们面对不同的环境和情势，发展出不同对应行动的一种持续活动的过程。参与观察方法沿袭着上述理念和观点，认为研究者要对研究议题有深入的理解和认知，就必须进入"研究场域"，融入当地的情境，既作观察者，也作参与者，在亲身躬行和同当地人的互动中，通过正确、详细的实地笔记和访谈记录呈现"研究场域"的社会风貌。不过，与上述两种研究方法不同的是，参与观察从研究者根据研究主题选择研究场域到与研究对象建立良好的关系，从研究者的工作概要到实地笔记和深度访谈笔记的记录，都有着严格的程序和规则，缺乏专业训练的研究者在研究中不太适合采用此方法。

值得一提的是，国外社会学界对参与观察法的"客观性"和"科学性"一直争议不断。他们所持的一种观点认为：因为人类的观察是主观的，而且

---

① 风笑天：《论参与观察者的角色》，《华中师范大学学报》（人文社会科学版）2009 年第 5 期。

是有选择性的，所以，研究者作为观察者身在其中无法保持客观，是无法得到正确的资料的；正因此，参与观察法违背了科学的精神和原则。有反对者对此予以反驳，他们认为：人类的活动是个持续的过程，许多人类行为、现象必须通过互动才变得有内涵、有意义，而这个内涵和意义不是一成不变的，而是因时、因地、因人不同而存在差异性的。故此，参与观察法就成为研究社会现象的最佳方法。国内学者对上述争论也有过一些思考，应星认为，参与观察法"通常面临着'深入性'与'科学性'的两难：一方面，如果他得不到社区的某种认同，无法消除当地人中的'外人'感，无法在参与中去观察，那么，他田野作业的'深入性'就成了一个问题；另一方面，一旦他比较深入地进入社区生活后，他往往又被告诫要与被调查者保持一定的距离，不要让外来因素影响社区的'原生态'，否则，就不够'科学'。因此，对任何田野调查者来说，要做到田野资料既是深入的又是'科学'的，都是一件极困难甚至是不可能的事"①。

二　民族志

在社会学领域，民族志属于质性研究法的一种。它主张研究者应该在社会现象发生的"自然"状态下对之进行研究。研究者的目标是探索发生在社会环境中的事件、事件产生的脉络、事件参与者对自己以及其他参与者的行动的解释。② 这样的主张最初是作为对抗实证主义的另类研究取向，在20世纪60、70年代被一些社会学家提出的。也正因此，可以这样说，所有的民族志研究者都是"反实证主义者"，与运用量化统计分析技术的社会调查方法大不相同，他们注重通过长期参与某些群体的日常生活来探索这些群体的意义世界，更重视操作程序的灵活性而非标准化。民族志作为人类学家或社会学家的记录资料，可区分为宏观民族志和微观民族志，主要研究复杂社会、多样社区、多样社会机构或含有多样生活形态的"单一社区"；微观民族志，单单描绘某个异国小部落、中产阶级社区中一小群人的单一社会情

---

① 应星：《大河移民上访的故事——从"讨个说法"到"摆平理顺"》，三联出版社2001年版。

② Hammersley, M. and Atkinson, P., *Ethnography Principles in Practice（2nd ed.）*, London：Routledge, 1995, p. 6.

境，或虽处于单一社会制度却含有多样社会情境者。据科塔克①的归纳，民族志研究方法有下列几类：观察与参与观察、相处共话、访谈、系谱法、重要文化报道人、生命史、主位观点与客位观点、问题取向的民族志研究、长期研究、团队研究和调查研究等。有学者认为，民族志既是一种研究方法，也是一种文化展示的过程与结果，是从生物和文化的角度对人类进行全面研究的学科，因为民族志中更多是关于文化的描述，研究人类文化的起源、发展变迁的过程、世界上各民族各地区文化的差异，试图探索人类文化的性质及演变规律，并以此来理解和解释社会提出理论见解。

诚然，作为来源于人类学的一种田野研究方法，该方法首先预设每个社会个体都是自己生活中的专家，但日常知识也常常受到其所处的社会权力结构的影响。著名民族志研究者米奇·邓奈尔（Mitch Duneier）就曾表示，他的民族志研究，力求客观地呈现美国底层黑人的生活状态。可见，客观中立是民族志研究的准则。要达到这样的标准，就要求研究者在实施调查之前，必须摒弃与研究议题相关的主流论述框架，主要任务就是"从处于不同位置的被研究者的认知中，以反思原则去分析是什么样的外在权力关系运作在形塑这些被研究者的经验"②。在该方法运用中，研究者与被研究者的关系，并非强调客观中立，亦非坚持主观经验就一定是真实，而是强调反思的相互主体的建构。基于此，从事质性研究的学者一直主张研究者必须与研究对象住在一起、接受他们的语言、研究他们的文化，提倡利用恰当的途径搜集当地的文物、家谱和生活史，并做系统性的记录。如此，民族志和参与观察法的研究理念、研究精神和研究目标可谓殊途同归。不过，在实证主义占据国内社会学研究方法主流的背景下，在社会学研究中引入民族志方法，难免会引起争议。目前，学界争议最多的还是"客观性"的问题，有学者认为，民族志不仅强调被研究者的主观观点，甚至研究者的观察解释与推论过程，也和人们认识日常生活世界的方法相似，具有较强的主观性。但是，也有学者对此提出批评，认为"试验和调查等实证主义方法根本无法掌握日常生活的真正含义，只有使用民族志才能真正了解社会过程的内容和形式"，才能对

---

① 康拉德·科塔克：《文化人类学：欣赏文化差异》，周云水译，中国人民大学出版社 2012 年版。

② 王增勇、郭婉盈：《建制民族志：勾勒在地权力地图的社会探究》，见周平、蔡宏政《日常生活中的质性研究》，台湾南华大学教育社会学研究所 2008 年版。

社会进行全面的整体分析。在国内，"人类学者与地方的关系，一直是人类学自我反思中最为敏感的问题，而'制造地方'似乎成为中国民族志的一种值得反思的叙述传统"①。随着学界对知识生产过程考察的不断深入，视民族志作品中的地方为固化的客观镜像之观点已遭到诸多挑战。人类学开始关注从具体情境中去认识学术活动、知识生产与地方的多重互动关系。②

三　行动研究

行动研究是二战时期美国社会工作者约翰·考尔、著名社会心理学家勒温等人在对传统社会科学研究的反思中提出来的。那时，在一般科研工作者看来，"行动"与"研究"是由不同的人所从事的不同性质的活动，前者指实际工作者的实践活动，后者指受到专门训练的研究者的专业探究活动，两者互不相干。而考尔、勒温在各自的研究工作中发现：社会科学研究者如果仅凭个人兴趣搞科研，仅仅是为"出书"作研究，那么其研究工作就不足以满足社会实践的需要；而实际工作者如果不研究自己身处的环境和面临的问题，又得不到研究者的帮助，光有一腔"热情"，那么他们就无法做出"有条理有成效的行动"。为了改变这一现状，他们提出了一条社会科学研究的新思路、新方法，即从实际工作需要中寻找课题，在实际工作过程中进行研究，由实际工作者与研究者共同参与，使研究成果为实际工作者理解、掌握和应用，达到解决实际问题、改变社会行为的目的。

关于行动研究的定义，库尔勒·勒温认为，行动研究是将科学研究者与实际工作者的智慧与能力结合起来以解决某一事实的一种方法。约翰·埃里奥特认为，行动研究就是对社会情境的研究，是从改善社会情境中行动质量的角度来进行研究的一种研究取向。凯米斯则从另一个角度表达了对行动研究的认识，认为行动研究是由社会情境的参加者，为提高对所从事的社会实践的理性认识，为加深对实践活动及其依赖的背景的理解，而进行的反思研究。上述三种观点均强调了行动研究的不同面向。在笔者看来，行动研究作

---

① Stephan Feuchtwanged，*Making Place. State Projects*，*Globalizationd Local Responses in China*，London：UCL Press，2004.

② 张原、杨清媚：《"地方之上"的人类学——20 世纪前期学人眼中的大理社会与民族志叙述》，《云南师范大学学报》（哲学社会科学版）2013 年第 3 期。

为研究方法其本身蕴含着这样一种预设或者说主张，那就是行动也包含着理论，研究中针对研究目标所进行的评估和反思比"基础研究"更有价值。领悟了这点，我们就会发现，行动研究方法在研究应用上有其独到的特点。①在研究目标上，它以提高行动质量、改进实际工作、解决实践问题为主要目标，特别强调行动过程与研究相结合。②在研究场域选择上，它注重自然、真实、动态的工作环境，认为社会情境就是活生生的课堂。③在研究过程中，行动研究计划并非铁板一块，而是具有发展性，随着研究的深入以及研究环境的变化而不断进行调整。相应地，其研究过程也具有系统性和开放性，是一个研究、行动和评估相互连接的动态的研究过程。④在研究角色分配上，行动研究认为研究者、参与者和使用者等都是伙伴关系和研究关系，大家在共同的行动目标中共同面对"问题是什么？如何产生的？"也要决定"如何解决问题？解决问题的路径在哪里？"基此，对于行动研究的界定，我们可以这样理解，所谓行动研究，就是指由社会情境的参与者为提高对所从事的社会实践活动的理性认识，为加深对实践活动及其依赖的背景的理解，所进行的探索性和反思性研究。其目的不在于建立理论、归纳规律，而是针对社会活动或者社会实践中出现的问题，在反复的行动中不断地探索、改进和解决问题。

从上述定义不难看出，行动研究法的特征主要体现为：以解决问题、改革实践为目的；研究与行动相结合；研究是以研究者和行动者"共同合作"的方式进行，扬长避短；行动研究具有一个不断展开的螺旋过程。

目前，行动研究对社会研究的价值正逐渐被学界所发现并得到重视，相信行动研究在以后的社会学研究应用方面会发挥更大的作用。某种程度上，行动研究与军事学上的"游击战"战术和"运动战"战术在思路层面上有着契合性。表面看来，二者与我们所要探讨的行动研究方法似乎风马牛不相及，但仔细分析其实质完全一样，都注重以动态的视野将人、事、地和物加以有机地组合，使其能发挥出最大的效能，最大化地达到既定目标。

第四节　影像分析模式

在质性研究方法中，包括电影、电视节目、录像、影像、音乐和照片等影音资料，都为研究者的调查研究提供了大量的信息，是研究者开展社会研究的重要线索。这些影音资料把社会生活的方方面面转换成了叙事文本，阐释着影音创作者、影音文本、社区环境及研究者之间的多层叙事关系，以另一种叙事方式呈现着特定的文化语境与社会现实。如果说文字文本是由一系列的书面符号组成，通过概念等抽象性描述和概括来陈述，而影像则是对现场直接形象的表现。倘若用现代影视剧知识生产的模式分析、研究质性社会研究的影像分析模式，则我们会发现，这一模式的研究对象是"影音资料"，我们的研究议题是由一系列影音资料组成的"影音文本"，影音叙事层是影音逻辑和结构的最重要部分。而研究者则既是主角也是配角，说他是主角，是因为研究者会在其相关知识理论体系的指引下，通过观看影音资料呈现的研究场景，理解影音资料所要揭示的主题；说他是配角，是因为影音资料反映的一定是与研究议题相关的真实的社会情境，研究者不能因为自己已拥有的前知识、前经验对影像资料进行任何修饰。研究者需要追问的是，谁应该是这个影音资料的描述者，影音资料阐释了怎样的内容，反映了怎样的社会文化处境，以及其背后隐含着拍摄者怎样的理论视野和情感历程。如果从文本的形成和呈现方式上看，影像分析模式包括动态和静态两种研究方法，动态以影视人类学研究方法为代表，静态则以照片、图片文本分析为代表。不过，无论是动态的影像文本抑或静态的照片文本，都统称为影视人类学，也都代表着一个社会发展的时代，都是那个时代社会、历史和文化的凝结。因此，阅读、阐释这些文本，一定要将其置于该文本形成的社会发展、变迁背景下予以理解和思考。

影视人类学作为学术话语出现于 20 世纪 60 年代。1985 年，时任国际影视人类学委员会主席、加拿大蒙特利尔大学的埃森·巴列克西教授将这个术语介绍到中国来。1988 年，于晓刚等在《云南社会科学》发表《影视人类学的历史、现状及其理论框架》，影视人类学这一术语正式出现在中国的刊物上。影视人类学是以影像与影视手段表现人类学原理，记录、展示和诠释一个族群的文化或尝试建立比较文化的学问。[①] 在人类学的教学与研究中，照片的拍摄、分析和民族志电影或录像以及多媒体的制作和使用最为常见。

----

①　庄孔韶：《文化与性灵》，湖北教育出版社 2001 年版，第 113 页。

简单说，影视人类学就是人类学的影像表现。这种表现的载体主要包括照片、电影胶片、录像磁带、数字照相（录像）机、DV、电脑、手机等构成的多媒体表现系统。其表现形式一般被称为人类学片。有学者认为人类学片是在人类学理论指导下，综合运用人类学研究的科学方法和影视学的表现手段，对人类文化进行观察和研究，所取得成果的形象化表述。① 与普通的照片、电影、短片拍摄不同，影视人类学作为一门独立学科的人类学，首先考虑的是"在田野工作的基础上探讨人类文化的多样性和普同性"这一宗旨。在拍摄方法及呈现方式上，要求以专业田野调研为基础，充分考虑摄影师、研究主题、观者三方面的相互关系，建立在对族群文化的理解上，表现出潜藏在文献性资料里面的人类学知识和意义，透过构建的图式寻求对文化的另一种解释。也正因此，该研究方法在操作上完全不同于其他质性研究方法，首先是该方法要作为学术之用途，并由人类学研究人员主持。其次，照片和影片的拍摄是在深入田野调查的基础上开展和进行的。最后，影像文本的呈现要做到文字与影视并重。世界民族志电影的经典之作如《北极的那努克》、《死鸟》等，中国民族志电影的经典之作如《苦聪人》、《佤族》等。

　　值得注意的是，尽管以现代数码技术为基础的"多媒体时代"或者说"读图时代"的到来，使得文字的霸主地位遭受了严峻挑战，但是，迄今为止，对于人类学的学科建设、理论和方法的创新来说，声像手段还只是起到补充文章的作用，以文字作品为主流的人类学学术界，影视作品一直处于辅助性的边缘位置，这显然和重文字轻图像的人类学传统相关。不过，有别于文字撰写，影视方法通过镜头所建构的图像可以寻求对文化的另一种理解形式。而且，影视表现可以方便地实现人类学者—读者（观众）—当地人三者之间的直接交流，特别是把人类学思想反馈给那些异文化或没有书写符号的当地人。可见，文本与影视这两种类型的民族志具有相通性，即人类学影视作品和文本民族志一样，它们都是对某种真实状态的陈述。影像不必模仿文字，文本书写也不可以直接套用到影视表达上。由于文字撰写和影视表现二者重要的不可替代性，亦决定了它们之间的互补性。

　　当前，伴随我国的城市化和工业化进程不断推进，我国许多城市都在进

---

① 张江华、李德君等：《影视人类学概论》，社会科学文献出版社2000年版，第25页。

行大规模的旧城改造，造成许多代表城市文化符号、城市记忆的历史文化街区也随之遭遇了不同程度的破坏和过度开发。同时，大量青壮年外出务工导致农村在空间形态上形成了空心分布状况。通过影像记录呈现这些中国城镇化、工业化、现代化这一大时代的缩影，理解、发掘、记录和抢救正在消失的传统文化，定格这一时代的记忆，显然文字文本是无法完成这一伟大使命的，这便自然而然成为影视人类学在当前社会发展处境下的专业使命和社会责任。

第五节　文本诠释模式

在质性社会研究方法的理论谱系中，如何阅读文本、解读文本和表述文本是至关重要的一环，也正因此，与当前位居主流的"实证主义"研究范式不同，质性社会研究的文本写作和文本分析也构成了一种研究方法，具有生产知识的价值。循着文本诠释模式呈现的研究轨迹或者叙事，我们会发现，虽然文字文本是由一系列的书面符号组成的，但它呈现的却是质性社会研究的关键性特征或者说质性社会研究的完整形貌。它启示我们，传统的文本写作在"规范"的要求下显然存在表述的危机。这种危机既来自于传统定量研究的书写偏见，也来自于对知识生产利益相关群体的尊重表层化或完全的忽视。这种"个性"独特的研究方法恰恰是秉持质性社会研究的主旨，比较关注多元、分歧、去中心性以及分化的"身份认同"等主题，体现着后结构主义的研究理念和研究特征，破解着当前社会研究主流取向中二元对立的关系：文本和生活经验之间的划分以及文化与社会之间的关系，强调日常生活中的互动特质。

一　德尔菲法

德尔菲法又称专家会议预测法，是一种主观预测方法。它以书面形式背对背地分轮征求和汇总专家意见，通过中间人或协调员把第一轮预测过程中专家们各自提出的意见集中起来加以归纳后反馈给他们。这种方法主要依据系统的程序，采用匿名发表意见的方式，即专家之间不得互相讨论，不发生横向联系，只能与调查人员发生关系，通过多轮次调查专家对问卷所提问题的看法，经过反复征询、归纳、修改，最后汇总成专家基本一致的看法，作为预测的结果。这种方法具有广泛的代表性，较为可靠。德尔菲法是在 20世纪 40 年代由赫尔默和戈登首创的。1946 年，美国兰德公司为避免集体讨论存在的屈从于权威或盲目服从多数的缺陷，首次用这种方法用来进行定性预测，后来该方法被迅速广泛采用。德尔菲法最早产生于科技领域，后来逐渐被应用于任何领域的预测，如军事预测、人口预测、医疗保健预测、经营和需求预测、教育预测等。此外，还被用来进行评价、决策、管理沟通和规划工作。

德尔菲法的主要特点如下。①专家的匿名性。因为采用这种方法时所有专家组成员不直接见面，只是通过函件交流，这样就可以消除权威的影响。这是该方法的主要特征。匿名是德尔菲法的极其重要的特点，从事预测的专家彼此互不知道其他有哪些人参加预测，他们是在完全匿名的情况下交流思想的。后来改进的德尔菲法允许专家开会进行专题讨论。②信息的反馈性。由于该方法需要经过三至四轮的信息反馈，在每次反馈中使调查组和专家组都可以进行深入研究，使得最终结果基本能够反映专家的基本想法和对信息的认识，所以结果较为客观、可信。小组成员的交流是通过回答组织者的问题来实现的，一般要经过若干轮反馈才能完成预测。③结果上的统计性。通常，最典型的小组预测结果是反映多数人的观点，少数派的观点至多概括性地提及一下，但是这并没有表示出小组的不同意见的状况。而德尔菲法的统计回答却不是这样，它报告有 1 个中位数和 2 个四分点，其中一半落在 2 个四分点之内，一半落在 2 个四分点之外。这样，每种观点都包括在这样的统计中，避免了专家会议法只反映多数人观点的缺点。对此，有学者就认为，德尔菲法就是一种为了克服专家会议法的缺点而产生的专家预测法。④资源利用的充分性。吸收不同的专家与预测，充分利用了专家的经验和学识。⑤最终结论的可靠性。由于采用匿名或背靠背的方式，能使每一位专家独立地做出自己的判断，不会受到其他繁杂因素的影响。⑥最终结论的统一性。预测过程必须经过几轮的反馈，使专家的意见逐渐趋同。

德尔菲法作为预测活动中的一项重要工具，在实际应用中通常可以划分三个类型：经典型德尔菲法、策略型德尔菲法和决策型德尔菲法。在具体操作中，德尔菲法依据系统的程序，采用匿名发表意见的方式，这种方法具有广泛的代表性，较为可靠。正是由于德尔菲法具有以上这些特点，使它在诸多判断预测或决策手段中脱颖而出。这种方法的优点主要是简便易行，具有一定科学性和实用性，可以避免会议讨论时产生的害怕权威、随声附和，或固执己见，或因顾虑情面不愿与他人意见冲突等弊病；同时也可以使大家发表的意见较快收敛，参加者也易接受结论，具有一定程度综合意见的客观性。

二 扎根理论

扎根理论方法最初出现在社会学家巴尼·格拉泽和安塞尔姆·施特劳斯的成功合作中，他们一起研究了医院中的死亡过程。在美国 20 世纪 60 年代早期，医院工作人员很少谈到甚至很少想到那些重病患者的垂死状态及死亡。格拉泽和施特劳斯的研究团队对不同医院环境里的死亡过程进行了观察，他们观察专业人员及其已到生命尽头的病人如何处理这些信息。格拉泽和施特劳斯对他们的数据进行了清晰的分析。他们在长期的交谈中考察了分析性观念，交换了在该领域所做的分析性观察的初步笔记。当他们建构关于死亡过程的分析时，形成了系统的方法论策略。格拉泽和施特劳斯的著作《扎根理论的发现》第一次明确地指出了这些策略，提倡在基于数据的研究中发展理论，而不是从已有的理论中演绎可验证性的假设。[①]

扎根理论作为一种质性研究方法，其主要宗旨是从经验资料的基础上建立理论。与定量研究截然不同，该方法在研究进行当中，研究者在研究开始之前一般没有理论假设，直接从实际观察入手，从原始资料中归纳出经验概括，然后上升到系统的理论。正是这种独特的操作模式，有学者称其是一种从下往上建立实质理论的方法，即在系统性收集资料的基础上寻找反映事物现象本质的核心概念，然后通过这些概念之间的联系建构相关的社会理论。不过，需要注意的是，扎根理论虽然一定要有经验证据的支持，但它的主要特点并不在其经验性，而在于它从经验事实中抽象出了新的概念和思想。这是扎根理论作为质性研究方法的精髓或者关键所在。追根溯源，在哲学思想上，扎根理论方法基于的是后实证主义的范式，强调对已经建构的理论进行证伪。扎根理论认为，理论一定要可以追溯到其产生的原始资料，一定要有

---

① 田鹏：《"扎根理论"的邀请——一种新颖的质性研究方法》，见"中国社会学网"，2012 年 12 月 17 日，网址：http://sociology.cssn.cn/xscg/zxwz/201212/t20121217_ 1984559. shtml。

经验事实作为依据。这是因为扎根理论者认为，只有从资料中产生的理论才具有生命力。如果理论与资料相吻合，理论便具有了实际的用途，可以被用来指导人们具体的生活实践。正因此，作为一种质性研究方法，与一般的宏大理论不同的是，扎根理论在研究实践中不对研究者自己事先设定的假设进行逻辑推演，而是从资料入手进行归纳分析。特别强调从资料中提升理论，认为只有通过对资料的深入分析，才能逐步形成理论框架。这是一个归纳的过程，从下往上将资料不断地进行浓缩。

基于以上独特的研究视角，扎根理论在研究应用中逐步形成了独有的特色及其理论检验与评价标准。①概念必须来源于原始资料，理论建立起来以后应该可以随时回到原始资料，可以找到丰富的资料内容作为论证的依据。②理论中的概念本身应该得到充分的发展，密度应该比较大，即理论内部有很多复杂的概念及其意义关系，这些概念坐落在密集的理论性情境之中。与格尔茨所说的"深描"有所不同的是：扎根理论更加重视概念的密集，而"深描"主要是在描述层面对研究现象进行密集的描绘。③理论中的每一个概念应该与其他概念之间具有系统的联系，"理论是在概念以及成套概念之间的合理的联系"，各个概念之间应该紧密地交织在一起，形成一个统一的、具有内在联系的整体。④由成套概念联系起来的理论应该具有较强的运用价值，应该适用于比较广阔的范围，具有较强的解释力，对当事人行为中的微妙之处具有理论敏感性，可以就这些现象提出相关的理论性问题。

总之，自从 1967 年格拉泽和施特劳斯的研究和 1978 年格拉泽的经典陈述出现，他们开始在不同的方向上应用扎根理论。格拉泽仍然与他早期对该方法的解释保持一致，把扎根理论定义为一种发现的方法，把类属作为从数据中生成的，依赖于直接的、常常是狭隘的经验主义，分析基本的社会过程。施特劳斯则把这种方法向证实方向发展了，他与朱丽叶·科尔宾合作的著作进一步沿着这一方向前进。

三　话语分析

话语分析作为专用术语则最早出现于 1952 年，Zellig Harris 写了一篇关于话语分析的论文，刊登在《语言》杂志上。此后，话语分析这个术语逐渐为人们所熟悉。近年来，随着建构主义思潮的兴起，话语分析作为一种新的质性研究视角在社会科学诸多领域越来越受到关注。与传统的社会研究范式相比，话语分析研究者关注的是社会实在或社会世界的建构性特征及其实践意义，把行动者在特定社会背景下运用话语建构其社会世界的过程与机制当作研究对象，从而提供了一种全新的社会研究解释路径。可以说，话语分析的兴起对传统的社会研究提出了极大挑战，在社会研究的方法论、知识的构成属性、社会研究的主体性及目的性等方面为我们提供了一个全新的视角。因此它成为重要的质性研究方法之一。

　　整体来说，话语分析作为一种社会学研究方法的出现首先源于对传统研究方法的反思。在实证主义指导下，社会研究的方法强调以能够被观察和检验的客观存在的事实为基础，重视量化分析，旨在寻求对社会现象的因果规律解释。这种实证主义科学观否定研究中的主观意义的存在，不承认所谓的客观知识受社会文化因素的直接影响。涂尔干明确提出，社会学的研究对象是社会事实，社会学研究"首要的和最基本的规则是：把社会事实当作事物"①。而话语分析作为一种新的社会研究思维之所以引起广泛关注，在很大程度上归功于法国后结构主义者米歇尔·福柯。福柯不再把话语视为简单的语言表达，而是用话语去说明各个不同的历史时期中语言使用的各种社会规则与实践。用他的话说，其"任务在于不把——不再把——话语当作符号的总体来研究（把能指成分归结于内容或者表达），而是把话语作为系统地形成这些话语所言及的对象的实践来研究"②。话语在福柯那里不再是单纯的语言学概念，他关注的是通过话语进行知识或意义的生产，因而话语具有了实践的意涵。

　　话语分析作为质性研究方法的一种新思维为我们深入认识人类社会提供了一条新路径。这主要体现在这几个方面。第一，话语是行动取向的。话语分析把话语看作行动与实践问题，而不是简单的语言学问题，这就超越了单纯的文本分析。话语行动作为实践行动的一种，具有显著的社会意义。尤其从微观互动层面来看，话语过程是一类社会互动现象。因此，话语分析应对这类行动的过程及其发生机理做出说明。第二，话语是情境性的。话语分析把话语看作情境性的，这主要包括两个方面。一是从会话分析方面来看话语

①　E. Derkheim. *The Rule of Sociological Method*, New York: The Free Press, 1938, p. 14.

②　米歇尔·福柯：《知识考古学》，谢强、马月译，三联书店 2007 年版，第 53 页。

是应景性的，即谈话和文本嵌入在互动序列之中。应景性或语境形成了一系列行动的条件，但并非语境决定论。二是从修辞学方面来看话语是情境性的，即人们对其行动的说明受情境的影响会有不同的表达方式。所以，在话语分析中，语境是一个特别受到关注的分析因素。第三，话语是建构性的。话语分析关注两个层面的话语建构：一方面，话语是通过词语、习语和各种修辞方式建构起来的；另一方面，话语建构和形成关于世界的看法。因此，话语建构具有两个含义：话语既是被建构的，也是建构性的。波特等指出，同一现象可以用若干不同的方式加以描述，而在解释中会存在相当大的可变性，我们没有办法回避这类可变性问题，语言使用中的建构性和灵活性应该成为研究的核心主题。因此，话语不是一种客观、透明的信息媒介，它具有强大的建构力。话语分析可以剖析社会诸事物的构成：社会规范、惯例、社会身份、社会关系以及制度等。总之，话语本身应该成为社会研究的对象，通过分析话语，可揭示社会世界得以建构的过程和机制。

上述四种模式所包括的研究方法虽然在研究设计、调查操作以及后期的资料整理、文本呈现等方面存在一定差异，但它们均遵循着质性社会的研究理念，体现着质性研究的特点——注重"参与性"、强调个案和过程、遵循"理解原则"，以其鲜明的人文特色与"科学的"量化研究形成对比，成为一种新的社会学研究范式。① 不仅如此，质性社会研究方法的四大模式所包含的这些方法也就构成了一个质性社会研究方法谱系，不同于以客观性、标准化与可推演性为主要特点的"统计社会学"，质性社会学强调参与性、互动性、诠释性和反身性，注重深入研究场域，在具体的社会发展情境中还原事件，并透视其背后的意义。

第六节　质性研究方法的特点

一　开放与融合，强调多范式综合

质性研究方法不是一个封闭、固定不变的方法群，而是具有包容性、整

---

① 石英：《质性研究与社会学的中国化》，《人文杂志》2013 年第 4 期，第 101—107 页。

合性的开放的方法论体系，并且将随着研究实践的发展而不断丰富和完善。这主要体现在以下几个方面。

首先，质性研究方法是强调以研究者本人为研究工具，并通过与研究对象互动对其行为和意义进行建构、理解或解释的一种方法。从这个意义上讲，它并不是固定不变的，既没有唯一的、固定的方式手段，也没有所谓"正确的"或"错误的"的研究结果。由于研究主体、研究视角、研究对象、互动方式等不同，研究的具体方法也会不同，获取的材料自然也会出现差异，甚至，即便材料相同，也会出现不同的解读和建构方式。从这个意义上说，质性研究方法是一种开放的体系，具有极强的包容性和整合特征。

其次，质性研究方法是多种理论范式的结合或综合。"范式"的提出是方法论、研究方式和具体方法三方面的总和，也可以认为是由某种特定方法论衍生的一系列研究方法和手段的统称。每一种研究范式都有其独特的看待世界的方式和一整套技术手段。长期以来，社会科学领域存在着两种不同的方法范式。第一种范式是涂尔干为代表的集体主义的、实证的方法论，主张依靠归纳法去发现新知识，用"假设—演绎"模式来检验理论。第二种范式是韦伯坚持的个体主义、理解的方法论，主要从人文学科衍伸而来，注重收集文本信息，并从整体上进行理解和诠释。社会学内部研究范式的分裂和实证化倾向的泛滥使得自身缺乏统一的理论形象，以至于被一些学者称为"社会学的危机"①。质性研究方法论则含有一种对个体主义和整体主义方法论对立的超越，对韦伯阐释传统化和帕森斯等人结构主义传统的综合。② 具体而言，是通过社会学的想象力，实现从个体经历到历史和社会结构的转化。从某种意义上说，质性研究方法论在一定程度上弥合了社会科学研究中的实证主义和人文主义两种范式的割裂状态。它既包含着后实证主义、结构主义、解释学、符号学、现象学等理论传统，又包含与文化研究和解释性研究相关联的研究实践手法。建构主义、文化研究、女性主义、马克思主义、解构主义、民族志、心理分析等，都是对质性研究方法和策略的运用体现。换句话说，质性研究方法横跨人文科学、社会科学以及自然科学方法，它的中心是多范式的，

---

① Gouldner, A. W. *The Coming Crisis of Western Sociology*. New York : Basic Books. 1970.

② 何炜金：《社会学的想象力的方法论意味》，《社会科学家》2011 年第 3 期，第 55—58 页。

习惯于追求多种途径的资料获取，探寻多方位、多视角的研究和解读。

另外，质性研究方法不是一个单一方法体系，而是多种方法的融合和交叉应用。它与定量研究方法也不是完全割裂和对立的，根据研究的实际需要，并不排斥在研究过程中融合或结合某些量化的资料。定性研究者可以运用符号学、叙事、目录、对话、档案与因素分析，同样也不排斥使用统计资料、表格、图形和数字等量化资料，对研究资料进行编码等，但首要的前提是必须遵循质性程序进行分析。可以说，质性研究方法的发展与完善在一定程度上弥合了定性研究与定量研究的割裂状态。需要强调的是，定量研究方法与质性研究方法本身并无好坏优劣之分，关键在于方法的运用是否与所要探讨和回答的问题相适应。首先，质性研究方法强调人文社会科学与自然科学之间有明显的不同，它们是相互联系又相互区别的，不能等同。质性研究方法更强调客观世界与主观世界的统一，尤其是主观世界的意义。其次，质性研究方法及研究范式的建构并不是要否定一种范式而去建构另一种单纯的全新范式，而是强调方法的整合性，是对社会学研究方法的丰富和发展。

二　坚持本土化和在地性，关注情境意义

就方法论而言，本土化作为一种学术运动，一直以来都没有被放弃，费孝通等学者在社会学方法本土化方面也做了很多努力，但不可否认的是，摆脱对西方社会学方法的依附，获取学术话语权，仍然是一个较长的过程。从根本上讲，质性研究方法的提出是社会学本土化的进一步尝试。这里所说的本土化，是一种"使外来的社会学的合理成分与本土社会的实际相结合，增进社会学对本土社会的认识和本土社会的应用，形成具有本土特色的社会学理论、方法的学术活动和学术取向"。[①] 正如风笑天所说，不同的社会历史和文化传统决定了生存于这个社会中的人所具有的不同的行为方式，也决定了他们对于同一种研究工具和研究方法所具有的不同反应。所以，在学习和运用社会学研究方法时，应该充分注意到这种工具所受到的具体社会的政治、经济、文化的影响和制约，通过一定形式的本土化工作，使这种方法更好地为我们认识社会世界的各种规律服务。这就是我们强调社会学研究方法

① 郑杭生、王万俊：《二十世纪中国的社会学本土化》，党建读物出版社2000年版，第7页。

本土化的主要意义。① 从这个意义上说，倡导质性研究方法，不仅是社会学研究方法本土化的努力，也是社会学本土化的重要过程。

在本土化的实践尝试过程中，质性研究方法比较注重对研究对象所处情境的关照，这里的情境并非仅仅局限于研究对象所处的自然环境和场域，同时也包括当地的社会文化环境和心理特征。由于情境的不同，质性研究的具体方法也会不同，解读和诠释的方式也会出现不同。当然，这里并不存在"正确的"或"错误的"说法，每一种解读都表达了一种看法和存在。需要强调的是，质性研究的具体方法实际上也强调一种技术手段，通过观察、访谈等方式和鼓励参与等技巧，最大限度地保证在自然的情境中接触真实的人，观察真实的事，与真实的物互动。无论是深度访谈、焦点小组还是社区资源图等方法，对研究者或主持人都有一定的技术要求，需要掌握相关的技术和技巧。一般情况下，质性研究中，使用什么方法和工具来收集和分析经验资料，还要综合考虑与之相关的方法论和研究方式，即，经验材料和方法需要与范式相联系，研究方式在一定程度上决定了研究的具体方法和工具。需要注意的是，同样的场域、同样的研究对象，由于研究者不同、使用的技术和手段有差别，其得到的资料和结果也会出现很大的差异。因此说，技术性对质性研究者提出了更高的要求和挑战。

质性研究方法的所有要素，实际都强调的是研究者的在地性和"在场"感。不是仅通过文献资料、问卷统计甚或"大数据"来进行社会研究，而是强调研究者本人必须"在场"，才能对事件的情境意义有更接近真实本质的理解。在这一点上，本土学者研究本土问题显然更具优势。

三　强调参与和行动，关照主体经验

质性研究方法强调，研究是嵌入真实世界的社会互动。人类行为受其所处社会环境影响甚大，社会环境对人类行为的影响甚至超越个别差异，因此，研究人类行为不能忽视环境和情境的影响，研究他们与其社会系统之间的关系也非常重要。

---

① 风笑天：《走向规范化与本土化所面临的任务》，《华中师范大学学报》（人文社会科学版）2005年第6期。

首先，质性研究方法认为，如果把社会行动、问题或对话单独抽离，那么他们所具有的社会意义或重要性就会受到扭曲。因此，质性研究方法强调以系统性、整体性的观点开展人类社会和人们行为研究，强调社会脉络对了解社会事实/真相的重要性。在具体方法应用上，为了全面了解研究议题，研究者经常会将研究场域中所有的人、事、物视为一个整体来进行探究，而不是当成简单的变量来处理，注重运用多种方式搜集资料，以不同的研究角度和视野来发现事实的脉络，描绘出社会的整体全貌。

其次，质性研究方法注重行动和田野。质性研究最主要的研究方式是实地研究，也就是人类学提到的"田野工作"。它是研究者深入到研究对象的生活背景中，以自然观察、无结构访谈、焦点小组等方式进行资料收集，并通过对这些质性资料来分析和阐释社会问题或现象的研究方式。它强调到"田野"中进行行动研究，在实际生活中进行观察，掌握第一手资料。这里说的行动研究包括"对行动进行研究"、"为行动而研究"、"在行动中研究"、"由行动者研究"等。质性研究方法强调田野和行动，其实质是追求"自然"探究方式的体现。

另外，质性研究方法关注研究对象的主体经验。这个特征主要源于布迪厄对社会学的反思。在他看来，反思性是社会学方法论的根本原则。他倡导一种积极和有所作为的行动主张。虽然他承认社会世界具有高度的结构化特质，但他并不认为社会世界遵循一成不变的法则，也不认为人们面对社会法则时无能为力。① 他认为，研究对象所知道的、所感受到的、所了解到的社会事实，既是自己对某些社会发展情境的定义，也是个人与社会互动的结果。所以，作为质性研究方法的主要使命，就是在研究中始终凸显研究对象的主体性，促使他们不断表达生活世界的真实性，从而展现人类的经验，使人类回归本质，达到彼此理解与交流。换句话说，被研究者不再被简单地当成研究对象，而是和所有与研究相关的人员一起参与研究和行动，研究者、被研究者和行动者是伙伴的关系。② 质性研究方法将研究者本人的主观性以及研究者与被研究者的互动交流作为研究的构成部分，认为研究者对它们的

① 沙丹、刘桂宏：《布迪厄的反思性社会学》，《边疆经济与文化》2009 年第 8 期。
② 王晶舒：《社会科学研究方法的层次》，《学理论》2010 年第 31 期，第 98 页。

反思本身就是一种资料，也可以成为研究的一部分。正如吉登斯①所指出，社会场景中的参与者不是"文化傀儡"，他们可以为自己的行动和意图提供合理的解释，而且通常可以展示对自己处境的老练的（虽然不具有足够社会科学性）理解。

四　倡导价值和建构，强化解释与理解

质性研究方法强调理解的方法，重视价值问题，注重对社会行动及其意义的研究。质性研究者认为，有些东西是无法量化的，如人的内心体验、价值追求等，而这些才是研究者最需要关注的重要因素，因此，质性研究的重要方法是对研究对象的个人经验和意义作"解释性理解"，即从被研究者的角度理解他们的行为并进行意义解释。同样，研究对象不可避免地受到个人历史、经历、性别、社会阶级、信仰以及民族等的影响，同时也受到其生活背景中的那些人（或环境）的影响。所以，质性研究方法不是简单的观察、描写和解释，更是研究者的一项具有一定价值赋予意义的实践过程，更关注社会事实所呈现的价值和意义，它坚持价值介入的取向，强调社会经验如何被创造出来并被赋予意义。

首先，质性研究方法最大限度地统合了"价值无涉"与"价值介入"的矛盾。在韦伯的社会科学方法论中，提出了"理想类型"的概念，认为社会科学在研究方式上应做到"价值无涉"，不应该让个人的价值或利益左右其研究，即"将价值判断从经验科学的认识中剔除出去，划清科学认识与价值判断的界限"②。质性研究方法则承认"价值关联"与"价值中立"的并存，认为，科学研究者的价值立场在社会科学研究中具有非常重要的地位和作用，价值立场与研究结果客观性之间的关系既对立又统一。在这里，所谓"价值无涉"主要是指在调查工作开展中，研究者必须要忘记自我的存在，必须对自己的"先前意见"、"先前理解"、"先前知识"、"待答问题"等加以澄清，使其非常明确，然后全身心地将视野范围定格于研究对象和研究情境，注重"原始"、"在地"资料的搜集；在研究的结果或发现

---

① 安东尼·吉登斯：《社会理论的核心问题：社会分析中的行动、结构与矛盾》，郭忠华、徐法寅译，上海译文出版社 2015 年版。

② 马克斯·韦伯：《社会科学方法》，中国人民大学出版社 1999 年版，第 19 页。

中，研究者要准确地呈现研究对象的观点、想法、态度与经验。所谓"价值介入"，主要包含着两层含义。其一，就是指研究者毕竟是有思想的、有情感的、有自己的知识体系，所以，研究者在与研究对象互动过程中要完全保持客观中立显然不现实，不可避免地会有一定的"价值涉入"，将自己的思想、情感和思考渗透在研究议题的具体情境中，与研究对象共同对研究议题做出更理想、更完善的理解和解释。由此，我们也可以这样理解，质性研究方法其实是动态的，它是研究者与研究参与者互动的结果。其二，所谓"价值介入"还有一层相当重要的"提示"意义，那就是在质性研究方法的实践过程中，研究者自身要保持反身性，注意自己在与研究对象互动过程中、在整理资料并对资料进行诠释时，要具有自我反省和批判意识，要不断地反思自己所持的观点，在研究过程中的态度、行为以及自己所身处的情境，并在研究报告中予以表述，将其内聚为一种自我反省及检讨的能力。也就是说，质性研究方法不仅是简单的观察、描写和解释，更是研究者的一项政治与道德实践过程。研究者不可能保持价值抽离的绝对中立，而为了还原其社会和道德意义，及其寻求解决问题的策略都需要介入一定的价值判断，要呈现真实的话语意义，体现话语价值。这里的"价值"是一种道德判断而不是个人好恶，是在尊重少数人声音的基础上，社会大多数人能够接受的规范和理念。

其次，质性研究方法强调凸显知识的建构意义。研究者对研究场域"本土社会"宏观社会发展背景以及微观社会文化情感的考量和尊重构成了研究结果的社会基础，为了解、分析研究议题提供了一个"外在知识空间"；研究参与者对其自身行为与其他事物赋予的主观意义的诠释构成了研究结果的知识基础，为了解、分析研究议题提供了一个"内在知识空间"。如此，研究结果中所呈现的"知识"基本源自其内在知识系统的生产和加工，展示的是研究对象对其行为和意义的解释性理解。从实践过程看，在质性研究中，尽管研究者是在自然的情境下，做有深度的资料搜集（包括书面资料及其他非书面资料），并对这些资料只做客观描述，不做主观评价，但是，在对这些资料加以整理、归纳和分析的过程中，研究者在自身知识体系、价值体系和情感体系的作用下，不可避免地会在文字说明中渗透自己的想法和思考，运用各种诠释方法解释文本的内容。正因此，质性研究方法不仅是呈现，更是一个建构。比如，质性研究方法将研究文本看作建构社会的过程，认为"文本永远不仅仅由叙述者或录音机的所有者所创造，它还有许多碰巧看到故事生成的编辑决策者共同参与创造。一方面是访谈者的问题，另一方面，编辑或作者也塑造着书面的材料"①。

最后，倡导"将心比心"，从主观的角度理解当事人的生活世界。焦点小组方法的社会基础情境和互动、讨论现场情境，口述历史方法中生活史/生命史所表述的昨天、今天和明天构成的历史发展情境，民族志书写的你、我、她/他所经历的社会发展情境，参与观察方法和行动研究方法要求的直接参与活动与研究情境，都表明，质性研究方法在研究过程中不仅不"预设立场"，而且，必须从理解具体研究议题情境出发，不能混淆研究者与被研究者情境的差异，将研究者本人也作为一种研究工具，强调在情境化的生活空间下采用多种资料收集方法，对所研究的社会对象进行整体性考察。如此，与量化研究依赖电子化工具注重研究的"技术性"作用不同，质性研究方法的关键在于实地工作者在研究场域中的工作技巧、能力和能否严谨地执行其工作。需要指出的是，质性研究强调表现研究者和研究之间的密切关系，特别是伦理道德问题。研究者必须事先征求被研究者的同意，对他们所提供的信息严格保密，与他们保持良好的关系，并合理回报他们所给予的帮助。

五　注重记叙与过程分析，不提倡"预先假设"

从方法论意义上来说，定量研究方法坚持所谓客观主义的立场，认为感觉和经验是科学或知识的基础，它强调的是"确实的"和"精确的"。而质性研究方法以语言学与符号学为基本的理论取向，在一定程度上还突破了传统实证主义、本质主义分析模式的制约。它的重要理论特征就是强调理解的意义，认为在价值世界中，现象不是依据"因果性"、"必然性"等先验的范畴相互发生关系，而依据"价值规范"与认识主体的意志和感性发生关系。因而对于它们的研究，所涉及的是研究主体的意志和感情问题，即人对

① 邓津、林肯：《定性研究：策略与艺术》，风笑天等译，重庆大学出版社 2007 年版，第 580 页。

研究对象的评价与态度问题。对此，应该强调以记叙和理解的方法研究社会行动，主张在自然情境下，研究者与被研究者直接接触，通过面对面的交往，实地考察被研究者的日常生活状态和过程，了解被研究者所处的环境以及环境对他们产生的影响。因此，与定量研究方法强调因果性的一般法则不同，质性研究方法更关注过程性，可以说是过程重于结果。它强调，在对一个事件进行考察时，不仅要了解事件本身，而且要了解事件发生和变化的过程，以及社会文化背景对该事件与其他事件之间的联系。因此，获取第一手的文本和资料，进行过程分析相比于因果分析更为重要。这里所说的"文本"可以是文字，也可以是话语、影像、备忘录等资料。更为重要的是，透过这些文本资料可以更好地展现和分析研究的过程。

首先，在质性研究中，记录研究过程是非常重要的，要客观地呈现研究过程，让人们可以将其与当时的情境联系起来进行思考。定量研究方法在调查过程中或表现其结果的语言以采用中立性、科学性语言为特征，在使用调查资料时仍使用客观的可能的经验性资料。而质性研究方法认为，现象记述的观点是行为者自身的观点，因此采取了对研究对象的特征进行观察和记述的方式，在这里使用的语言或获取的文本资料，也是在实际研究过程中形成或使用的日常语言，通过过程展现更完整地诠释研究对象的质性特征。

其次，质性研究方法多采用开放式或半开放式结构，不提倡预先假设。实证主义的研究范式往往强调结构化和预先假设，是一种相对固定的操作程序，其倡导的研究方法也大多用于检验预先建立的研究假设或命题，如果得到的数据和结果与预先假设一致，则认为假设正确；相反，则予以否定。而质性研究并不主张在研究之前做出预期假设，其方法是相对开放的，多采用一种具有弹性的、非结构化的方法程序（开放式或半开放式）。正如弗里克（Flick，1998）所说，好的质性研究设计的核心在于使用了一套程序，该程序各环节都是开放式的、严格的，能正确处理所研究的社会背景的复杂性。[①] 这种非结构式研究方法相比结构式研究方法更有可能收集到更广泛的资料，因为在结构式访问等研究中，被研究者需要回答的是研究者事先设计好的问题，而且这些问题都是标准化的，适用于所有被研究对象，除了个别

---

① 邓津、林肯：《定性研究：策略与艺术》，第 408 页。

采用开放式问题外，大部分问题都设有预设的答案，被研究对象几乎没有即兴发挥或独立判断的余地。当然，质性研究方法并不排斥结构式，而且有时候采取结构式与非结构式相结合的方式，它也并不是完全排斥假设，而是需要研究者在与被研究者的接触中来发现问题，在研究过程中根据研究发现并逐渐形成自己的假设，但这种假设并不等同于结论，而只是根据掌握的资料进行的推测，其研究数据和结果也并不是为了印证假设。

需要强调的是，我们在质性研究过程中，作为研究者都不可避免地充满着自己的情感、眼光和视角，质性研究方法则倡导研究者要始终都把自己放到研究的情境中，保持着自省，确保自己所表达出的情感并没有超过他所记录的"研究对象"的情感范围内，确保资料中关于研究议题的描述、理解和思考都是来自于"研究对象"的情感。这一点对开展质性社会研究至关重要。也就是说，质性研究方法倡导通过"过程"的展现和"真实"的记录与描述，以还原研究对象的真实世界，并不是说它不承认研究者个人视角对于研究结果的影响，而在于质性研究需要各种技能来控制这些因素在研究过程中的影响。这也是质性研究方法有别于量化研究方法的关键方面之一。

六　关注特殊与个案话语，追求深度而非普遍意义

定量研究方法建立在一种随机抽样选择大规模样本的基础之上，强调抽象性、普遍规律性和可复制性。而质性研究方法则基于个案的立场，更侧重于小规模的、具体的样本，并且是一种有目的性的选样，不具有代表性和可复制性。"定性研究是在一群小规模、精心挑选的样本个体上的研究，该研究不要求具有统计意义，但是凭借研究者的经验、敏感以及有关的技术，能有效地洞察研究对象的行为和动机，以及他们可能带来的影响等。"① 从某种意义上说，质性研究方法强调个案和特殊性，以深入、细致地描述一个具体单位的全貌和具体的社会过程。

需要指出的是，质性研究方法虽然注重对个体话语的解读，但每个个体

---

① 参见 http：//baike. baidu. com/link？ url = srDUi_h5x9zm4SOWx_lxmtITQcZ9PR961Z - qn76dd5iCZm bmSw0AYopYEQXFFQ9I。

话语背后往往关联着社会与群体价值，因此，它并不排斥分析和预测由众多个体形成的普遍意义，而是透过研究方式、方法、手段、途径，重点分析个案或文本背后的群体意义，透过具体事件的评价与描述，或者是个人情绪态度的表达，关注"类事件"的群类问题或现象。不同于单纯对群体意义的关注和体现，质性研究方法是建立在对个案、文本的分析和理解的基础上，而定量研究方法则主要是建立在大规模的调查数据基础上。可以说，质性研究方法所得结果不要求具体对象总体的代表性，而在于揭示具体研究对象的特殊性，深入探讨研究对象的背景、内部情况，探讨研究对象所属的某一类型的特征。

第七节　从质性研究到大数据方法

大数据时代的到来，为社会学研究打开了一扇新的窗户。社会学者普遍积极欢迎并热烈拥抱大数据，迅速兴起一股大数据热。有学者预言大数据的应用将带来一场社会学的范式革命，"大数据时代所带来的不只是研究方法上的创新，更重要的是新的社会范式和社会科学范式的出现可能引发的一场社会科学革命"[①]。与此同时，关于大数据的"原罪"之争[②]也引起学界关注和讨论。有必要对大数据、小数据和质性研究方法进行一番梳理比较。

一　质性研究与量化研究的两种不同起源

社会学和人类学可以算是最相近的学科。大体而言，社会学研究工业社会、城市社会，人类学研究农业社会、"土著"社会。这是因为，西方社会学的诞生与对资本主义、对工业化的反思息息相关；而西方人类学的兴起深受达尔文进化论的影响，与当时航海探险、殖民扩张的热潮分不开。社会学

---

① 罗玮、罗教讲：《新计算社会学：大数据时代的社会学研究》，《社会学研究》2015 年第 3 期。

② 潘绥铭教授在《新视野》杂志微信公众号 2016 年第 3 期发表《生活是如何被篡改为数据的——大数据套用到研究人类的"原罪"》一文后，刘林平教授发表《大数据有"原罪"吗——与潘绥铭教授商榷》，潘回应《再论生活是如何被篡改为数据的——回应刘林平教授的质疑》，拉开了 2016 年社会学大数据方法论争的序幕。

的创始人孔德一开始就将社会学置于以数学为基础的自然科学大厦之最顶层，并命名为"社会物理学"，确立了逻辑实证主义传统的"科学社会学"范式；而早期人类学者主要由航海家、旅行家、传教士、商人等构成，以"他者"身份对"远方的"原始部落、少数民族的异质文化开展考察，逐渐确立起"文化社会学"研究范式。

质性研究方法包括参与观察、个案研究、深度访谈、焦点（主题）小组法、民族志（人种志）方法、扎根理论、叙事研究（内容分析、口述史、音像资料）、行动研究等一整套方法体系。质性研究方法从起源上可以追溯到早期的人类学研究，但作为一种系统的方法体系得到归纳总结，成为一种社会学范式，是直到 20 世纪 70 年代的事情。早期的人类学实地观察、参与体验等"田野"方法，虽未被冠以"质性研究"方法的名称，但实质上已经构成质性研究方法的基础形态。在 20 世纪初"社会工作"兴起的个案小组工作实务中，质性研究方法的应用拓展至心理学、教育学领域；20 世纪中叶，西方社会科学领域开始涌现各种"后现代"理论和思潮，如格式塔心理学①、胡塞尔现象学②、符号互动主义、常人方法论、建构主义、结构主义、精神分析、女权主义等。社会学理论也从逻辑实证主义转向阐释和批判主义，社会学领域出现对"量化"研究的"反抗"思潮。质性研究方法的兴起和成熟一定程度上可以说正是这些理论思潮的产物。

与此同时，科学范式的社会学自诞生起就以自然科学为样板，借鉴和遵循近代自然科学认知原理和方法论原则，在西方逐步形成了一整套成熟的量化分析研究方法。代表性的是问卷调查研究，包括调查设计、理论预设、抽样方案、问卷设计、资料收集、量表测量、信度效度检验、统计分析等环节，一般人为控制和区分自变量、因变量，通过频次分析、交互分析、回归

① 格式塔心理学：人的审美观对整体与和谐有着先验的基本要求，视觉形象首先是作为统一整体被"看见"，而后才能以其组成部分被认知。整体不等于部分之和。20 世纪初，奥地利及德国的心理学家创立了格式塔理论（Gestalt），它强调经验和行为的整体性，反对当时流行的构造主义元素学说和行为主义"刺激－反应"公式，认为整体不等于部分之和，意识不等于感觉元素的集合，行为不等于反射弧的循环。

② 胡塞尔现象学：观察者必须摆脱一切预先的假设，对观察对象做完全如实地描述，从而使观察对象的本质得以展现。现象学的这一认识过程必须借助于人的直觉，现象学理论坚持认为只有人的直觉才能到达和把握事物的本质。

分析等数学统计学工具，确定相关性，判断因果关系，建构数学模型。这里研究过程很重要的步骤是概念的操作化，也就是根据研究需要把语言文字描述的资料变为能够用数字表述的信息。随着"大数据"时代的到来，为区分起见，我们把目前这种主流的社会学量化分析研究方法称为"小数据"方法。

20世纪初社会学、人类学传入中国，中国最早的社会学家很多也是人类学、民族学出身，如吴文藻、潘光旦等，因此中国早期社会学研究方法主要是基于人类学田野工作的质性研究方法，不过那时还未被归纳和冠以"质性"名称。至1979年中国社会学恢复重建，在研究方法体系上则主要引进了美国社会学量化分析方法，"科学社会学"范式在中国社会学研究领域成为绝对主流。20世纪90年代中期质性研究方法被介绍到中国，也唤起了中国早期社会学所形成的"文化社会学"传统。

二 "大数据"不是"小数据"的延伸

由于大数据方法刚刚开始进入社会学研究领域，不难理解许多社会学者自然而然地将其视为"小数据"的扩大化和自然延伸。"大数据是将社会生活数字化、数据化、变量化，再通过测量这些变量，提取量化信息，得到关于这个变量的描述以及多变量关系的分析。大数据方法与定量研究范式有着共同的认识论基础，但又有其特有的方法论特征。"① 是这样的吗？

关于什么是"大数据"，目前尚没有一个统一的科学定义，往往是在不同的应用模式和场景有着不同侧重点的解释。按照维基百科给出的界定，大数据"指的是所涉及的数据量规模巨大到无法通过人工和目前主流软件工具，在合理时间内达到撷取、管理、处理，并整理成为人类所需要和能够解读的信息"。数据科学家对大数据的界定强调其"4V"特性：Volume、Velocity、Variety、Veracity（也有表述为 Value），即大量、高速、多样和真实（有用）。从字面上理解，大数据最基本、最核心的要义就是"大"，大数据英文为 Big data 或 Mega data，指巨量资料，海量数据。其量级动辄就是TB级、PB级甚至更高，一般常规个人电脑不要说处理，就连存储也达不

① 鲍雨：《社会学视角下的大数据方法论及其困境》，《新视野》2016年第3期。

到。相对而言，社会学传统调查研究方法所获得和分析处理的调查资料、统计数据就只能称为"小数据"。

从概念上"大数据方法"不等于"大数据"本身，但在约定俗成的语境下我们不做严格区分。同样，我们所说"小数据"也同时指代"小数据方法"，即传统的量化研究数据获取分析处理方法。

经典的社会学定量研究即"小数据"研究，是基于抽样调查技术的数据"人工"收集、分析和处理过程。代表性的是问卷调查研究，在问卷设计阶段很重要的步骤是概念的操作化，也就是根据研究需要把语言文字描述的资料变为能够用数字表述的信息。譬如用五分制量表测量人们的满意度；将幸福感分解为主观指标和客观指标进行测量，以建构"幸福指数"。早期社会学研究基本是一个全人工采集数据的过程。现在即使计算机全程参与，也必须以研究者主观设计、人为主观赋值编码为前提。或者说，小数据是以人工获取为主，机器处理为辅的数据集。

数据科学家将数据信息划分为两大类。一类信息能够用数据或统一的结构加以表示，称为"结构化数据"，如数字、符号；而另一类信息无法用数字或统一的结构表示，如文本、图像、声音、视频、网页等，称为"非结构化数据"。结构化数据也可视为非结构化数据的特例，归属于非结构化数据。显然，记录人类社会生活的原始状态未经处理的大数据是一堆乱七八糟的"非结构化数据"，而小数据是经人工设计后采集获取的有序的数据集合，可以直接以数字或符号列联表表示，纳入计算分析，属于"结构化数据"。

很多人仅从"降低成本"获取数据的角度来理解大数据的优越性，这是不对的。实际上小数据的"采集"和大数据的"挖掘"（爬梳）是两个完全不同的概念。是否结构化这一点对于区分大数据和小数据是十分重要的界限。譬如全国人口普查，相对于一般问卷调查已经是很"大"的数据，但它依然是人工一步步获取的结构化数据，因此应归于"小数据"范畴。再如网上问卷调查，看似也是机器自动生成数据直至自动输出结果，但实际无非是把网下的人工调查搬到网上而已，同样也是人工获取的结构化数据，不能将其归于"大数据"。

除了数据来源上"人工获取"和"机器自动生成"、数据自身是否结构化的区别外，在研究目的、前提和方法上，大数据和小数据也存在一系列重大区别。小数据是基于已有数据的纵向归类，小数据研究的数学模型一般是遵循演绎逻辑。而大数据是基于对已有海量数据的处理，进而对还未产生的数据做出预测或推荐。大数据的预测或推荐目前主要算法大致分两类，一是基于行为，一是基于内容。一般是在非实验控制的条件下，通过归纳建立模型。小数据研究用于理论的检验，一般需要以假设假说既有理论为前提，研究过程"科学环"重要一环就是提出假设。"小数据"追求精确性，强调"代表性"。要求遵循严格的抽样方法，需要检验信度和效度。"大数据"则恰好相反，往往是一个大海捞针的过程，放弃了理论预设，不再以假设为前提。大数据本身就是全样本，即使不全也不在乎"代表性"，不追求也无法追求精确性，不追求因果关系。

美国数据科学家凯·西奥尼尔提示公众不宜过分信赖大数据，因为其背后的数学模型并非完全公正客观，而是承载着研究者的观念和动机。[1] 由此可以看出，大数据研究并非是"价值中立"的。而秉持"科学性"、"客观性"立场强调"用数据说话"的小数据研究，最为标榜的就是"价值无涉"原则！

当前热烈欢迎、积极拥抱大数据的社会学者，许多都是对社会学定量方法即"小数据"方法熟练掌握且有深刻领会的一批学者，他们很容易期待继续采用熟悉的统计学方法来分析处理"大数据"。然而一旦进入大数据领域就会发现，大数据与小数据完全是"两股道上跑的车"，绝不是小数据的扩大和延伸。

三 一个趋势：从人工为主到机器为主

从时间序列看，人类学方法的形成要稍早于社会学。也就是说质性研究方法虽然直到 20 世纪 70 年代才形成普遍认同的方法体系，但其实际的社会学应用却要早于"小数据"方法。我们可以看到，从社会学诞生以来直到今天进入大数据时代，质性方法自始至终贯穿社会学发展全过程，与此同

---

[1]　王悠然：《美国数据科学家提出公众不宜过度信赖大数据》，《中国社会科学报》2016 年 10 月 19 日，头版。

时，在不同国家和不同历史时期，社会学研究领域也总是多元方法并存。但我们可以粗略地把社会学方法发展脉络归纳为"质性方法—小数据方法—大数据方法"，这当然不是对社会学研究截然分明的阶段或时期划分，而是粗线条的方法论历史演进方向。

具有鲜明人类学田野方法色彩和传统的质性方法，强调参与、体验、感悟、在场、情景，设身处地、将心比心，依赖于直觉、联想、类比，主要是基于人工的个体劳动，很大程度上是依靠人脑的直觉。即使发展到现在，影像志方法引入了现代录音录像设备、计算机编辑处理等工具，人的"参与"、"在场"仍然是质性方法的基本要求和灵魂。

经典的社会学定量研究即"小数据"研究方法，一开始也是"全人工"收集、分析和处理数据的过程。早期问卷调查基本是纯手工操作，随着计算机统计和信息技术的发展，机器编码识别、统计分析软件把交互分析、回归分析、趋势分析、聚类分析、相关分析等过去复杂高深的统计计算变得轻而易举，"小数据"研究逐渐由以人工为主过渡到机器参与成分越来越多。但是，现代社会大型调查研究即使计算机全程参与，也必须以研究者主观设计、人为主观赋值编码为前提。也就是说，"小数据"方法始终是以人工为主，机器处理作为辅助手段的方法。

"大数据"方法与"小数据"方法比较，除了"大"之外还有一点重要特征，就是数据获取不是通过人工采集得来，而是由"机器生成"（自然生成）。随着云计算、云存储、物联网、二维码、传感器、智能手机、GPS等互联网技术的广泛应用，尤其是微信、微博等新媒体的普及，以及手机网络支付手段的更加便捷化，人类社会的各种社交网络、人际互动、经济活动都被"雁过留声"地客观记录，同时留下"数字痕迹"，生成海量数据。其结论也并非通过传统的观察、思索、领悟等方法得出，而是引入适当的计算分析方法——计算机算法，通过大量数据的汇集而"自动涌现"，当然，这种数据生成过程以及后续的数据爬梳背后也有"人"，他们主要是计算机科学家。显然，在这里"人"的作用已经由台前退居幕后。

由此可见，从人类学田野调查方法（质性方法）到科学的量化分析方法（小数据方法），再到大数据方法，是一个由"纯人工"到"机器"参与介入研究越来越多的过程，是一个人脑为主到电脑为主的过程。

四　大数据方法应用于社会研究的局限性

毫无疑问，大数据的开发利用首先始于商业领域和政府应用。沃尔玛超市"啤酒＋尿不湿"的成功营销和谷歌利用搜索记录预测流感爆发，已经成为大数据应用最广为人知的经典例证。很短的时间内，这个世界忽然间就进入了"大数据时代"。商业企业、金融服务、医疗健康、气象、农业等领域，大数据的应用都获得较快进展和成功。在社会科学领域，青睐大数据的首先是语言学、新闻传播学、政治学等学科，大数据为舆情分析、选举投票预测等提供了前所未有的利器。市场营销、广告宣传中大数据的大量应用案例属于经济学范畴。教育学中的教育测量评价、个性化教育借助大数据平台。心理学研究借助大数据平台把心理学实验由实验室搬到互联网已有不少成功案例。影视行业借助大数据平台来选择演员。甚至历史学、考古学也都用上了大数据分析，更不用说刑事侦查学、情报学、军事学、反恐等领域早已完全离不开大数据。

尽管大数据已经广泛应用于社会科学研究的所有领域，但近期有关研究得出结论：即使发达国家，在社会科学领域使用大数据和运用大数据解决问题的学者并不十分普及，"社会科学领域与大数据的关联程度也还不够"[①]。就国内而言，相比其他学科可以说社会学界对于大数据的期盼是最为积极、最为强烈的，然而大数据社会学的成果和进展似乎并不像想象的那样乐观。真正运用大数据研究的成果，所能看到的大多是国外学者的如关于"名气"的研究、求职与社交网络的研究、人们情绪变化的研究、有关"赢者通吃"现象的研究，等等。国内《社会学研究》杂志 2015 年第 1 期发表《大数据中的百年社会学》，是利用谷歌语料库进行词频分析的研究。迄今为止，社会学大数据研究取得的成果确实不多，影响也算不上大，完全没有超过小数据研究的成就。

当然这仅仅是开始，我们大可以寄希望于未来。然而也必须看到，大数据社会学之所以成效不彰，总是存在着一些难以克服的局限性和制约因素。核心问题有二：一是社会学研究者数据获取的局限，二是与专业技能分工有

---

① 赵琪：《运用大数据的社科研究尚在探索之中》，《中国社会科学报》2016 年 11 月 23 日，第 3 版。

关的社会学者自身知识结构的局限。

"大数据"是与"云计算"相伴而生的。也可以说"大数据"从来都有，只有当计算机技术发展到今天的水平，其运算速度、数据存储处理能力均达到 TB 以上级别，才有了"大数据"实际应用的可能。大数据的收集处理需要耗费大量的人力物力，需要巨额金钱和昂贵的设备，社会研究者个人甚至小型研究机构，一般都无法拥有或轻易拿到可用的大数据。因此，只有像谷歌、微软或国内的腾讯、百度等 IT 企业，阿里巴巴等大型商业企业，以及电信、移动通信一类互联网巨头，才能够拥有可供自己分析的大数据资源。再就是国家机器政府机构、军事国防部门、情报部门、金融机构、统计部门，当然也拥有自己强大的大数据库。但可想而知，因其必然涉及国家安全或商业机密，这些大数据也大都是不可能供社会学研究者随意使用的，即使花巨资购买的数据信息也极其有限。

当然研究者可以寄希望于法律要求的"信息公开"。然而不难想象，社会研究者在互联网上所能够获取的政府提供、企业公开信息，以及其他允许分享的数据，其可用性和价值都必然远低于未公开数据。与此同时，社会研究者利用技术手段软件工具在网络社交平台进行数据爬梳挖掘，还会受到隐私权、道德和法律的多重制约。

也就是说，社会学大数据研究在数据获取方面就面临着技术平台壁垒、金钱壁垒（购买大数据需花大价钱且难以买到）、法律壁垒、政策壁垒、道德壁垒。并且从可以预见的长时段来看，这些壁垒将不可逾越。

除了大数据获取的局限，还有一个重要问题则是社会研究者驾驭大数据的能力问题。正如前面指出的，社会学界热衷于大数据的是一批"统计社会学家"而非真正意义上的"数据科学家"。中国人民大学冯仕政教授在《大数据时代的社会治理与社会研究：现状、问题与对策》一文中将大数据社会研究的过程划分为"数据爬梳"、"数据分析"、"数据解释"三个阶段，因而需要计算机科学、统计科学和社会科学的通力合作。社会科学是唯一贯穿三个阶段的学科，理想状态当然是社会研究者同时也是能够横跨三个领域的全能型学者。但现代社会分工是"术业有专攻"，何况大数据计算机科学是处于科学前沿的复杂性科学，能够跨越三个领域并达到一定水准的学者可谓凤毛麟角。因此，冯仕政敏锐地注意到，社会学者"真正自己从头采集和爬梳数据的研究非常少","当前大数据社会研究的主要障碍正在于这三个学科的合作比较困难"①。

冯文中认为大数据具有数据属性、技术属性、社会属性"三重属性",这里其实分别是指大数据本身、大数据方法和大数据社会研究。冯文中还把大数据社会研究区分为"应用取向"和"科学取向",呼吁"必须尽快扭转应用取向主导一切的局面,大力发展科学取向的大数据研究"。然而如果说"科学取向"就是大数据方法用于发现社会规律总结社会理论,目前可能还不到时候。大数据之于社会学,就是一种辅助性工具。理论研究必须以大量的应用研究为基础和前提,离开应用研究去强调或呼吁基础理论研究的单兵独进,实际上是不可能的。

大数据不是社会科学家的大数据。大数据社会研究才刚刚开始,还面临诸多局限,社会学仅仅是大数据应用的众多领域中的小小一角。社会学的未来发展会越来越多地利用大数据,但始终不可能完全依赖于大数据。

---

① 冯仕政:《大数据时代的社会治理与社会研究:现状、问题与对策》,《大数据》2016 年第 2 期。

第 四 章
质性认识论

认识论，从哲学层面理解，是关于人类认识的对象、来源、本质、发展过程及规律，以及认识和实践的关系的理论。所谓"质性认识论"，简而言之就是指质性研究方法的认识论基础。质性研究一直是作为一种方法体系被介绍，或作为一种方法倾向被强调。我们不知不觉中选择并运用的研究方法，一定与研究者自身的认知和思维方式有关。或者说，方法论的产生，深层原因在于研究者的认识论。

第一节　从质性方法到质性思维

一　认识论视角的质性思维

从知识论的视角，认识论解释人们如何知道人们所知道的一切，以及知识是如何存在和产生的。[①] 它涉及知识的本质和形成的基础。[②] 一般而言，人们对事物的认识与其思维方式密切相关。从我们对质性方法论的分析中可以看到，质性研究方法体系实际上内在地隐含着一整套思维方式，我们将其称为"质性思维"。

一定意义上，质性思维是在与"量化思维"相比较中形成的一种思维方式。西方社会科学领域经历了长期的量化—质化方法之争，其背后的思维

---

① Crotty，M. *The foundations of social research*. Thousand Oaks，CA：Sage. 1998.

② Hamlyn，D. W. "*Epistemology，history of*"，*in Honderich，T.（ed.）The Oxford Companion to Philosophy*. New York：Oxford University. 1995.

逻辑也经历了从"近乎相互蔑视"到逐渐"承认差异"的过程。所谓量化思维，是把量化作为思维过程中分析与综合的一个基本依据，认为"一切皆可量化"。量化是从数量上揭示客体特征，及说明确定特征之间属性的一种形式，自然界和人类社会中的各种事物在数量上的变化，都是事物发生质变的基础。因此，运用测量方法从数量上对客观事物进行比较、分类、抽象、概括，是思维的重要内容和条件。量化思维认为社会的现象可透过观察而得，可以像自然科学如生物学、物理学、数学一样，建立放诸四海皆准的原理、原则，并可以自然科学的方式进一步解释、预测和控制社会的现象。

而质性研究是以研究者本人为研究工具，在自然情境下采用多种资料收集方法对社会现象进行整体性探究，使用归纳法分析资料和形成理论，通过与研究对象互动对其行为和意义建构获得解释性理解的一种研究活动，[1] 在思维上表现为整体性思维、民间立场和经验研究。质性思维是一种社会思维方式，不同于自然科学思维方式——把社会现象作为与物理现象一样的客观现象去观察和思考的原则，不再用一种自然主义的立场对社会生活做出单向解释，而是像常人方法学所宣称的那样，站在日常生活的立场上，在主体与主体的互动关系中给出双向解释。

质性思维是打破传统社会学的二元对立思维，以人文的、理解的方式为主，如福柯所提出的"承认差异性、片断性，在无限变异中追求人类自由"[2]，基本立足点在于其人本主义。其重点首先在于突出了作为思维者的人的主体地位，思考问题的重心从单纯地关注外部世界，转向了同时要关注和承认人自身，追求一种主体性的意识，使主体性的思维开始增强。[3] 其次是平等主义的，强调主客体互动，共享思维的成果。它认为社会的人是平等的，强调每个人的生活体验都是有价值的，其思维逻辑都能够自洽，都对复杂的社会世界具有解释力，人的互动会促进所有人认识的发展与进步；同时，在思维的机制上，肯定普通人的"实践的理论化"的能力，认为所有的社会行动者都是能动的社会理论家，具有孕育和发明概念，使自身行动及

---

① 陈向明：《质性研究的新发展及其对社会科学研究的意义》，《教育研究与实验》2008 年第 2 期。

② 宋林飞：《西方社会学理论》，南京大学出版社 1997 年版，第 473—474 页。

③ 李德顺：《21 世纪人类思维方式的变革趋势》，《社会科学辑刊》2003 年第 1 期。

其环境理论化的能力,① 因而必须掌握普通百姓对社会世界赋予的意义,了解社会生活所涉及的日常概念。② 它关注人的生存状况以及世界对人的命运和意义,从人的生活世界出发来观照人与事物。

　　质性思维是人类思维不断变革过程中建构起来的思维方式。质性思维的提出是在质性研究实践发展的历程中,并与对社会研究中的量化思维、科学思维反思中,逐步积淀而成的一种观察问题、分析问题和解决问题的基本而独特的视角、立场与方法,是关于质性认识的一个基本概念。质性思维也是与一般自然科学研究相区分的一种社会研究思维方式,在质性认识论中起着极其重要的作用,直接影响质性认识研究的视角、过程及结果。

二　质性思维的基本特征

1. 参与性：主客体互构

　　质性研究试图探讨人类社会与人们行为的"本质",什么是"本质"?谁又有权力描述本质、呈现本质?是研究者,还是被研究者,抑或是他们同为主体?质性研究关注到研究对象的主体经验,他们所知道的、所感受到的、所了解到的社会事实,既是自己对某些社会发展情境的定义,也是个人与社会互动的结果。研究者,则要在研究中把握好"无我"与"有我"以及"无为"与"有为"。首先,所谓"无我"主要是指在调查工作开展中,研究者必须要忘记我的存在,必须对自己的"先前意见"、"先前理解"、"先前知识"、"待答问题"等加以澄清,使其非常明确,然后全身心地将视野范围定格于研究对象和研究情境,注重"原始"、"在地"资料的搜集;在研究的结果或发现中,研究者要准确地呈现研究对象的观点、想法、态度与经验。其次,所谓"有我",包含着两层含义。其一,就是指研究者毕竟也是有思想的、有情感的、有自己的知识体系,所以,研究者在与研究对象互动的过程中要完全保持客观中立显然不现实,不可避免地会有一定的"价值介入",将自己的思想、情感和思考渗透在研究议题的具体情境中,与研究对象共同对研究议题做出更理想、更完善的理解和解释。由此,我们

---

① 安东尼·吉登斯:《社会的构成》,李康、李猛译,三联书店1998年版。
② 布迪厄:《实践感》,译林出版社2003年版。

也可以这样理解，质性社会学的研究其实是动态的，它是研究者与研究参与者互动的结果。其二，所谓"有我"还有一层相当重要的"提示"意义，那就是在质性社会学研究的过程中，研究者自身要保持反身性，注意自己在与研究对象互动过程中、在整理资料并对资料进行诠释时，是否具有自我反省和批判意识，在思考"What was happening?"同时也思考"How people know what was happening?"，不断地自我反思自己所持的观点，在研究过程中的态度、行为以及自己所身处的情境，并在研究报告中表述出来，将其内聚为一种自我反省及检讨的能力。当然，理解了"无我"与"有我"，"无为"与"有为"也就迎刃而解了。

2. 理解性：将心比心

从主观的角度理解当事人的生活世界，讲究对于日常生活的"意会"。"将心比心"、"心领神会"就是我国古人所理解的一种真正深刻、正确地认识事物的境界。它不是我们今天实证主义传统下的那些"可测量化"、"概念化"、"逻辑关系"、"因果关系"、"假设检验"等标准，而是用"心"和"神"去"领会"。这种认识论的范畴，不仅仅是文学的修辞法的问题，它就是切切实实生活中的工作方法，也确实支持着中国文化和文明历经几千年长盛不衰，其中必定蕴含着某种优越性和必然性的。[①] 焦点小组方法的社会基础情境和互动、讨论现场情境，口述历史方法中生活史/生命史所表述的昨天、今天和明天构成的历史发展情境，民族志书写的你、我、他/她所经历的社会发展情境，参与观察方法和行动研究方法要求的直接参与活动与研究情境，都表明，质性社会学的研究方法在研究过程中不仅不"预设立场"，而且，必须从理解具体研究议题情境出发，不能混淆研究者与被研究者情境的差异，将研究者本人也作为一种研究工具，强调在情境化的生活空间下采用多种资料收集方法，对所研究的社会对象进行整体性考察。如此，与量化研究依赖电子化工具注重研究的"技术性"作用不同，质性社会研究的研究方法的关键在于实地工作者在研究场域中的工作技巧、能力和能否严谨地执行其工作。需要强调的是，我们在研究过程中，作为研究者都不可避免地充满着自己的情感、眼光和视角，但是，质性社会研究方法强调研究

---

① 费孝通：《试谈扩展社会学的传统界限》，《北京大学学报》（哲学社会科学版）2003 年第 3 期。

者要始终把自己放到研究的情境中，保持着自省，确保自己所表达出的情感并没有超过他所记录的"研究对象"的情感范围内，确保资料中关于研究议题的描述、理解和思考都是来自于"研究对象"的情感。如费孝通先生所言，人们之间的很多意念，不能用逻辑和语言说清楚，总是表现为一种"言外之意"，并运用创造这些"言外之意"的规则与默契，认为"日常生活中这些'意会'的部分，是一种文化中最常规、最平常、最平淡无奇的部分，但这正是这个地方文化中最基本、最一致、最深刻、最核心的部分，它已经如此完备、如此深入地融合在生活的每一个细节中，以至于人们根本无须再互相说明和解释"，而不仅是关注"那些公开说明的、表面的'体制''法律''规章'"。

3. 解释性：强调深描

质性社会研究的关注焦点是"人"的世界。人的"主体性"是研究者最被关心的部分，而关心人的主体性便是关心其行为背后的意义建构。所以，质性社会研究者的研究过程与其说是一个搜集、整理资料的过程，还不如说是一个"理解人"的历程，是一个"思考、觉察与对话"的过程。正因此，在研究方法选择上，质性社会研究更多采取的是非线性线路，注重研究场域的情境脉络，强调从研究对象本身来了解其行为，讲求扎根理论及研究者的道德实践和政治实践。也正因此，质性社会研究文本的表述少了很多实证研究文本表述上的技术性、因果性和结构性，而突出描述性、过程性和反身性，包含着研究对象个人经验的脉络、组织或机构经验的理解与思考以及研究者自己的思考。对此，韦伯曾指出："人是被悬挂在意义之网上，这个意义网是主观构造的，深描则将此意义网加以呈现。"基于此，与实证研究中对研究效度的要求不同，质性社会学研究在研究方法上更强调描述效度、解释效度和学理效度。尤其是描述效度，研究者在研究结果或发现中，准确、细致地呈现研究对象的观点、想法、态度与经验的程度，直接影响着其研究质量的好坏与高低。

4. 建构性：凸显知识建构意义

研究者对研究场域"本土社会"宏观社会发展背景以及微观社会文化情感的考量和尊重构成了研究结果的社会基础，为了解、分析研究议题提供了一个"外在知识空间"；研究参与者对其自身行为与其他事物进行的赋予了主观意义的诠释构成了研究结果的知识基础，为了解、分析研究议题提供了一个"内在知识空间"。如此，研究结果中所呈现的"知识"基本源自其内在知识系统的生产和加工，展示的是研究对象对其行为和意义建构的解释性理解。同时，在质性社会研究中，尽管研究者是在自然的情境下，做有深度的资料搜集（包括书面资料及其他非书面资料），并对这些资料只做客观描述，不做主观评价，但是，在对这些资料加以整理、归纳和分析的过程中，研究者在自身知识体系、价值体系和情感体系的作用下，不可避免地会在文字说明中渗透自己的想法和思考，运用各种诠释方法解释文本的内容。正因此，质性社会学的研究发现不仅是一个呈现，更是一个建构。当然，也许有人会提出质疑，质性社会学不是追求呈现客观、科学的知识，如此操作是否有违学科精神。对此，笔者想说的是，质性社会学倡导对"真实"和"本质"生活世界的探索，并不是说质性社会学不承认研究者个人视角对于研究结果的影响，而在于质性社会学需要各种技能来控制这种影响。这，也就是质性社会学的研究方法有别于量化研究方法最为关键的方面。

5. 价值涉入：社会研究的人文关怀性

需要在更广泛和更普遍的领域中借助于研究者个人的主体性内心感受、情感体验和心性直觉的方法，借助于研究者个体生命中直接的体悟过程，来把握人的精神、情感、价值意义这个特殊的世界，社会研究是人认识自我、理解自我的过程，人有自己的价值生活、价值取向、价值评判和价值取舍。作为社会研究者，不可能独立于认识对象之外而作价值中立的纯旁观者，他与认识对象也是可以也必然会发生对话与相互影响的。因此，社会研究无法回避人的价值问题，必须要有价值的涉入和引导。正如费孝通先生所描述的那样，人"心"具有主观性和道德性，包含着对认知主体——"人"——本身的鞭策和制约。"人"与世界的关系，应该是"诚"、"正"、"仁"、"爱"、"恕"等，符合"天人合一"、"推己及人"、"己所不欲，勿施于人"等基本伦理的关系。这种观念，不同于我们今天很多学术研究强调的那种超然置身事外、回避是非的"价值中立"、"客观性"等观念，而是坦诚地承认"价值判断"的不可避免性（inevitability）；它不试图回避、掩盖一种价值偏好和道德责任，而是反过来，直接把"我"和世界的关系公开地"伦理化"（etherisation 或 moralization），理直气壮地把探索世界的过程本身解释为一种"修身"以达到"经世济民"的过程（而不是以旁观者的姿态"纯客观"、"中立"地"观察"），从"心"开始，通过"修、齐、治、平"这一层层"伦"的次序，由内向外推广开去，构建每个人心中的世界图景。

第二节　中华传统文化与质性思维

一　质性思维方式契合于本土历史文化

不同的思维方式滋生于不同的文化土壤。质性认识论的形成，有其历史的、文化的基础。在东西方文化碰撞与融合的过程中，质性思维得以形成与发展起来，是人类认识螺旋式向上过程中的一种必然选择。当我们讨论质性方法和质性思维的主要特征时，发现中国传统文化及其思维特征与质性思维方式具有一种天然的契合。

文化的本质是凝结在社会成员中的根本思维、行为定势及其外在体现及产物。文化实际上主要包含器物、制度和观念三个方面，具体包括语言、文字、习俗、思想、国力等，客观地说文化就是社会价值系统的总和。质性研究是一个发展变迁的过程，而东西方文化的发展、碰撞、融合共同为质性研究奠定了理性基础。

作为一个以农业为基础和温带地理环境为主要地域的国家，在长期社会历史过程中，形成以自给自足的自然经济和血缘为纽带的宗族社会制度，以及辩证的思维方式，这成为中国文化思想的基础。

中庸和谐的价值原则。崇尚中庸之道，追求和谐统一是中国传统文化的最高价值原则。中国古代思想家认为，"不偏之谓中，不易之谓庸，中者，天下之正道，庸者，天下之定理"，"中也者，天下之大本也；和也者，天下之达道也。致中和，天地位焉，万物育焉"。其精神是主张凡事不走极端，反对过犹不及，要不偏不倚，强调"中和"。"中和"是中华传统文化所追求的一种理想境界，既是思想方法、原则，又是修养境界。首先承认各种事物互不相同，各有特色，是客观事实，不以人的意志为转移。在对待人类各种关系中，则提倡"天人合一"的自然态度，在处理自然界和精神界关系时，中国文化认为，自然过程、历史过程、人生过程、思维过程在本质上是同一的，人是自然界的一部分，自然与人类社会密切相关，互相照应，人服从自然规律，人性即天道，道德原则与自然规律一致，人生理想就是天人谐调，同时强调"修身养性"、"克己复礼"的自我修养以及在社会中的"讲信修睦"思想，从而实现整个世界的和谐，也使中国文化绵延不绝，生生不息。

兼收并蓄、求同存异、包容开放的文化发展理念。中国文化思想自春秋战国时期就呈现了百家争鸣的局面。儒、道、墨、法、诸子百家思想代表了社会各个群体的观点与态度，在当时共存，在争辩中不断完善与成熟。在长期的历史社会过程中，各家互相吸收包容、合流，孔子的"君子和而不同"，《周易·大传》的"天下一致而百虑，同归而殊途"，都是主张思想文化的多元开放。实现对自我的思想超越；同时又不断解读，使中国文化思想渐新渐进。特别是儒家，"有董仲舒的孔子，有朱熹的孔子，也有康有为的孔子。有'绌周王鲁……素王改制'的汉儒公羊学孔子，也有'人心惟危，道心唯微'的宋明理学的孔子"。① 在现实的社会实践中，形成了中国"外儒内法"、"儒道互补"、"三教合一"等思想体系，使各种思想平衡作用于社会发展过程中。

以人为本的人文思想。在人与超人的思考中，中国的传统文化没有明显的宗教超越的特征，而是始终将自己的思考限于人世间，尤其是关注人与人的关系，以及人在此世所能取得的精致的文化成就。在中国经典论著中，中国人本的建构，是从人的本性、人的欲求、人的价值去考察人，人为万物之灵，"水火有气而无生，草木有生而无知，禽兽有知而无义，人有气有生有知，亦且有义，故最为天下贵也"。② "观乎人文以化成天下者，言圣人观察人文，则诗书礼乐之谓，当法此教而化成天下也。"因而也表现为重人生而轻鬼神，重现世而轻来生，所谓"六合之外，圣人存而不论"，"观乎天文，以察时变，观乎人文，以化成天下"，圣人观察了"人文"，用以人为本的诗书礼乐的典籍来教育天下的众生，因此中国人注重历史、文学、哲学，具有浓厚的人文主义和人道主义的意味。

---

① 李泽厚：《中国古代思想史》，人民出版社 1986 年版。

② 《荀子》。

二 中华传统文化的"社会观"

所谓社会观，是指人们在社会生活过程中所形成的对社会的态度、看法及相对应的行为方式。

古代中国社会思想中的社会，从两种意义上由三个层次构成。在第一种意义上，它由家、国、天下组成。家是士大夫掌握的国之本，国是诸侯掌握的天子之本，天下是天子掌握的天之本。三个层次构成了一个既松散又合一的"天下"。在第二种意义上，它由乡民、士绅、皇权（及其代表的社会—政府一体性）组合而成，形成今天意义上的所谓"国家与社会关系"。"家、国、天下"，与"乡民、士绅、皇权"二者之间，相互分阶序交错着，形成不对应的关系体系。这个交错的关系体系，造就古代中国"社会"的基本模式。① 我们现在多数人只知道该字多用于"社会、结社、社团"等词，但是古代的"社"之字义同祭祀相关。"社"的字义有：①土地神，②祭祀土地神的活动，以及③祭祀土地神节日，和④祭祀土地神的地方等。除此之外，在地方行政单位划分方面，每二十五家为一社或方圆六里区域内的居民为一社。此处表示行政单位的社，也同祭祀土地神有关。古代每个村子的人员都属于一个家族，都建有自己的祖庙，除了祭祀土地神以外还祭祀家族的祖先。因此，以祖庙所代表的家族人口为单位，一个祖庙所代表的家族就是一个"社"。如果是小的家族，人口较少，则以大约人口数量来设置"社"的单位，就有了"每二十五家为一社"或"方圆六里区域内的居民为一社"的建制。今日所说的"社会、结社、社团"等词，来源于古代之"社"的汇集与组合。

钱穆认为，对于"社会"的重视是中国的一个悠久传统："社会一词，亦是外来的新名词，中国古人称社会为'乡'。乡的观念，在中国一向极受重视。所谓观于乡而知王道之易，就十足透露中国古人对于社会重要性之认识。"对于"国家—社会"关系，钱穆指出："政治与社会常是融合为一的。上下之间，并无大隔阂"，因为"士"正是"结合政治社会使之成为上下一

---

① 王铭铭：《中国之现代，或"社会"观念的衰落》，《中国图书商报》2007 年 7 月 3 日，第 7 版。

体之核心。"①

费孝通认为，任何政治决不能只在自上而下的单轨上运行，"一个健全的，能持久的政治必须是上通下达的，来往自如的双轨形式"。他指出中国乡村社会存在着"地方自治的民主体制"，非政府的事务是由人民自理的。他将在地方社区里人们因公共需要而自动组成的团体称为"自治单位"，其中，地方代表——乡绅——是"中国政治中极重要的人物"，他们代表民间与官方协商，这一过程形成了由下而上的另一条政治轨道。②

近现代以来，中西方社会思想和理论不断地碰撞、对话、交融、互建，中西方对于社会的解释得到广阔的认知和理解，20 世纪中国社会学大家吴文藻、孙本文、梁漱溟、晏阳初、毛泽东等人，以实地的田野调查、社会行动等研究方法，用中国的自然主义的表达方式对中国社会研究的一系列成果，成为解释中国社会发展、阐释问题并改造社会的重要力量，这些研究为质性社会认识论的形成提供了充分的营养。

"人们在社会生产和生活实践中所形成的关于社会生活、生活问题、生活模式的观念、构想或理论"即社会思想观念。③ 进一步来看，中国社会思想是中国思想文化（其他还包括比肩并行的中国哲学思想、中国经济思想、中国政治思想）的重要组成部分。在中国几千年没有中断的历史中，中国人关于社会生活、社会秩序以及人们的社会理想的阐述及思考，通过与文化其他元素的互构，共同丰富和创造着中国思想。

第一，重视质量的中国社会价值系统。经数千年积淀形成的中国社会价值其基本精神是在一主多元模式下多元价值观之间相互包容、求同存异、相互借鉴、相互吸收、和谐相处，这本身即是中国社会之根干价值的重要体现，与西方社会价值系统的强烈排异特性形成显著对照。④ 传统社会是相当重质而非重量的社会，是主要追求人的优秀和卓越而非主要追求人的广泛平等的社会，在道德上则是更为尊崇人格和德行而非更为尊崇原则和规范的

①　钱穆：《中国历史研究法》，三联书店 2005 年版。
②　费孝通：《乡土中国》，上海人民出版社 2007 年版。
③　王处辉：《中国社会思想史》，中国人民大学出版社 2009 年版。
④　王处辉：《论中国社会价值系统的一主多元特性》，《江海学刊》2008 年第 5 期，第 117—123 页。

社会。

第二，多元融合的社会观。中国文化对于"人"和"社会"的整体性的观察和理解的思维方式，使得中国社会思想呈现出兼容并蓄，多元开放的历史景观。在社会观中，道家思想主张"天下一致而百虑，同归而殊途"[①]；在人际交往，在处理人际关系，人与心的关系的过程中，"恕"作为重要理念，主张"为仁由己"、"己所不欲，勿施于人"，承认自己是人，别人也是人，推己及人，对别人感同身受，也即我们所讲的反身性概念；孔子主张"君子和而不同"、"三人行，必有我师焉"，认为任何人的思想都具有其合理性与价值，因而应该得到尊重。在社会的历史实践中，社会思想得到了包容性的发展，虽然中国社会治理以"儒家"为正统，但曾经"百家争鸣"的其他各家依然在不同的历史时期发挥着自己的作用，并进一步得到充实和丰富。同时，中国社会思想在历史的进程中，一方面与外来文化基本不会产生激烈的冲突，在不断的吸纳外来思想中不断成长，所谓现代的成长实际上是一个不间断的历史过程，此时的现代，可能是彼时的传统，也在不断地重构中，所谓"自一人之心以达于四海之远，自千古之前以至于万代之后"；另一方面，各家本身是在不同的社会阶级阶层中产生，在历史发展中也得到不断关照，因此，在几千年的社会发展中，各个阶层都会从各派思想中找到自己的认同感和归属感，成为自己行动的指导。而中国现代社会学的集大成者费孝通先生一再强调的"各美其美、美人之美、美美与共、天下大同"，是在现代化背景下对中国社会思想的高度概括，为现代学者提供了深入了解中国社会思维方式的路径。这一理念，还要求以优势视角看待社会不同生活和多元的文化，以及社会中不同的群体和人，认为在不同文化氛围中成长的人总有自己"美"的方面，一个理想的社会可以使各种社会的文化、不同人群的特色，及其多元的思想都能"各美其美"，并且以包容的心态"美人之美"，善于发现、吸取和消化他文化中的"营养"，从而实现"美美与共、天下大同"的社会理想，不仅可以天下"共存"，更可以天下"共荣"。

第三，强调人与社会的相互形塑。肯定人的最高价值，儒家思想中的

---

① 高亨：《周易大传今注》，齐鲁书社1998年版。

"为天地立志，为生民立道，为往圣继绝学，为万世开太平"①，在肯定生命意义和人性价值的同时，强调在现实世界中提升道德品格，把个人的自在置于社会的理想境界之中；也强调人的精神独立与思想的自由，"三军可夺帅也，匹夫不可夺志也"，主张不卑不亢的为人处世态度。道家关于"天地与我并生，而万物与我同一"②的"天人合一"思想，将人置于自然与社会之中建构人，而"故道大、天大、地大，人亦大。域中有四大，而人居其一焉"③，则肯定了人在社会和自然中的地位和人自身的价值，因此强调人的本质精神，去追寻"逍遥"的人生境界。同时，也认为人是生活在特定社会与文化场景中的，而非抽象的。社会与人是相互塑造、相互成就的，中国社会思想强调社会塑造作用"文武兴，则民好善，幽厉兴，则民好暴"，"人之所以异于禽兽者几希，庶民去之，君子存之。舜明于庶物，察于人伦，由仁义行，非行仁义也"，"天道远，人道尔，非能及也"，认为天道不同于人道，吉凶祸福在于人事。因此，更强调人的社会意义和道德伦理价值。基于此，在社会治理观念中，应具有"天下为公"的思想，"君为民所立，民非为君所生"、"民为国本"，在国家与人民的关系中，主张人民是国家的根本，民贵君轻的人本主义思想得以延续。也在另一方面，其思想脉络中也始终存在着质朴的"平等思想"，诸如"人皆可为尧舜"、"王侯将相，宁有种乎"等都在古代典籍和民间话语中常常出现。因此，中国社会思想中的人本主义是以社会和谐为着眼点的大人本主义，其实现的途径是以提高社会成员个人的心性修养，"己欲立立人，己欲达达人"，以达到人与人、人与社会、人与自然的和谐相处。正因如此，以人为本的理念不仅在历史上，在现实社会也具有极强的社会魅力，我国古典社会治理思想中，就提出了"以保息六养万民：一曰慈幼，二曰养老，三曰振穷，四曰恤贫，五曰宽疾，六曰安富"④的保息政策，以保存民力，促进社会长久持续发展。而由《周礼》关于"乡里之委积，以恤民之囏阨（困乏不给者），门关之委

---

① 张载：《张载集·近思录拾遗》，中华书局 2012 年版。
② 《庄子》。
③ 《老子》。
④ 《周礼》。

积，以养老孤"①，可见，现代社会养老制度也可在中国古代对于"熸阨"的人文关怀中发现其中的萌芽。这一思维特征对于质性社会研究以及当代社会治理理念也同样具有启发意义。

第四，强调人的群体性发展。古代社会思想认为在处理任何社会问题和关系时，都要把握合适的"度"，在社会生活中追求中庸与和合之道，以保持两者适当的平衡，并要使之相互借鉴，它重视社会内部人与人之间的互动，强调人的群体性、社会的组织性，以及社会结构体系的可调节性，通过社会整合，实现社会整体上的和谐。在人与群的关系中，强调个人修养，以达到群体和谐，"见贤思齐焉，见不贤而内自省也"。在社会实践中体现出既有原则性，也有灵活性的思想，在道德实践中，有"大德不逾闲，小德出入可也"，在选择具体的行动方案中，应"执中无权，犹执一也，所恶执者，为其贼道也"，最终能够"究天人之际、通古今之变"、"道通天地有形外，思入风云变态中"，以把握自然、社会的变化、发展与平衡。

第五，家庭伦理本位和家国同构的社会结构。中国文化以家庭为本位的伦理文化使人的伦理精神意向局限于家族之中，用血缘关系去厘定社会关系，把一切社会关系家族化。传统中国社会家国同构，家庭、家族和国家在组织结构方面具有共同性，均以血亲—宗法关系来统领，存在着严格的家长制，家是小国，国是大家。这种社会的生活被费孝通先生描绘成"波纹宗亲网"和"差序格局"的"礼俗社会"。在差序格局中，中国社会的人际关系以血缘为基础，以己为中心，逐渐向外推移，表明了自己和他人关系的亲疏远近。社会关系是私人联系的增加，社会范围是一根根私人联系所构成的网络，即"人之有道也，饱食暖衣，逸居而无教，则近于禽兽。圣人有忧之，使契为司徒，教以人伦：父子有亲，君臣有义，夫妇有别，长幼有序，朋友有信"，呈现了中国社会的人伦原则。因此，中国的整个社会秩序建立在"孝"上，"首孝悌、次谨信、泛爱众、而亲仁"。

从对于质性思维的基本理解及其特征出发，可以发现，中国传统社会认识中更具有质性思维的特征，这种特征深深影响着我国社会研究，"中国丰

---

① 《周礼》。

厚的文化传统和大量社会历史实践，包含着深厚的社会思想和人文精神理念，蕴藏着推动社会学发展的巨大潜力"①。

三　中国传统思维方式的认识论特征

思维方式具有显著的民族性的特征。西方哲学一般是以高度抽象的概念来概括和揭示对象世界的本质和意义，追求思维本身的逻辑性和精确性。中国哲学则往往使用形象性的符号或感性的概念来认识和表达对象世界的意义。在中国社会发展过程中，先贤们通过诸如处理人与人、我与我、心与心、人与群体、人与自然等方面的思想，体现了中国人的价值观和思维方式以及其文化的内在逻辑，其所具有的质性思维特质建构了中国文化和精神气质，及其"先见性"和"超前性"。在后现代社会中，其显示的对社会问题的解释力和张力逐渐被学界所重视，这主要体现在其思维的包容性、人文性，以及不确定性等方面。

1. 整体性思维模式

所谓整体的思维模式，是一种追求事物各种关联的思维方式，这种思维方式追求对不同质的事物之间的联系、影响、渗透和整合，这种思维方式明显地有别于西方那种分析的、割裂的、局部的、以形式逻辑见长的思维方式。在中国人的思维中，整体性是其最基本特征，强调天人合一，道法自然，主张人与自然和谐共生，认为人和自然之间是相互协调的，并且认为社会发展本身就是遵从自然法则的。不论是传统儒家还是新儒家，都强调天人之际关系的根本是出于一种整体性的追求，老子的"道生一，一生二，二生三，三生万物"、"天得一以清，地得一以宁，神得一以灵，谷得一以盈，万物得一以生，侯王得一以为天下贞"强调一，并认为天、地、人是一个整体——"天地与我并生，万物与我为一"。《周易》重整体、重系统、重关系的这种宇宙观和思维方式对国人的整体思维方式产生深远的影响。《周易》的思维模式，造就了中国人善于采用整体的、全息的、系统的思维方法，而不是局部的、解剖的、分析的方法来考虑问题。

① 费孝通：《试谈扩展社会学的传统界限》，《北京大学学报》（哲学社会科学版）2003 年第 3 期。

2. 包容性思维模式

所谓包容性，是强调和包容差异性和多样性，是在承认差异，并在公平公正对待差异前提下，主张互相学习，兼收并蓄，求同存异。对于社会来讲，它也意味着所有人机会平等、成果共享。社会应该是具有开放性和普遍性的，社会关系和社会结构应该互动共融。"不论是传统儒家还是新儒家，都强调天人之际关系的根本是出于一种整体性的追求，这一点在既有的社会学思考中显然被忽视了。在社会学领域中，到处充斥着分裂。这种分裂可以说是直接承袭了西方文化中人与自然两分的宇宙观念，进而将人与社会之间的关系也看成是分裂的两个领域，而没有切实注意到人与社会之间、社会和自然之间的那种你中有我、我中有你的包容性关系。"① 这种对于"人"和"社会"的整体性的观察和理解的思维方式，与西方的逻辑思维方式、注重分析和推理的直线性思维有着截然的区别，这样的思维方式，在当前社会中可以为"摆正人和人之外的世界的关系"提供新的视野，也为社会的发展提供方向性的思路。

3. 实践性思维方式

实践性思维是重经验、重实用的思维。中国哲学产生发展时期的春秋战国学者们为了实现自己的政治抱负，应付当时社会论辩风气的实用性产物，以社会关怀为中心，注重解决社会政治、伦理秩序的现实问题，他们的目的是实用的，因而缺乏知识层面的"纯粹性"。如中国先秦的名学，某种程度上就与质性研究的理念和价值契合一致。从发生学意义上说，中国传统思想体现的是社会、实用、经验（体证）三位一体的实践思维方式；西方哲学体现的则是一种本体（实体）、语言、逻辑三位一体的理性思维方式。② 实践性思维的理论化，表现为注重经验的积累，是一种归纳逻辑而不是演绎推理的逻辑。

4. 辩证性思维模式

在中国传统哲学思想中，对立统一思想的辩证思维占有相当重要的地位。"阴阳"是中国思想文化中最主要的概念之一，它可以穷极一切相对的

---

① 赵旭东：《超越社会学既有传统——对费孝通晚年社会学方法论思考的再思考》，《中国社会科学》2010 年第 6 期。

② 陈声柏：《中西思维方式差异的原因建构》，《兰州大学学报》（社会科学版）2004 年第 2 期。

事物，人之男女、天之日月、地之南北，世间的万事万物都可以有阴阳之分。中国的阴阳五行学说认为，世界上任何事物都包含对立的统一，对立双方始终处于消长交替的不停运动之中。一切都可能互相变化，互为"因果"。例如，"阴阳"，"因果"，"穷则反，始则终，此物之所有"，"物量无穷，时无止，分无常，始终无故"。① 并认为其会互相依存与转化，"有无相生，难易相成，长短相形，高下相倾，祸兮，福之所倚，福兮，祸之所伏"，"孰知其极，其无正。正复为奇，善复为妖"，"民以载舟，亦可覆舟"。

在这种世间万物的无常和不确定性中，中国人的思维核心是承认世界处于不断的变化之中，没有永恒的对与错，任何事物都存在着适度的合理性，而且对立双方也可以互相转变。其对社会观察中的不确定性和变化的认识具有质性思维的特征。

5. 关联性思维模式

整体的辩证的思维方式认为万物相互关联，可以通过类比方式加以认识。中国古代阴阳五行思想认为世界统一于金、木、水、火、土五种物质及其运动中。传统文化中，季节、方位、音乐、嗅味、人体器官等都可分成与五行对应的五类，如音乐上的角、徵、宫、商、羽，医学上的肝、心、脾、肺、肾都分别对应于木、火、土、金、水五行。五行各自都可说是个独立的系统，但它们相互间也是有机联系着的，并非孤立存在的，五行间通过相生相克的联系共同构成一个大的有机整体。中国学者的著作，大多是非常综合的，一部《论语》，囊括了孔子的政治思想、哲学思想、教育思想、心理学思想、伦理学思想等内容。中国医学强调重视人的特殊性，强调人的整体性，主张标本兼治，关注人体同心理、同社会、同环境的统一和谐，认为人的五种情绪——喜、怒、忧、恐、思，分别影响着五脏中的心、肝、肺、肾、脾。在中国传统文化中，医理、哲理、易理、文理四者是可以融贯一体的。

中国方块字——汉字表达方式突出表现出中国人擅长直觉、悟性、感性思维，通过对大自然、社会、人生的体验、感受和顿悟，是一种"只可意会不可言传"的心境。正如格拉耐 1934 年在《中国人的思维》一书中，提及

---

① 《庄子》。

"关联性思维被当作中国人思维的一个特征","这一思维样式承认变化或过程要优于静止和不变性,并不妄断存在着一个构成事物一般秩序的最终原因,而且寻思以关联过程,而不是以主宰一切的动因或原则来说明事物的状态"。

第三节 西方文化与质性思维

一 西方文化及其思维方式特征

西方文化的发展"可以说是从希腊人的个人主义,罗马人法律、军事、政治的群体组织,再加上希伯来的宗教信仰,由这三方面合起来"。① 其内容变化是由哲学到神学到哲学,最后到科学。

探寻西方科学文化的源头,可以追溯到古希腊文明。古希腊时期城邦制辩论传统产生了形式逻辑。因此西方思维方式注重和擅长逻辑思维。这种思维强调世界的同一性、非矛盾性和排中性。同一性认为事物的本质不会发生变化,一个事物永远是它自己;非矛盾性相信一个命题不可能同时对或错;排中性强调一个事物要么对,要么错,无中间性。西方人的思维方式也叫分析思维,他们在考虑问题的时候不像中国人那样追求折中与和谐,而是喜欢从一个整体中把事物分离出来,对事物的本质特性进行逻辑分析,进而专注于对各种现象之后的原因的探讨和对确定性的追求。西方哲学强调理性认知,擅长量化分析,注重演绎逻辑,喜欢对事情寻根究底。因此,在西欧产生了近代自然科学,并形成了严谨严密、逻辑实证的科学思维方式。

强调个人的价值观。西方价值观强调以个人为主体和中心,也就是有突出的"利己"思想。这种思维方式以实现个人利益、维护个人尊严等作为出发点,支配各种社会人际关系的调节,进行价值评价,并产生出相应的行为方式和态度;强调个人本身是目的,社会只是为达到个人目的的手段,个人的民主自由是最大的价值追求;强调人的自由意志,自立精神和个人奋斗。在人与自然的关系上,西方哲学主张人应是主体,自然是客体,是人类认识和征服的对象,人类可以通过自身的能力认识自然,进而改造自然。因此,西方

---

① 钱穆:《民族与文化》,九州出版社2012年版。

人更注重个体意识，对隐私和个人权利有很强的意识，偏向"利己"的思想。

注重社会契约精神。"契约"精神在西方文明中具有十分重要的地位，英国史学家梅因曾指出，迄今为止，所有社会的进步运动，是一个"从身份到契约"的运动。① 社会契约论认为国家与公权力根源于人们缔结的社会契约的理论。新兴的市民阶级以契约为纽带的商品生产和商品交换代表了新的社会秩序。西方用社会契约的方式说明国家和法律及一切的权利和义务的正当性和合理性的学说。社会契约论以"天赋人权"为基础，以"自然状态说"为前提，认为人们放弃自然权利，将其交给一个人或某些人，缔结契约来治理国家，实质上是有关权力分配与控制的理论。

二　客观主义—建构主义的社会认识变迁

质性研究中采取主体叙事模式、田野参与模式、影像分析模式和文本诠释模式四种类型的研究方法，在其研究过程中，体现出对社会的独有认识特征。一是探索主观体验，追求意义。质性研究的最主要特色之一就是从被研究者的主体性出发，探索现象或生活事件对被研究者的意义和其内在的主观体验。二是认为社会研究的目的不是预测和控制，而是理解，即在具体的情境中把握现象和事件的意义。三是重视自然语言在知识获得过程中的作用。四是抛弃价值中立，彰显研究者的态度和信念。

上述这些认识层面的特征充分反映出质性思维契合于东方思维方式，而与源于古希腊的西方逻辑实证主义认识论格格不入。那么，为什么今天我们探讨的质性研究方法也是产生自西方社会科学研究？从对质性研究史的介绍可以看到，西方的质性方法源自于社会建构主义思潮。

建构主义认为：第一，知识不是被发现的，而是通过个人和外界相互作用，主观和客观共同作用构建的；第二，真相和现实不是单一的，而是多重的，即使对同一现象，不同的人由于各自不同的视角、不同的方式，就会构建出不同的含义，因此说，世界上不存在客观事实。事物的意义既不是被发现的，也不是被创造的，而是与主观意识一起相互作用构建的。② 其理论观

---

① 梅因：《古代法》，商务印书馆 1996 年版。

② 徐勇、杨华：《试论社会构建主义——解释主义和定性研究的关系》，《中山大学学报》（社会科学版）2013 年第 2 期。

点解释如何通过主观和客观共同构建知识的解释主义，它包括诠释学、现象学和象征互动主义三种范式。托马斯·A. 施瓦特就认为，这三种范式包括了关于理解人类行动的目的和方法的不同视角、不同的伦理承诺，以及在关于再现、效度、客观性等的方法论和认识论议题上所采取的不同取向。① 就此看来，质性研究在理论取向上处于三种范式的张力之中。进一步来看，儒家的"修身"、"推己及人"、"格物致知"等通过人的深层心灵的感知和觉悟直接获得某些认识的认知方式，也与解释主义的理论取向不谋而合。

西方对于社会的思维在历史上一直存在主观主义和客观主义之分。随着社会学的不断发展与成熟，在后现代思想的影响下，形成了社会建构主义思想。在古希腊罗马时期，以亚里士多德和柏拉图为代表的社会思想家对社会的认识，在社会是否可知这一问题的回答成为社会认识中唯物主义和唯心主义的分野。自近代笛卡尔以来，西方哲学社会科学一直受到经验论和唯理论两极对立的思维方式影响，社会学的产生发展，也深受主观主义和客观主义思维方式的影响，从而产生了实证主义、后实证主义、批判主义以及建构主义的社会思潮。

实证主义认为，真实是一种客观的存在，可以透过理性工具对它进行科学验证。孔德的"社会物理学"，就其社会客观主义的性质而言，和自然科学没有区别，它可分为研究秩序结构的"社会静力学"和研究进步过程的"社会动力学"。就其方法论而言，社会学又相当于生物学，二者的区别仅在于：生物学研究有机体的"组织和生命"，而社会学则研究社会的"秩序和进步"。孔德尝试用实证方法对过去时代关于社会、人文、经济和历史的知识进行综合。他反对一切空想的、批判的社会学说，而把重建法国大革命后的社会的希望寄托在工业社会自身的秩序上，并以此作为他的社会学所要完成的任务。以自然科学方法研究社会的实证主义社会学流派，其中比较重要的有地理环境决定论、社会有机体论、人种中心论、社会进化论、机械论以及社会统计学派等。

后实证主义认为，客观真实虽然存在，但不可能被人所证实，我们所知道的真实只是客观真实的一部分。"社会学主义"是涂尔干提出的，强

---

① 邓津、林肯：《定性研究：方法论基础（第 1 卷）》。

调社会学的研究对象是"社会事实"而不是作为社会原子的个人，并反对把社会现象化约为生物因素或心理因素的各种形式的还原主义。这种以社会为分析单位和从整体上研究社会现象的观点被称为"社会学主义"。涂尔干重点关注与社会结构相关的社会秩序和进化问题，详细论述了以社会分工形式为表现的人群组合的"机械团结"向"有机团结"的进化，以及使社会形成精神统合和团结协调一致的"集体意识"和"集体表象"问题，从维系社会整合角度阐明了从传统社会向工业社会变迁过程的功能机制。

批判主义承认客观真实的存在，但认为此真实是被社会、文化、政治、经济等因素所塑造而成。"理解的社会学"是德国社会学家韦伯倡导的社会认识观点，他把社会学的研究对象规定为社会行动者的"主观意义"，即驱使人们做出社会行动的动机和价值取向，并认为个体行动者是社会学分析的最基本单位。他基于对自然现象与社会现象的区分，主张通过"理想类型"的纯粹主观思想建构，借助价值关联对行动者的主观动机进行理解，同时排除价值干扰对社会行动的客观可能性和适合的因果性做出解释。韦伯的"理解"方法既是"理解性的解释"，又是"解释性的理解"。

建构主义认为，事实是多元、主观的，是个体与所处世界互动建构而成的。建构主义是对后现代主义的超越，社会建构主义主要由三个基本命题所构成：从本质主义转向建构主义，强调知识的建构性；从个体主义转向群体主义，强调知识建构的社会性；从决定论转向互动论，强调知识"共建"的辩证性。社会建构主义认为，任何知识或其他人造物，都不是个人的产物，而是"集体智慧的结晶"。

后经验主义则直接以反实证主义为基本立场，目的就是要打破实证主义的科学统一观、科学方法的整体论等观念，推翻自然科学知识具有权威性和普遍有效的解释与预测功能等信仰，事实上，也就是要祛除实证主义的科学神话观，转而将科学的理性和逻辑，看作与科学的社会、历史、文化、制度、组织等外在因素具有同等的地位。后经验主义的这一目标，包含了多种不同的取向，诸如建构主义、女性主义、批判实在论、社会认识论等。虽然在理论定位、研究层面和方法论手段上都不同，但它们无疑都是对实证主义思想进行的替代性方案，共同构成了"后实证主义"或"后经验主义"的社会科学哲学思想。

三 西方话语体系与中国社会研究

肇始于西方工业革命、市场拓展和殖民扩张的西方文化，逐步成为西方现代性的主流话语系统，并借助现代化的力量和优势迅速向全世界渗透，成为主导整个现代文明世界的话语。许多有不同文化背景的人，包括西方与非西方的，都将"现代化"与"西化"等量齐观。西方社会研究理论学说形成了自己的话语体系，借鉴这些社会分析的概念和研究范式促进了社会研究的发展。但在西方理论视角下的东方研究，带有欧洲中心偏见的解读与解释显示出明显的不足。

由于社会研究理论的本土化不足，改革开放以来的中国社会科学基本上是以西方学术界理论范式为模本，用西方理论解释中国经验，或用中国实践证明西方理论，难以对中国社会发展进行有效解释。社会研究的西方话语体系严重制约中国社会学的发展。本土化理论不足使我国社会研究面临巨大的挑战。"现在越来越多的中国社会科学学者是学习西方社会科学出身的，对西方理论照抄照搬、亦步亦趋，还自以为站在学术前沿，习惯用西方概念来裁剪中国社会现实，而不善于用正确的立场、观点和方法分析快速转型中的中国社会。"[①] 因而，"在西方理论居支配地位的时代，如何能够既认真看待西方理论所展开的视野与观点，又摆脱西方中心主义的束缚，而能够妥帖地理解本土社会人们的身心状态"[②]，至关重要。

第四节 大数据与质性思维

一 质性思维是社会学的想象力的基础

具有鲜明人类学田野方法色彩和传统的质性方法，依赖于直觉、联想、

---

① 徐冰：《本土"理想型"与社会理论立场——邹川雄的两部"本土化"专著述评》，《社会学研究》2006 年第 6 期。
② 徐冰：《本土"理想型"与社会理论立场——邹川雄的两部"本土化"专著述评》，《社会学研究》2006 年第 6 期。

类比，强调参与、体验、感悟、在场、情景，设身处地、将心比心，可以认为，质性方法主要是基于人工的个体劳动，很大程度上是依靠人脑的直觉。因此，质性研究中"大师"的作用和"社会学的想象力"显得尤为重要。

"小数据"方法是也是以人工为主，逐渐过渡到机器参与成分越来越多。早期问卷调查基本是手工操作。计算机统计和信息技术的发展，使得大规模问卷调查越来越容易。机器编码识别、统计分析软件把交互分析、回归分析、趋势分析、聚类分析、相关分析等过去复杂高深的统计计算变得轻而易举。社会学研究过程中，课题设计者、数据采集者、数据分析者、论文撰写者，分工愈来愈细，形成工业化的"产业链"。原本为一个整体的不同研究环节分工、分化、分离，社会研究愈来愈工具化，几乎成为一个纯技术问题，个体研究演变为团队作战，人脑的功能越来越多地被机器取代。社会学的想象力在这一过程中被消解，变得可有可无。在此背景下，质性研究方法长期被边缘化。

尽管如此，质性研究方法并没能完全被取代。问卷调查研究的每一个环节都离不开质性研究。"定量"与"定性"如影随形，不可能截然分开。事实上正是在"统计社会学"处于绝对主导和主流地位的兴盛期，质性研究方法逐渐形成体系并愈益完善，也从理论上得以总结和升华。

这也很容易理解，社会学研究无论任何时候都不能忽视"社会学的想象力"。米尔斯提出的社会学的想象力，"是领会人与社会之间，个人生活与历史之间，自我与世界之间的相互作用不可或缺的心智方面的品质。这种品质可以帮助人们利用信息增进理性，从而使他们能看清世事，以及发生在他们之间的事情的清晰全貌，理解自己所置身的时代对自身生活意味着什么，通过控制其身后发生的结构性变迁的方式处理好个人的困扰。个人只有通过置身于所处的时代之中，才能理解他自己的经历并把握自身的命运"。无论东西方的社会学家，都将社会学的想象力视为社会学的核心和灵魂。质性研究方法无疑是最能体现和直接发挥社会学的想象力的方法体系。

或许是长期进化过程中大自然赋予人脑的功能，人类有一种相对靠谱的认知真理的直觉方法，与计算机完全不同。好的直觉超越逻辑。"在我们使用逻辑获得知识之时，我们更要注意到存在靠直觉的感受性获得知识的途径。"① 基于经验的直觉正是质性研究方法的核心，因此，尽管量化分析居于中国社会学主导地位，学者们也不得不承认：中国社会学"最优秀的研究在方法论上更多采用的是质性方法。"②

二　大数据方法离不开质性思维

大数据方法或者说大数据分析技术的核心是"数据挖掘"（date mining）。数据挖掘就是从大量的、不完全的、有噪声的、模糊的、随机的实际应用数据中，提取隐含在其中的、人们事先不知道的，但又是潜在有用的信息和知识的过程。因此数据挖掘又被称为"爬梳"或 KDD（Knowledge Discover in Database），是从大型数据库中揭示海量数据中有意义的潜在规律和提取人们感兴趣的知识的处理过程。③ 注意，这里"人们感兴趣"的知识首先是出自于人的主观判断，很大程度上来自经验基础上的直觉。大数据方法中诸如中文自然语言处理、中文分词技术、语义分析、情感或意见挖掘以及隐喻手法等许多工具方法，一定意义上也是借鉴自质性研究。大数据舆情分析、社会网络分析等都需要以相应的质性研究为基础或辅证。因此，主要依靠人脑功能的质性方法同样内在地渗透于数据挖掘过程中。

大数据方法一个最为明显的特征，是数据挖掘与人工智能的紧密结合。而人工智能的进展是机器对人脑的模仿、学习的过程。机器本身并不能思考。机器人"深蓝"下国际象棋是事先让它"记住"所有的棋谱；然而面对围棋，"深蓝"的"智力"就远远不够用了。具有学习能力的"阿尔法狗"在与人类高手的博弈中，从一开始互有胜负，到升级为二代之后化身"大师"横扫棋坛战无不胜。虽人类棋圣已甘拜下风，但人工智能的胜利是向人脑学习的结果，且是把众多最优秀的人脑在某一单一领域集中来对付单个的人，这也恰好说明人脑功能、人类思维方式优于机器、不可替代。一定条件下，我们可以利用计算机进行社会仿真研究，但虚拟社会终究不等于现实社会，"在线"也始终不能等同于"在场"。因此，无论"小数据"还是

---

① 赵旭东：《直觉与知识增长》，《中国社会科学报》2016 年 10 月 19 日，第 6 版。

② 应星：《质性研究方法论的再反思》，《广西民族大学学报》（哲学社会科学版）2016 年第 4 期。

③ 沈浩、黄晓兰：《大数据助力社会科学研究：挑战与创新》，《现代传播》2013 年第 8 期。

"大数据",都不可能取代质性研究方法在社会学中的基础地位。

从人类学田野调查方法(质性方法)到科学的量化分析方法(小数据方法),再到大数据方法,是一个由"纯人工"脑力劳动到"机器"(电脑)越来越多参与研究的过程。需要指出,社会学研究并不存在"质性—小数据—大数据"的时期划分或阶段划分,但是在不同国家和不同历史时期的社会学研究,的确有着以某种方法为主体的倾向,与此同时也总是多元方法并存。我们可以看到,从社会学诞生以来直到今天进入大数据时代,质性方法自始至终贯穿社会学发展的全过程,实际上是各种研究方法的基础。

三 确定性意义上的"社会计算"不可能

大数据应用于社会研究的局限性,未能妨碍人们对其前景的期待。2014年美国社会学界提出了"新计算社会学"(new computational sociology)概念,并很快得到包括中国学者在内的社会学者的积极响应。有学者认为,"社会科学的计算范式能广为社会学共同体接受和认同,从而取代既有的其他范式或至少成为一种在社会学研究中占主导地位的主流范式,已经是一种必然趋势"[1]。还有学者对"社会计算"做出界定:"社会计算是使用系统科学、人工智能、数据挖掘等科学计算理论作为研究方法,将社会科学理论与计算理论相结合,为人类更深入地认识社会、改造社会,解决政治、经济、文化等领域复杂性社会问题的一种理论和方法体系。"[2] 那么,"社会"真的能够被计算吗?多大程度上能够被计算?这是更为根本的问题。

首先应当搞清楚什么是科学意义上的"可计算"。被称为"计算机之父"的天才数学家图灵创立了"可计算性理论",又称"算法理论"。它是研究计算的可行性和函数算法的理论,是算法设计与分析的基础,也是计算机科学的理论基础。可计算性是函数的一个特性,定义为:设函数 f 的定义域是 D,值域是 R,如果存在一种算法,对 D 中任意给定的 x,都能计算出 f(x)的值,则称函数 f 是可计算的。

这里"可计算性"首先是"函数"的特性。而函数无论依据何种定义,

---

① 罗玮、罗教讲:《新计算社会学:大数据时代的社会学研究》,《社会学研究》2015 年第 3 期。
② 孟小峰、李勇、祝建华:《社会计算:大数据时代的机遇与挑战》,《计算机研究与发展》2013年第 50 期,第 12 页。

无论是线性函数还是非线性函数，都是在表述一种"确定性"的逻辑相关关系。而"确定性"信仰也正是近代自然科学自产生以来赖以存在的基础和前提。伽利略、牛顿开创的精确测量、精密实验、符号推演、数学运算的科学研究方法取得了巨大的成功，一直被视为科学方法、科学态度、科学精神的核心。所谓数学"计算"，就是逻辑推理的符号化数学化过程，实际上计算机程序就是基于二进制数字运算的命题演算系统。数学在科学中之所以重要，就是因其提供严密、简洁、准确的逻辑推理工具，由此近代自然科学被称为"数理自然科学"。

"可计算"的成立是基于"确定性"信仰，然而随着科学自身发展到微观世界基本粒子领域的探索，这种确定性信念发生了动摇。德国物理学家海森堡于 1927 年提出了不确定性原理（uncertainty principle），这个理论是说，单个微观粒子的位置与动量不可同时被确定，位置的不确定性与动量的不确定性遵守不等式。按照海森堡的表述，测量行为不可避免地搅扰了被测量粒子的运动状态，从而产生不确定性。因此这一原理又称为测不准原理。这一原理打破了经典物理学关于所有物理量原则上可以同时确定的观念，奠定了量子力学的基础。测不准原理一开始被理解为一种"观察者效应"，后来物理学家指出"不确定性"是微观粒子的内秉性质，无论是否被测量被观察，都处于"不确定"状态。也就是说，"不确定"和"测不准"是等价的。

当然人们可以认为，量子世界的不确定性不等于社会运行的不确定，二者没有逻辑上的关系。然而不难想象，如果物质世界基本粒子都"测不准"，社会中人的行为就更加测不准。人不同于物，在于人有思想、有感情、有性格，且人的想法还会随时改变。人与人的关系、个体与社会的关系比之基本粒子之间的作用要更加错综复杂。社会学是"群学"，任何社会现象、社会事件的发生，都是一个个具体的人的行为的集合表现。人是环境的产物，受历史的局限。社会计算首先需要的是对组成社会的人的态度、思想和行为进行尽量精准的测量。然而正如量子力学"测不准"是由于测量行为不可避免地扰乱测量对象微观粒子，社会调查对人的"测量"行为无论设计多么精巧，也不能避免对调查对象的干扰，不可能得到"精准"结果。

社会学研究寄望于通过因果关系的探索发现社会规律，解释现在，预测未来。社会是复杂的巨系统。复杂性科学的"蝴蝶效应"指出，初始条件的细微变化会带来意想不到的巨大效应和严重后果，微观上的细小误差累积得到宏观效果的判断必然"差之毫厘，失之千里"。把量子力学的"测不准原理"推广到社会研究，我们完全可以得出，初始条件也是我们永远无法精确把握和测量的，因而，确定性意义上的社会计算是不可能的。如海森堡所说："在因果律的陈述中，即'若确切地知道现在，就能预见未来'，所错误的并不是结论，而是前提。我们不能知道现在的所有细节，这是一种原则性的事情。"

笔者曾参与过一项"社会预警研究"，试图通过随机抽样的问卷调查和网络舆情分析对不同地域、不同群体的社会态度做出预判。后来发现很多群体事件的突发、网络舆情的突变往往与我们一开始的判断不相符合。如果说是由于样本代表性的偏差或研究设计的缺陷，那么美国作为民意测验的发源地和"计算社会科学"的开创者，其智库和媒体对于 2016 年美国大选结果的预测几乎无一正确，让全世界大跌眼镜。这是偶然还是必然？

复杂性科学视域下，"测不准原理"加上"蝴蝶效应"，使我们可以得出结论，社会（尤其具体社会事件）不可计算。当然，社会计算所追求的是统计意义上的概率精确性，而不是像算命先生一样算出某时某刻会发生某具体事件。并且，广义的"计算"包括了演绎、归纳、模拟、类比，乃至直觉的方法，"算法"即思路。大数据时代，社会化媒体使得人们的社会生活，包括行为态度、交往过程、互动关系，都被数据记录并保存下来。理论上，如果这些数据都能够被充分利用分析，无疑为社会学研究提供了强大的利器。在充分把握起始条件且"算法"正确时，在界定范围并满足一定的约束条件下，应当还是可以得出与实际尽可能近似的计算结果的。就像今天短期天气预报已经可以做到越来越准确，但也仍然只是大概率准确，而非像"1＋1＝2"那样确定无疑。在此意义上，我们仍然对大数据"社会计算"持谨慎乐观的态度，主张社会研究应尽可能多地利用大数据，并在大数据方法上形成社会学学科特色。

但是，科学上的"计算"概念本身是确定性思维的产物，当我们把"社会"与"计算"联系起来，给人的就是一种确定性的暗示。社会研究必须超越决定论思维。

四　大数据方法的认识论基础与质性思维具有同一性

大数据应用于社会学研究的具体方法，国内尚无较为系统的归纳总结。罗玮、罗教讲撰文将其概括为五个方面：大数据获取与分析、质性研究与定量研究的融合、互联网社会实验研究、计算机社会模拟研究、新型社会计算工具的研制与开发。[①] 这五点只是对大数据社会学主题内容的概括，而非对大数据方法的总结。实际的大数据分析过程中方法的运用，一般包括了模型方法、基于混沌理论和分形理论的数值方法、计算方法、隐喻方法、虚拟（模拟）方法，等等。其哲学依据是一般系统论、控制论、耗散结构理论、协同学、超循环理论、突变论（catastrophe theory）、混沌理论（chaos theory）、分形理论和元胞自动机理论等理论体系。[②] 数据科学家的共识，大数据方法是以"复杂性科学"（complexity sciences）为理论基础（complexity theory）的解决方法。

小数据研究"一般是以因果关系作为基本的研究目的。因果关系是各类事物之间最常见的关系模型，对因果关系的认知，体现了人类改造世界的主观能动性"[③]。社会学定量研究探求因果关系，往往需要区分自变量、因变量，通过人为控制变量，确定相关性，进而判断因果关系。可见，"小数据"方法完全借鉴和遵循近代自然科学认知原理和方法论原则。

方法论的演变以哲学认识论的演进为基础。近代自然科学的成功，得益于其思维方式追求精确、量化，起步于"分析"思维——将高层的、复杂的对象分解为较低层的、简单的对象来处理，将整体分解为部分来加以研究。从牛顿到爱因斯坦等科学大师都坚信，世界的本质在于简单性。这种量化分析思维方式方法的哲学基础可以归结为"还原论"。认为任何复杂的事物、现象都可以分解为更为简单的各个组成部分来加以认识、描述和处理。化学可以还原为物理学，生物学又可以还原为化学。量化分析的社会学研究，首先是要尽可能把复杂问题简单化、抽象概念具象化，概念的操作化指标化基本上就是一个"还原"的过程。我们研究关系网络，先界定出强关

---

①　罗玮、罗教讲：《新计算社会学：大数据时代的社会学研究》，《社会学研究》2015 年第 3 期。
②　王成文：《数据力："大数据"PK"小数据"》，《中国传媒科技》2013 年第 10 期。
③　王成文：《数据力："大数据"PK"小数据"》，《中国传媒科技》2013 年第 10 期。

系、弱关系、弱强关系、强强关系等分别赋值；我们研究农民工的城市社会融合，要区分经济融合、社会融合、政治融合、文化融合等不同层次再加以测量。因此，"小数据"方法的哲学依据就是"确定性"信仰、"简单性"原则、"还原论"思维。

基于还原论的数理实验科学在探索物质世界中获得了巨大的、难以想象的成功，奠定了还原论在人类思维中绝对权威的地位。当近代自然科学跨入现代，相对论力学打破了传统的绝对时空观，量子力学的产生进一步颠覆了我们对物质实在结构、定域性、确定性的理解，整个近代自然科学的哲学基础被动摇。社会科学领域也开始涌现各种"后现代"理论和思潮，如格式塔心理学、胡塞尔现象学、建构主义、女权主义等。社会学理论也从逻辑实证主义转向阐释和批判。质性研究方法的兴起和成熟一定程度上可以说正是这些理论思潮的产物。

如果说分析主义的量化研究方法是源自西方的科学主义范式，同样也是西方思潮的质性方法却可以在古老的东方思维中找到哲学基础。中国古代的自然哲学是以"天人合一"的整体观和"阴阳对立统一"的辩证观为基点的。早在20世纪30年代，"耗散结构理论"的创立者、英国化学家普里高津和"量子论"创始人之一玻尔，在获诺贝尔奖后访问中国时，都曾表示他们理论的建立深受《道德经》和《易经》的启发。在卡普拉的《物理学中的道》和祖卡夫的《跳舞的物理大师们》中，都描述了西方现代科学整体论与东方哲学神秘主义"合拍"的事实。以中华文化为代表的东方文化思维方式着眼整体思维，注重辩证思维，擅长关联思维，习惯类比思维，突出直觉思维，哲学上可归结为"整体论"。整体论与还原论相反，主张一个系统（宇宙、人体等）中各部分为一相互联系的有机整体，将系统割裂打碎成为它的组成部分的做法是受限制的。对于高度复杂的系统，不能够通过分解成组成部分来理解。

大数据之所以成其为"数据"，是因为机器处理，计算机原理就是二进制的数字化结果，图像、音频、视频都被还原为数字"0"和"1"存储和读取。今天世界的一切事物都可以"数字化"，但这些非结构化的数据对于人而言只是一堆无法理解也就毫无意义的"大数据"。人们还需要将其再"还原"为影像或语言进行借助于机器的"质性研究"。有学者寄望于用大数据处理因果关系，其实大数据不关心因果且处理因果关系无能为力，只能描述并预测、判断，这恰好反映大数据方法隐含的出发点、哲学基础不是基于确定性和还原论。

简单性是科学家的追求，复杂性则是世界呈现的现实。社会是复杂的巨系统。简化处理、量化分析当然可以解决一些特定领域的局部问题，但显然也受到很大局限。正因此，质性研究方法才能在社会学研究中成为"一以贯之"的主线。整体论视域，着眼于全局"黑箱"，止步于"模糊"判断，非线性的直觉思维有时更优于形式逻辑的符号推演计算。20 世纪中叶先后诞生了系统论、控制论和信息论"老三论"，耗散结构理论、协同论和突变论"新三论"。"整体大于部分之和"、"涨落"、"平衡"、"突变"、"涌现"等系统论思维和复杂性科学方法论的崛起，实质上是人类早期自然哲学朴素整体论思维与近代自然科学还原论方法相融合与提升的结果。

质性研究方法的内在依据是朴素的整体论哲学，"小数据"方法的理论基础是基于"简单性科学"的还原论哲学，"大数据"的方法论意蕴则是基于"复杂性科学"的系统论——整体论哲学。在哲学认识论方法论意义上，从质性方法到"小数据"再到"大数据"，是一种否定之否定意义上的升华和回归。这种系统论对还原论的超越，正如爱因斯坦相对论力学超越了牛顿经典力学，并不意味着牛顿力学是错误的，只是将牛顿力学适用范围纳入相对论力学的特例。同样，"小数据"方法在宏观社会研究领域依然有其广阔的适用性，只是我们不能以"小数据思维"来进行"大数据研究"，更不能以"小数据"方法来排斥质性研究。

大数据方法是大型计算机互联网时代"复杂性科学"的产物。大数据之于社会学，与其说提供了新的研究工具，不如说是思维方式和研究理念的革新。更为重要的，是大数据时代对人的生活方式、行为方式的影响，进而对社会关系、社会结构带来革命性变化。也就是说提供了层出不穷的新的社会现象需要研究，譬如手机成为个人与社会交流交往的基本中介桥梁带来社会关系的变化，譬如无处不在的摄像头监控对治安管理的意义以及对个人隐私的重新界定，譬如人工智能改变生产生活方式引起职业分化的加速，譬如物联网、众筹经济的社会意义等。人类社会已进入"数字化生存"，形成了"大数据社会"，这是作为研究对象的社会"本体"的改变。因此，大数据对于社会学的认识论意义要远大于其方法论意义，而其本体论意义则更大于认识论意义。

第五节 质性思维的文化"土壤"

一 中国传统文化思想的当代价值

从认识论视角看质性方法和质性思维，其直接产生于西方文化"后现代"思潮，同时又可在东方传统文化思想中找到渊源。一定意义上反映世界文化多元一体，殊途同归。更应看到中华传统文化在人类社会现代化进程中具有特殊的意义和当代价值。

第一，中国文化的包容性为社会发展提供方向性的思路。在中国人的思维中，整体性是其最基本特征，强调天人合一，道法自然，主张人与自然和谐共生，认为人和自然之间是相互协调的，并且认为社会发展本身就是遵从自然法则的，"不论是传统儒家还是新儒家，都强调天人之际关系的根本是出于一种整体性的追求，这一点在既有的社会学思考中显然被忽视了。在社会学领域中，到处充斥着分裂。这种分裂可以说是直接承袭了西方文化中人与自然两分的宇宙观念，进而将人与社会之间的关系也看成是分裂的两个领域，而没有切实注意到人与社会之间、社会和自然之间的那种你中有我、我中有你的包容性关系"[①]。这种对于"人"和"社会"的整体性的观察和理解的思维方式，与西方的逻辑思维方式注重分析和推理的直线性思维有着截然的区别，这样的思维方式，在当前社会中可以为"摆正人和人之外的世界的关系"提供新的视野，也为社会发展提供方向性的思路。

第二，中国文化思想在全球化趋势下价值日显。在全球化趋势愈加凸显的今天，中国文化思想与全球化所要求的人类素质相契合，那就是，全球化所要求的"天下一家"的胸襟与眼界，"以天下为己任"的情怀与实践，胸怀开阔，兼容并蓄，反对一切不正义、不公平的行为，树立"为人类服务"

---

① 赵旭东：《超越社会学既有传统——对费孝通晚年社会学方法论思考的再思考》，《中国社会科学》2010 年第 6 期。

的人道主义理想，关心和争取世界的和平、和谐。而这些思想可在中国传统文化精神中寻找其渊源，以及实践中的智慧与策略。中国文化发展中的多元文化的对话和汇合，求同存异的宽广胸怀，以及亲睦众生、和合万邦、"四海之内，皆兄弟也"的思想方式，为全球化中各民族、各区域共同协调发展，为世界建立"共存与共荣的生态秩序"，提供了精神营养。

第三，中国文化思想对社会问题的解释力和张力，在对西方文化的反思中不断被发现。作为社会学的基础理论，中国社会思想在现代社会学的视野和对社会发展的反思中，其价值正在被不断地发现。特别是目前，随着对追求"效能"和"科学（工具）理性"的西方社会文化的深度反思，人们越来越意识到，西方的一些社会思想和社会理论虽然曾经被视为"万能的解决问题"，但在现代社会发展中，对回应人类精神危机的困境已变得无能为力。而中国传统思想文化在诸如处理人与人、我与我、心与心、人与群体、人与自然等方面的思想的"先见性"和"超前性"，在后现代社会中，其显示的对社会问题的解释力和张力逐渐被学界所重视。当下，随着中西方学者的跨文化对话不断深入与加强，中国人关于"社会"的思维以及中国社会演化的内在逻辑以其独特魅力吸引着国内外学界的注意力，中国社会思想在国内外理论和学术实践中的位置渐为突显。而以中国文化思想建构的"以和合哲学思想为指导的、从实际情况出发的、借鉴现代管理科学理念创新而成的"的合管理理论，显示了中国文化思想中的理论包容性和阐释张力，也显示了其鲜明的实践价值。正如著名历史学家汤因比所认为的，"东亚有很多历史遗产，这些都可以使其成为全世界统一的地理和文化上的主轴"，这些经验关于"中华民族的经验。在过去二十一个世纪中，中国始终保持了迈向全世界的帝国，成为名副其实的地区性国家的榜样，逐步培育起来的世界精神以及儒家的人道主义和合理主义"，使"中国肩负着不止给半个世界而且给整个世界带来政治统一与和平的命运"。①

二　本土社会学理论思维应从传统文化中汲取营养

发掘中国社会思想中的质性思维特征，可以丰富中国社会学研究的视

---

① 汤因比、池田大作：《展望二十一世纪：汤因比与池田大作对话录》，荀春生、朱继征译，国际文化出版公司 1985 年版。

野，丰富中国社会学研究的内容，特别对于质性社会学的建构具有极为重要的意义。

1. 为促进社会学的人文性建构搭建思维平台

今天的社会学，包括它的科学理性的精神，本身就是一种重要的"人文思想"，社会学科研和教学，本身就是社会人文精神养成的二部分。社会学的知识、价值和理念，通过教育的渠道，成为全社会的精神财富，可以帮助社会成员更好地认识、理解自我和社会之间的关系，以提高修养，陶冶情操，完善人格，培养人道、理性、公允的生活态度和行为，这也就是所谓"位育"教育的过程，是建设一个优质的现代社会所必不可少的。[①] 社会学的人文性在全球化、知识化的现代社会，其重要性已毋庸置疑。以人文、理解为特征的质性思维将打破思维的二元对立，认识到世界上人与物之间都是相互依存、共同发展的共同体，社会学不仅要关注人与自然、人与社会的主体与客体的关系，更需要关注人自身、主体与主体之间的关系，从人际关系、认同语言和文化的关系，重新认识人类社会的巨大变革。在此背景下，质性思维对于社会学的人文性发挥基础性作用。

2. 为加快中国社会学研究本土化进程创设新思维

自严复始，社会学中国化的努力一直未曾中断。然而，长期以来形成的边陲意识、移植倾向和实用性格导致中国社会学忽视抑或无力实现与中国的历史文化传统相结合。[②] 质性思维社会思想研究重视社会思想发展的流变，关注在现代化过程和西方社会理论影响下的中国社会思想变形，这种变形可能成为现代社会思想的新的基础。社会思想的产生是在特定的时空范围内人们的实践和思维互动的结果。但社会思想也在时空的变换中在内外的互构中不断变形，其流变的过程有着自己的内在逻辑，这种逻辑既与起点相连，又在过程中变迁，今天的有关社会的思维与思想是一个社会—历史的过程，而要发现其中的逻辑需要坚实的理论基础，并在繁杂的更多的史料中以历史和社会学的想象力来进行情景的分析，通过这些"在地"的、"本土"的研究才能真正发现中国社会思想的本质，为"社会学中国化"提供理论和思维

---

① 费孝通：《试谈扩展社会学的传统界限》，《北京大学学报》（哲学社会科学版）2003 年第 3 期。

② 陈占江：《返本开新：中国社会学的传统再造》，《社会学评论》2013 年第 4 期。

基础。

中国社会思想在社会学中国化的过程中，需要形成具备自己内在逻辑、体现本土特色的知识话语体系。中国社会思想博大而精深，通过历史—社会发展变化过程的梳理和系统的研究，从丰富的思想宝库中提炼出思想的精华，以既有本土特色，又与学科传统相对接的话语形式，有意识地纳入到学科知识体系中，是十分必要的。为此，就需要建构中国社会思想研究的范式和概念体系，搭建中国社会思想共同的话语平台。全球视角下的社会学需要有不同社会思想知识的介入，中国的社会思想如果不能参与其中，既是世界社会学的缺失，也是中国社会学者的遗憾。社会学学科的话语权竞争依赖于相关研究者的努力和不断创新。只有建立中国社会思想的核心概念和话语体系，分析其互构和流变的过程，以体现中国社会思想的内在逻辑，才可能使中国独具特色的思维取向、知识体系和学术话语成功地立足于世界社会学之林。因此，通过发掘中国传统社会思想中的质性思维内涵，可以帮助现代中国社会学形成自己的话语体系与核心概念，并能"文而化之"，以自己的鲜明特色与国际社会学进行对接。

3. 为丰富和深化中国社会学研究提供内容支撑

质性思维的社会思想研究，承认差异与互构，主张多元视角，认为事实是多元、主观的，是个体与所处世界互动建构而成的。因此，这一研究思路，在重视精英话语和主流话语的同时，会更加重视本土知识和民间话语，并发现其中的互构关系和作用机理，从而丰富和深化对中国社会学的认识。质性思维的研究认为，每个人都是社会思想的建构者，而"社会思想"也影响、制约、规训着一个人的思想与行为。在社会思想的实践过程中，一些人更多地处于实践的行动部分，一些人则在实践的同时处于理论的建构部分，正是这种互构性建构了社会关系和社会结构。以往的研究，更注重的是从我们的理论文本中，诸如四书五经和中国古代哲学论著中，发现社会思想的资源；而质性思维的社会思想研究更愿意将研究的视野放在更为广阔的文本和话语中，诸如各种史籍、民间俗语、日常生活史等，发现其中蕴涵的思想深意及其如何左右着大众的社会生活、社会理想和社会秩序的看法。这一点，在信息时代，网络社会发展以及民意空前的表达欲望中可能更有意义。

4. 为探索质性社会学体系构建方向奠定理论基础

质性社会学是一种描述生活世界的理论视角，也是一种探索社会现象"质"的思维方法。它主张"悬置"西方社会学思维模式，反思、批判实证主义传统，以梳理、总结中国社会研究文化深层脉络中质性社会研究的传统和经验研究为基础，提炼出以本土经验为特征的中国社会学质性社会研究理论体系，提高国内学界同国外社会学界交流与对话的能力和实力，最终走向回归"人民性"的具有中国本土特色的社会学。[①] 中国社会思想的形成过程经历了多民族、多文化的融和过程，并在多元文化主张共存共荣的过程中发展。在历史—社会过程中，诸子百家等不同流派此消彼长，形成了多元的社会思想，从而使中国社会思想具有了承认差异的文化特征。质性思维的研究需要更加关注差异性，发现曾经被忽略的，或者是被认为阻碍现代化而在后现代时期会更有价值的那一部分，从而为中国社会发展中面临的新的问题，特别是"人心"的建设和社会建设提供理论支撑。在全球化的今天，跨文化的对话与交流日益频繁，必将形成新的具有包容性的文化格局，应保持科学理性和人本精神之间必要的张力，为信息化时代提供更为成熟的理性文化精神。深入挖掘中国社会思想的质性思维的传统与体系，将为探索构建社会学体系奠定理论基础。

第六节 质性思维的科学性与中华文化自信

一 社会学的科学性追求与文化自信的缺失

郑杭生教授在 2010 年 12 月 31 日《中国社会科学报》刊登的《费孝通对当代中国社会学的贡献再认识》一文中指出："在社会学传统界限扩展论中，费老在肯定社会学是具有'科学'和'人文'双重性格的科学的大前提下，指出社会学的价值，不仅仅在于由科学性决定的工具性，而更在于社会学的人文性，决定了社会学应该投放一定的精力，研究一些关于'人'、

---

① 刘莹：《关于构建中国质性社会学理论体系的若干思考》，见《2011 中国社会学年会论文集》。

'群体'、'社会'、'文化'、'历史'等基本问题，为社会学的学科建设奠定一个更为坚实的认识基础。"

然而纵观现实的中国社会学学科发展，基本是"科学性"一统天下，"人文性"的一面极度弱化，文化、历史等基本问题不被关注。

我们在学科和教材建设中对社会学的基本定位是一门"社会科学"。既然是科学就要强调其"科学性"。作为一门科学的社会学以自然科学为模本，可证实、可证伪、可重复、可检验，讲求客观性、逻辑性，力求精确、量化、数学化。科学崇尚的语言是数学语言——数字、符号、方程、模型。在社会学学术研究和评价体系中，数据、模型就代表着学术规范，数据采集和分析贯穿社会学研究的全过程。"在以数据为基础的研究范式中，数据的可靠性和准确性代表了研究的精确性，人们甚至将以数据为依据的实证研究作为判断'科学'与'伪科学'的标准。"①

世界进入"大数据时代"，不仅社会学，一些传统人文学科也以量化为时髦。社会学的"数据热"继续升温，社会学家对数据的狂热追求一点也不亚于甚至超过了经济学家。有知名社会学家直言不讳："只有更好的数据才能说明其他数据的不足。我很奇怪，为什么有许多人在没有更好的数据支持下会随便指责有数据支持的研究呢？你想要批评，我欢迎，但请你拿出你的数据。要不，就 shut up。"

当然，对于社会学的"统计学化"趋势也一直存在质疑之声。近年关于"定性""定量"方法的论争，如"冷冰冰的社会学"和大数据的"原罪"之争就曾引起关注。值得一提的是，这些论争主要都是在微博、微信等新媒体形式下进行，传统社会学主流媒体尤其权威学术期刊对此基本没有介入。这或许表明了主流学术界的一种态度。社会学的"定量""定性"之争并不是方法上孰优孰劣的问题，焦点在于是否"科学"。

近代自然科学可以被称为数理实验科学。其核心的要素一是数学，二是实验；或曰，一是逻辑，二是实证。这一逻辑实证主义传统来自西方文化，产生的源头在古希腊文明。早在大约公元前 300 年，古希腊学者亚里士多德创立了形式逻辑，欧几里德几何学采取严格的演绎推理证明形式，毕达哥拉

---

① 刘红：《大数据促进社会科学定量研究走向深入》，《中国社会科学报》第 551 期。

斯学派坚信"万物皆源于数"。这一切，构成了近代自然科学产生的土壤和根基。无可否认，西方文化中的确内含有追求精确、注重逻辑的理性精神。

英国学者李约瑟在其编著的 15 卷《中国科学技术史》中提出：尽管中国古代对人类科技发展做出了很多重要贡献，但为什么科学革命和工业革命没有在近代的中国发生？这就是著名的"李约瑟难题"。近代自然科学为什么未能在中国诞生？各种解答将其归结为体制、文化和思维方式的因素。

"李约瑟难题"中实际隐含着一个命题：西方科学文化优于"非科学"的东方文化！鸦片战争中，西方列强用坚船利炮打开了中国大门，坚船利炮是科学革命和工业革命的产物，中国人开始认识到"科学"的厉害。五四运动呼唤"德先生""赛先生"，积贫积弱的中国由"中心之国""天国"的自负，一下子又掉到极度自卑的境界。对自身文化的自卑转而表现为对西方中心主义的自觉认同。

在今天，"科学"的地位已十分神圣，意味着正确，代表着先进。科学精神包含了怀疑、批判的精神，但"科学"本身却不容有丝毫质疑。尽管费老早就发出注重"双重性格"的呼吁，但学界始终要求"人文"服从于"科学"，按照"科学"的标准和框架来"规范"人文的思维。而"科学"就是西方文化的产儿，并以数理实验科学为唯一标准。甚而至于，社会学研究中的汉语表达也被否定。"定性研究的结果是用日常语言表述的，日常语言（尤其是汉语）是诗性的，进行科学表述时不可避免地存在模糊性。因此，从科学的视角来看，定性研究存在着根本缺陷，这是社会科学进行实证的定性研究时所必须面对的困境。"①

中国社会学恢复重建近 40 年，已经形成和确立了科学取向的量化研究方法的绝对主导地位，人文取向的质性方法则愈益边缘化。究其深层根源，在于我们已经丧失了文化自信，而文化不自信很大程度上是由于我们科学不自信。

二 正确认识质性思维和中华文化的科学性

质性社会学把"质性"由方法上升到基本理念，由方法论层次深入到

---

① 刘林平：《反事实、控制变量和文本——对定性研究的反思》，见"社会学吧"，2014 年 3 月 5 日。

本体论层次。这种提升与深化的意义，在于重振和坚定中华文化自信。

如前所述，社会学的人文性一面难以彰显，质性社会学不入主流，焦点在于：不符合严谨的数理自然科学规范和标准，"不科学"。进一步，中国传统文化缺乏科学精神，国人思维方式缺少逻辑理性的基因。

那么，究竟什么是科学？科学一词，英文 science，其拉丁文本意是知识、学问，尤指分类的知识、学问。1893 年，康有为引进并首先使用"科学"二字，严复翻译《天演论》等科学著作时，也用"科学"二字。"李约瑟难题"发出科学未能诞生于中国之问，这里的"科学"主要指近代自然科学。

西方文化孕育了近代自然科学，得益于其思维方式追求精确、量化，起步于"分析"思维——将高层的、复杂的对象分解为较低层的、简单的对象来处理，将整体分解为部分来加以研究。从牛顿到爱因斯坦等科学大师都坚信，世界的本质在于简单性。这种量化分析思维方式方法的哲学基础可以归结为"还原论"。认为任何复杂的事物、现象都可以分解为更为简单的各个组成部分来加以认识、描述和处理。化学可以还原为物理学，生物学又可以还原为化学。还原论的数理实验科学在探索物质世界中获得了巨大的难以想象的成功，奠定了还原论在人类思维中绝对权威的地位，成为"科学"思维、"科学"方法的代名词。由此也形成了西方文化优越感的基础。

研究物质世界，化学以物理学为基础，生物学又以化学为基础。然而当物理学研究进入基本粒子层次、生物研究涉及生命现象时，还原论思维似乎失效。20 世纪量子力学的诞生颠覆了我们对物质实在结构、定域性、确定性的理解，动摇了 17 世纪以来近代自然科学赖以形成的还原论、决定论思维方式和分析主义的研究方法。

如果把"科学"只作狭义层次理解，即近代自然科学，并且排斥一切"非科学"的思想和方法，这样的科学观无疑是狭隘的。世间并非只有科学。人类社会有数千年的文明，自然科学从诞生到现在不过四五百年。中华文明是世界四大古老文明中唯一没有中断的文明，绵延至今生命力依然旺盛，自有其存在的道理，不能简单地用"不科学"予以否定。

科学的本意，就是人类创造、发现、归纳的系统化、理论化的知识和学问。这是广义的科学观，"大科学"观。北京大学吴国盛教授从科学史角度提出，迄今存在着三种类型的科学：博物学、数理实验科学和理性科学。博物学是人类从远古就开始积累的与自然界打交道的理论知识；理性科学是古希腊人开创的逻辑思辨推理体系；数理实验科学是衍生于希腊理性科学传统，十六七世纪诞生于欧洲的近代自然科学。"近代数理实验型科学是功利性的、力量型的、征服和控制型的科学，而沉思型的理性科学和亲近自然的博物科学不大被人重视。"吴国盛教授呼吁"回归博物科学"，"激活古老的东方文化传统中的这个因素，来纠正和克服当代主流科学中出现的某些自身难以克服的问题"。①

显然，中华传统文化蕴含着博大精深的博物学资源。中国作为历史悠久的文明古国，虽未产生西方意义上的近代自然科学，但也为人类科学知识宝库做出了重大贡献。中国科学院自然科学史研究所近日公布"中国古代重大科技发明创造"研究成果，推选出古代科学发现与创造、技术发明、工程成就88项。中国古代科学技术远不止"四大发明"，我们在农学、医学、数学、天文学等领域曾经涌现过许多杰出的科学家，墨子、扁鹊、张衡、祖冲之、贾思勰、沈括……我国发射的世界首颗量子科学实验卫星被命名为"墨子"号，就是为纪念这位世界上最早开展光学实验并发现小孔成像现象的中国古代科学家。

以中华文化为代表的东方文化思维方式与西方思维方式迥异，甚至处处对立。东方文化着眼整体思维，注重辩证思维，擅长关联思维，习惯类比思维，突出直觉思维，哲学上可归结为"整体论"。整体论与还原论相反，主张一个系统（宇宙、人体等）中各部分为一相互联系的有机整体，将系统割裂打碎成为它的组成部分的做法是受限制的。对于高度复杂的系统，不能够通过分解成组成部分来理解。中医辨证施治理论可谓是中华文化思维方式的代表性产物。西医精密的仪器检测生化指标可以准确判断人体病变部位，中医望闻问切的诊病方式同样可以诊断病情；西医"头疼医头，脚疼医脚"疗效明显，中医"头疼泡脚、脚疼扎耳"同样可以治病。

质性研究方法内在的思维方式和理念与中华传统文化中蕴含的整体论思维、辩证思维、关联思维、类比思维、直觉思维相契合、相一致，与20世

---

① 吴国盛：《究竟什么是科学》，《新华文摘》2015年第3期，第140页。

纪初叶中国早期社会学中国化的方向相一致，与费孝通社会学思想相一致，也与中国共产党倡导调查研究的基本方法和表达方式话语体系相一致。因此质性社会学理论建构一定程度上体现，中国特色社会学的理论自觉。

从科学性与人文性双重性格视角看，社会由人构成，"文学是人学"，很大程度上社会学也是"人学"，社会结构社会关系等研究需要人心的沟通，心理的共情。这些都是质性社会学的用武之地。

三　以科学自信找回失去的文化自信

简单性是科学家的追求，复杂性则是世界呈现的现实。整体论视域下，着眼于全局"黑箱"，止步于"模糊"判断，非线性的直觉思维能力有时更优于形式逻辑的符号推演计算能力。对未知的探索，生命科学、量子科学、宇宙科学等前沿领域的顶级科学家，开始转而向东方文化寻求出路和答案。中华文化蕴涵的整体论思维方式被重新发现，并成为系统科学、复杂性科学的哲学基础。20 世纪中叶先后诞生了系统论、控制论和信息论"老三论"，耗散结构理论、协同论和突变论"新三论"。"整体大于部分之和"、"涨落"、"平衡"、"突变"、"涌现"等整体论思维和复杂性科学方法论的崛起，意味着自然科学已经由"近代"步入"现代"。

进入 21 世纪，大数据、云计算、人工智能、太空探索、量子科学都取得了突破性进展，人类正处于新的科技革命的前夜，人们对现代科学技术发展的方向、伦理的反思和担心又达到一个高点。即使现代科学已发展到几乎无所不能的程度，但人类对于宇宙、生命和自身的认识还仅仅是"万里长征第一步"。源远流长的中华传统文化有着极为深刻的科学思想内涵需要被发掘，譬如"直觉"思维，很可能是人类在漫长的进化过程中形成并积淀于大脑深处的一种潜在能力，只是我们目前还未能从科学层面予以认识。有科学家认为量子力学"量子纠缠"现象如得到破解，有可能解释意识的本质，也有可能证明人类直觉优于逻辑的存在。

大数据时代的到来，意指从近代科学到现代科学，我们已经进入到了复杂性科学时代。复杂性科学的"算法"不排斥统计学，但更加倚重于"直觉"和人脑的功能。复杂性科学的最高典范就是人工智能，人工智能就是认知、学习、记忆、模拟。正如爱因斯坦相对论力学超越了牛顿经典力学，但并不意味牛顿力学是错误的，而只是在低速、宏观条件下才能适用。因此，相对论力学超越也包容了牛顿力学，牛顿运动力学用于解决地球上日常条件下物体的运动及绝大多数物理问题都十分有效准确，因而被称为"经典"。但用于解决接近光速的高速运动以及以光年来度量的大尺度空间就显得力不从心，在量子世界也完全无能为力。所以，提出质性社会学绝不是要否定统计社会学，而是反对统计社会学一统天下。统计学方法在一定领域相当有用，但就像牛顿力学只是相对论力学的特例，应用范围不是无限的。社会是复杂的巨系统，用于社会学研究更应当是采用复杂性科学的工具。

人类文明总是在不断前进的。不同的文化反映不同的思维方式，文化本身没有优劣之分。东西方两种文化互融互补，完全可以殊途同归。中国特色社会学学科体系、话语体系建设必须坚持中华文化自信，这就需要摒弃那种只以近代数理自然科学为唯一标准的狭隘科学观，正确认识中华文化思想内核的科学性和先进性，以科学自信找回失去的文化自信。

第 五 章
质性本体论

质性本体论的"本体",指的是质性研究的对象范畴——人类社会。关于社会的概念,社会学从不同角度给出的定义不下数百种:"社会是人们通过交往形成的社会关系的总和,是人类生活的共同体";"在特定环境下形成的个体间的存在关系的总和";"狭义的社会指社群,广义的社会指一个国家、一个大范围地区或一个文化圈",等等。

质性本体论考察"社会"本体的属性,无非有两个最为基本的视角——时间和空间。"国家"、"大范围地区"指的是地理空间,"文化圈"、"族群"则是"场域"意义上的空间。社会的时间性是指社会的发展变迁,即在各种动力的推动下,社会发展变化经历着不同阶段。社会的空间性则是指同一时间点存在于不同地域空间的社会所独具的特性,即不同社会之间纵向区别之外的差异,主要体现在文化、民族、宗教等不同方面。因此,我们将分别从纵向和横向——时间和空间两个维度,讨论社会本体的属性和特征。

第一节 纵向视角:社会发展变迁

一 马克思主义视角:生产关系决定社会形态

基于纵向视角,可以很明显发现,人类社会处在不断变迁的向前发展状态。绝大多数的社会从产生至今,都经历了巨大的变迁,而且今天依然处于变迁之中。目前,关于社会变迁主题,最有影响的观点是马克思主义的历史唯物主义理论。在马克思主义者眼里,人类社会是从低级到高级、从简单到复杂不断发展变化的，社会变迁意味着发展和进化，具有明显的方向性。

马克思和恩格斯把人类社会划分成两个主要部分，即经济基础和上层建筑。经济基础被分为两类：生产力和生产关系。生产力是人们利用自然、改造自然和生产物质资料的能力，包括劳动者、经济生产所必需的原材料和生产资料、技术水平、管理、信息等。生产关系是指在物质生产过程中形成的人们相互之间的社会关系，主要包括生产资料所有制、生产过程中人与人之间的关系和分配关系等三个方面，其中生产资料所有制是首要的、决定性的部分。实际上，历史唯物主义观点认为，一定社会的基础主要是生产关系，即该社会的经济关系体系，它是人们最基本、最主要的社会关系，决定了其他类型的社会关系。

马克思主义认为，生产力是一切社会进步的尺度，社会生产力的发展水平，决定人类社会的进程。与生产力一定发展相适应的生产关系，构成一定的社会形态和经济结构的现实基础，规定着社会形态的主要特征。

在马克思主义哲学中，上层建筑是指建立在一定经济基础之上的社会意识形态以及与之相适应的政治法律制度和设施等的总和，包括政治思想、法律思想、哲学思想、文艺思想、社会科学等思想上层建筑，和政治法律制度及设施等政治上层建筑。国家政权是上层建筑的核心。马克思在 1859 年写的《〈政治经济学批判〉序言》[①] 中，对经济基础和上层建筑的理论做了精辟的表述："人们在自己生活的社会生产中发生一定的、必然的、不以他们的意志为转移的关系，即同他们的物质生产力的一定发展阶段相适合的生产关系。这些生产关系的总和构成社会的经济结构，即有法律的和政治的上层建筑竖立其上并有一定的社会意识形式与之相适应的现实基础。"

历史唯物主义认为，社会历史的发展有其自身固有的客观规律，即生产力决定生产关系，生产关系对生产力有反作用，生产关系一定要适应生产力的发展。社会存在决定社会意识，社会意识又反作用于社会存在。物质生活的生产方式决定社会生活、政治生活和精神生活的一般过程。生产力和生产关系之间的矛盾、经济基础与上层建筑之间的矛盾，是推动一切社会发展的基本矛盾。社会基本矛盾存在于一切社会形态之中，决定着其他一切社会矛

---

① 《马克思恩格斯选集》第二卷，人民出版社 2012 年版，第 2 页。

盾，是推动社会发展的根本动力，决定着整个社会的面貌、社会发展的必然阶段和客观趋势。

马克思提出社会形态的概念，指出社会形态是与生产力发展的一定阶段相适应的经济基础和上层建筑的统一体。根据生产关系的标准，马克思对社会形态进行了具体划分，认为随着生产力的发展，人类社会从原始社会依次经过奴隶社会、封建社会、资本主义社会和社会主义社会，最终将走向共产主义社会。

在《德意志意识形态》、《1857—1858 年经济学手稿》和《〈政治经济学批判〉序言》等著作中，马克思集中阐述了社会形态理论，既对社会发展段、社会类型以及社会结构进行了系统分析，也就社会形态发展的客观规律性、社会形态更替的普遍性和特殊性，以及社会有机体的整体性等提出了精辟的见解。马克思对社会形态的具体划分，所依据的是生产关系的性质，它体现了与生产力相适应的经济基础和上层建筑构成的统一体依次发展，由低级到高级的顺序性。

二　科学技术视角：农业社会、工业社会、信息社会

科学技术的变革可以导致社会的结构发生深刻的改变。从科学技术的视角，可以认识社会发展的不同阶段。著名未来学家阿尔文·托夫勒用三次浪潮形象地比喻科技革命对社会的塑造，他认为，随着时光流转，世界已被三次科技革命浪潮所改变，这三次浪潮汹涌澎湃，分别是农业革命、工业革命和信息革命。他据此将人类社会划分为三个阶段，即农业社会、工业社会和信息社会。

在人类历史 99% 的时间里，人类依靠狩猎野生动物和采集野生植物来获得食物。大约一万年前，随着新石器技术的出现，人类开始向农业生产方式转变，并开始过上定居生活。经过简单园艺技术和复杂园艺技术两个阶段后，大约在 5000 年前兴起了农业社会。人们将土地上的野生植被全部清除，以便持久地耕种，并大量施肥以保持土壤肥力。犁和被牵引的牲畜是主要的劳动工具，人们还修建灌溉系统来浇灌庄稼。青铜器和铁器的发明和运用，大大提高了农业劳动的效率，人们用它们制造劳动工具、运输工具、粮食加工工具等。此外，人们还饲养大量动物，既作为劳动工具，又作为食物来

源。在农业社会里，大部分社会成员是农民，他们被束缚在土地上，日出而作，日落而息，成为"依附性耕作者"。

18世纪中叶，英国首先发生工业革命。工人哈格里夫斯发明了珍妮纺纱机，后来瓦特改良蒸汽机，之后，由一系列技术革命引起了从手工劳动向动力机器生产转变的重大飞跃。工业革命是以机器取代人力，以大规模工厂化生产取代个体工场手工生产的一场生产与科技革命。机器的发明及运用成为那个时代的标志。其初期的特征是纺织工业的急剧扩张以及冶铁业和煤矿业的快速发展。随着珍妮纺纱机、水力纺纱机、动力织布机和压花机的发明，纺织业迅速发展起来，并刺激了工厂体系的发展。19世纪，工业技术迅速传播到欧洲其他国家和美国。

工业革命使人类社会从农业社会转变到工业社会。工业社会在时间上大约是蒸汽机出现之后到20世纪七八十年代电子信息技术广泛应用之前。机器代替了手工劳动，以大机器的使用和无生命能源的消耗为核心的专业化社会大生产占据了社会经济的主导地位。科学技术高度发达，生产效率全面提高。工业革命也引起社会的深刻变革，它使社会明显地分裂为两大对立的阶级，即工业资产阶级和工业无产阶级。

社会学家丹尼尔·贝尔同样从科学技术的视角，把人类历史划分为三个阶段：前工业社会、工业社会和后工业社会。除了以上几点，丹尼尔·贝尔还将工业社会的特征总结为：①社会流动性增强，业缘关系取代了血缘和地缘关系而成为人们社会关系的主要形式，个人发展的机会和自主程度增多；②法治取代人治成为政治系统运行的基本方式，社会的民主化程度提高；③城市数量增加、规模加大，城市化的快速发展，农业人口的比重大为下降；④交通运输工具和通信联络手段高度发达，个人、群体、组织、区域、国家日趋开放；⑤人们的日常生活和思想观念发生了巨大变化，竞争意识和时间观念加强，崇尚科学、信服真理、追求变革成为人们基本的行为或价值取向。

20世纪50年代，在著名的《后工业社会的来临》① 一书中，贝尔创造了"后工业社会"的概念，也称"信息社会"。贝尔认为人类正在进入一个

---

① 丹尼尔·贝尔：《后工业社会的来临》，高铦等译，新华出版社1997年版。

新的社会系统，即后工业社会，其主要特征是信息出现的频率及重要性增加，无论是在量的层面还是在质的层面，信息和知识都是后工业社会的重心。贝尔指出，在后工业社会，信息在社会、经济和政治中的重要性日益提升；另一方面，"理论知识"也在迅速增长，并在社会上发挥重要作用，对社会的各方面产生重要影响。在这一意义上，后工业社会也就是其他理论家所称的"知识社会"或"网络社会"。

美国历史学者洛扎克 1986 年发表的《信息崇拜》、尼葛洛·庞帝的《数字化生存》[1]、奈斯比特的《大趋势》[2] 等未来学著作，都强调了信息技术、互联网等的价值及其对社会和人们生活的影响，都认为知识是社会经济的驱动力。总之，从科学技术的视角可以看到，技术、信息、知识既创造了巨大的生产力和物质财富，使得经济高度发展，同时也使社会结构本身发生了深刻的变革。

三　现代化视角：传统社会、现代社会、后现代社会

现代化一词，通常含义是指从农业社会向工业社会的转变，或从传统社会向现代社会的转变。从现代化的视角看，社会被划分为前现代社会、现代社会和后现代社会。实际上，现代社会就是工业社会，后现代社会就是后工业社会或信息社会，但由于视角不同，从科学技术的视角看到的主要是社会的经济层面，而现代化视角不仅强调生产力和经济的发展，也关注社会的政治、文化等层面，尤其是社会本身。

在不同领域和不同地区，现代化具有不同的特点。比如，政治领域的现代化，体现为民主化、法制化和科层化；经济领域现代化的特点主要是工业化、专业化和规模化；社会现代化的特点是城市化、福利化、流动化及信息传播；文化领域现代化的特点是宗教世俗化、观念理性化、经济主义、普及初中等教育等；个人领域的现代化体现为开放性、参与性、独立性、和平性等。

经典的现代化理论分为不同流派，不同学者关注的领域不同，其理论观

---

① 尼葛洛·庞帝：《数字化生存》，胡泳等译，海南出版社 1996 年版。

② 约翰·奈斯比特：《大趋势》，孙道章译，新华出版社 1984 年版。

点也各不相同。比如，以帕森斯为代表的结构功能学派认为现代化是从传统社会向现代社会的转变，重点关注现代性和传统性的比较和转换；罗斯托等过程学派的学者认为现代化是从农业社会向工业社会转变的过程，重点研究转变过程的特点；以英科尔斯为代表的行为学派认为现代化必然涉及个人心理和行为的改变，强调人的现代化；亨廷顿则认为各国的现代化具有不同的特点。综合学派的学者认为现代化涉及人类生活方方面面的深刻变化。

如上文所述，西方学者还对发达工业国家未来的发展进行研究，并提出了一些新理论，比如后资本主义社会、后工业社会[①]、后现代主义[②]、后现代化理论[③]、知识社会[④]、信息社会、网络社会和数字化社会等。

美国密执安大学教授英格尔哈特[⑤]把1970年以来先进工业国家发生的变化称为后现代化。他认为，后现代化的核心社会目标，不是加快经济增长，而是增加人类幸福，提高生活质量。

后现代化理论是一种社会发展理论，而后现代主义则是一种社会文化思潮，它旨在反省、批判和超越现代资本主义的"现代性"，即资本主义社会内部已占统治地位的思想、文化及其所继承的历史传统，试图为彻底重建人类的现有文化探索尽可能多元的创新道路。后现代主义也是一种社会文化实践，是对西方文化所经历的整个路程的彻底反思，它是以不确定性作为基本特征的。[⑥] 资本主义社会从第二次世界大战以后进入了新的历史阶段，"后现代社会"就是指二战后，特别是20世纪60年代后的西方当代社会。这个新的历史阶段的社会也被人们从不同角度给予不同名称，如"后资本主义"、"晚期资本主义"、"后工业社会"、"消费社会"、"休闲社会"、"福利社会"等。

尽管后现代思想家对后现代社会的论述十分多元，但他们大多认为，

---

① 丹尼尔·贝尔：《后工业社会（简明本）》，彭强译，科学普及出版社1985年版。

② 利奥塔：《后现代状态：关于知识的报告》，车槿山译，三联书店1997年版；大卫·雷·格里芬：《后现代精神》，王成兵译，中央编译出版社1998年版。

③ 罗纳德·英格尔哈特：《现代化与后现代化》，严挺译，社会科学文献出版社2013年版。

④ Lane, R. "The decline of politics and ideology in a knowledgeable society". *American Sociological Review*, 1966, 31 (5): 649–662.

⑤ 罗纳德·英格尔哈特：《现代化与后现代化》。

⑥ 高宣扬：《后现代论》，中国人民大学出版社2005年版，第2—3页。

"后现代社会"是信息和科学技术膨胀泛滥的新时代。在这种社会中，靠高科技力量符号化、信息化、复制化的人为文化因素越来越压倒自然的因素，各种事物之间的差异界限模糊化，因果性和规律性为偶然性和机遇性所取代，休闲和消费优先于生产，娱乐和游戏取代规则化和组织化的活动，生活形式日益多元化，等等。[①]

第二节　横向视角：民族、宗教、文化

以上从纵向视角，我们看到了从不同维度对社会发展阶段的不同划分及其特征，尤其是和社会发展变迁的动力和后果有关的社会面向，包括生产力发展水平、经济增长、科学技术水平、社会结构、社会关系等。比如，按照社会的发展水平，我们可以知道当前时期有些社会是工业社会，有些社会是信息社会，而有些社会是多元化的复杂体系，既有农业社会的特征，也有工业社会的特征，甚至还有信息社会的特征。然而从横向视角看，在不同的区域空间，存在着各种不同的社会，每个社会不仅具有经济、社会结构，社会制度，政治体制等特性，更为重要的是，不同的社会拥有各自的民族认同、宗教、历史传统、文化价值观等。总体看来，横向视角下的社会主要表现出因处于不同区域而产生的历史、文化上的差异性。

一　民族

在现代社会，每个人都归属于一个民族，没有民族归属的人的观念，是令人不可思议的。"身属一个民族，现在似乎已经显然成为人性固有的特点了。"[②] 多数学者认为，民族是一个晚近的概念，是随着近代民族主义现象的产生而产生的概念。民族主义是近代以来世界上最强大的政治和社会力量之一，深刻地影响了世界历史的进程。民族主义作为一条政治原则，认为政治的和民族的单位应该是一致的，违反这条原则就会引发民族主义情绪甚至民族主义运动。[③]

---

① 转引自高宣扬《后现代论》。
② 厄内斯特·盖尔纳：《民族与民族主义》，韩红译，中央编译出版社2002年版。
③ 厄内斯特·盖尔纳：《民族与民族主义》。

共同的文化和语言是民族的基础，也是民族认同的源泉，但民族并不是自古就有的自然的人群单位，而是由民族主义创造的。盖尔纳认为，只有到了工业社会，随着教育的普及，一个社会存在一种统一的、相似的、集中维持的高层次文化，即全社会的成员可以阅读的书写文字时，并且全社会的人可以共享这种高层次的文化时，就会形成一个统一的文化单位，并成为人们愿意认同的政治共同体，即民族。类似的，本尼迪克特·安德森认为，民族是一种想象的政治共同体，并且，它是被想象为本质上有限的，同时也享有主权的共同体。① 按照他的论述，"想象的共同体"是随着宗教信仰的领土化、古典王朝家族的衰微、时间观念的改变，尤其是印刷资本主义的发展而产生的。

民族虽然是近代才产生的，但却有深厚的文化根源。每个民族都有对本民族历史文化的认同，有强烈的民族意识。另一位著名的民族理论家安东尼·史密斯一直致力寻找民族的族裔根源。他认为，现代民族吸纳了前现代族群的很多特征，民族主义的成功，有赖于特殊的文化和历史环境。这表明，民族主义所造就的民族本身，就来源于先前已经存在的、具有高度特殊化的文化传统和种族制度。简单说来，民族是一个政治单位，具有政治诉求，而族群是一个文化单位，具有共同的起源和历史文化。从民族的视角看待中国，56个民族的人们有对各自民族的认同，即族群认同；同时，我国各族人民还有对中华民族的认同。中华民族作为一个自觉的民族实体，是近百年来中国人在和西方列强的对抗中出现的。②

二 宗教

宗教是社会的组成部分之一。人类历史中，宗教存在的形式大致可划分为两种形态，一种是原始宗教，体现在原始人生活的方方面面；另一种是我们今天熟悉的各种传统宗教，它们有固定的崇拜对象，稳定的组织形式，专职的宗教人员，有完备的经典教义，有一整套形成了定式的活动程序和仪式模式，是制度化了的宗教。宗教通常以超自然、超人间的力量为信仰对象，

---

① 本尼迪克特·安德森：《想象的共同体》，吴叡人译，上海人民出版社 2003 年版。

② 费孝通：《从实求知录》，北京大学出版社 1998 年版。

因此其信仰对象具有神圣性、超验性和无限性、开放性。然而，宗教信众对其崇拜对象的信仰表达，却只能借助世俗的、经验的、有限的象征的手段来进行。

吕大吉在《宗教学通论新编》① 中，把宗教规定为由宗教观念、宗教体验、宗教行为和宗教体制四要素有机构成的"社会文化体系"。他认为，宗教是文化的一种形式，在历史上和现实生活中对其他各种社会文化形式都发生了重要而深刻的影响。在漫长的历史中，宗教几乎一直高踞于社会上层建筑的顶端，支配着人们的精神世界。"不管是在原始社会的氏族宗教中，还是民族国家的国家宗教中和个人选择其信仰而结成的教派组织中，全氏族、全民族以及全教派的成员由于有着共同的信念，信奉共同的神灵，进行共同参加的宗教活动，从而产生把他们联结在一起的道德力量，形成共同遵从的规范化的宗教礼仪，它把整个宗教共同体的全体成员纳入于一个有共同信仰、普遍化的行为模式和统一性的宗教体制之中。"② 也就是说，共同的宗教信仰和相关的宗教活动，将同一个宗教共同体的成员联系在一起，并对他们的思想、信仰、行为具有约束力和强制力。

宗教是产生于社会中的，因此，宗教与社会有着不可分割的紧密关系。宗教的教义和戒律对于约束人们的行为以及形成良好的社会规范具有重要的作用，有助于社会的安定团结和持续发展。在过去的几十年中，各宗教对世界范围的重要问题积极关注，比如世界和平、生态环境、人权问题、全球性的伦理道德等，并参与到一些社会民政事务中。同时，宗教也关心社会政治与经济发展，常常作为政府与民众的中间社团，为缓和政府与民众之间的矛盾发挥作用。只要人类需要，宗教就会存在。它能给予人们感情上的支持和安慰，赋予人们某种价值意义，帮助人们表达他们的终极关怀。

三　文化

文化是每个社会的基本特质。在全球范围内，如果从经济发展的视角看，有发达社会、发展中社会和欠发达社会；从政治的视角看，有资本主义

---

① 吕大吉：《宗教学通论新编》，中国社会科学出版社 2010 年版。
② 吕大吉：《宗教是一种社会文化形式》，《社会科学战线》2007 年第 6 期，第 248—253 页。

社会、社会主义社会；从文化的视角则可区分为西方社会、东方社会、英语社会、法语社会、中文社会、基督教社会、伊斯兰教社会、儒教社会等。在全球化的时代，不同国家的工业、商业、技术、经济、通信等日益趋向同质化，不同地区的大都市面貌大同小异，然而如果深入了解一个社会，就会发现不同地方的社会具有不同的文化背景，包括历史传统、语言、思维方式、风俗习惯、信仰、价值观等。

因此，文化首先是地方性的，也就是说无论世界各地的经济联系、商业联系多么紧密，一个具体的地方社会总是保留着自己独有的特色，只有深入这个地方才会体验到它的独特性。其次，文化是普普通通的，即一个地方社会的普通民众是其文化的创造者和实践者，文化不是只属于精英阶层，而且存在于普通人的日常实践中，正是在普通人的日常生活实践中，文化才得以延续。

以研究异文化为学科特色的人类学家认为，文化是"一个特定社会代代相传的一种共享的生活方式，这种生活方式包括技术、价值观念、信仰以及规范"。雷蒙·威廉斯通过对英语中"文化"一词的历史发展过程的深刻分析，也得出同样定义，他说："在过去，'文化'指心灵的状态或习惯，或者说一些智性和道德活动，现在则包括了整个生活方式。"①

在全球化的背景下，发达的交通工具将地球上遥远的空间距离转变为十几个小时的时间概念，先进的通信技术将全球不同地方的人们同时聚集到强大的互联网上，世界已成为"地球村"，遥远国度的朋友成为亲密的"全球邻居"。然而，这些并不能淹没不同的地域空间里社会的文化差异。

通常人们所说的社会指民族国家，实际上，从文化的视角来看，社会超越了民族国家的界限，它可以大至几个国家，也可以小到一个族群或小规模的地方社群。从大的范围来看，西方社会与东方社会的文化差异是显而易见的，西方人受理性思维的影响，提倡个人主义和自由主义精神，宗教信仰在人们的日常生活和工作中起重要作用，崇尚科学技术，喜欢征服自然；而东方社会受儒家、道家及佛教思想影响巨大，崇尚天人合一，强

---

① 雷蒙·威廉斯：《文化与社会：1780—1950》，高晓玲译，吉林出版集团有限责任公司2011年版。

调与自然和谐相处，思维方式强调直觉、顿悟，社会秩序方面主张长幼有序、地位分明、重视家庭、以家庭为本、尊老爱幼，等等。西方社会内部还有众多小的社会单位，比如欧洲社会、美国社会、拉美社会、非洲社会等，也可以更进一步分为西欧、南欧、北欧、东欧社会，阿拉伯社会，东亚、南亚社会等。

文化对一个社会的正常秩序和绵延存续起巨大作用。人类学的功能主义理论认为，文化是为了满足人的需要而存在的"人文世界"，人的需要既包括人类的基本需要，也包括社会需要和人的精神需要。文化不但能够满足人的需要，更重要的是能够通过制约和规范人的行为，建构社会中人与人之间的关系，从而维护一个社会的团结和延续。一些学者认为，许多社会在从农业社会向工业社会的转型过程中，以及从工业社会向信息社会的转型过程中都出现了社会分裂、犯罪率上升、社会信任下降、离婚率上升等情况，这种社会秩序的分裂是和文化有关的。①

从社会学视角立论，文化是一个价值体系，它是由理念价值、规范价值、实用价值（所谓道德理想、典章制度、器物行为）三个层面共同构成的统一整体。它是一个民族国家自我证成的根本特征。从这个意义上说，坚持文化自主性，就是做到文化自觉，这是一个民族国家自尊、自重、自信的体现。在当前全球化背景下，文化自觉既是中华民族与世界上其他民族之间的共处之道，也是中国社会内部多民族、多种文化之间的共生之道。

可以看到，文化危机已然成为当前人类所要面临的重要问题。特别是在当代，文化危机正在由隐性状态向显性状态过渡，为此，我们必须正视文化危机，清楚地认识到当代文化危机的实质——文化价值危机。反思当代文化，思考如何减小文化危机对人的影响，努力提升人的"文化"意识，不断发展、完善满足人自身需要的文化，使人成为人，成为文明人，成为文明的社会人。而文化价值建设的唯一途径就是立足实践，创新生活，只有在实践的过程中思考着、工作着、想象着，才能做到正确的审慎历史，面向未来。特别是正处于文化转型期的中国，有许多的迷惘和困惑，人自身面临着

---

① 弗朗西斯·福山：《大分裂：人类本性与社会秩序的重建》，刘榜离等译，中国社会科学出版社2002年版。

巨大的价值挑战。面对这种局面，应抓住机遇，立足实践，自觉地进行文化整合，并努力做到"和而不同"，从而为中国特色文化建设和人类进步、人类价值实现贡献力量。

四　区域

区域是一个特定社会的空间属性。这一概念指具有共同的地理和自然条件以及相似的历史、文化、社会、经济等要素的空间地区。社会史和人类学都对区域社会有独到的研究，前者从平民视角关注一个地方社会的历史发展，后者则主要关注一个地方社会的文化、历史、社会、经济等。在人类学的研究实践中，村庄曾是重要的研究单位，为了突破村庄研究范式的局限性，人类学家将研究视野转向更大范围的区域社会，并提出市场层级社会、祭祀圈与信仰圈社会、水利社会、某一"核心价值"较凸显的区域社会等理论模式[①]，强调某一社会被组织起来并维持运转的特定社会事实和文化机制。

20世纪80年代，费孝通先生在社区研究的基础上，为了思考中国农村的经济发展问题，不断拓宽研究的地域，从村落扩大到小城镇，再扩大到地区，后来在他提出的经济发展模式概念的基础上，进一步超越行政区划的界限，形成了"经济区域"的概念。[②] 他认为，各区域不同的地理条件包括地形、资源、交通和所处方位等自然、人文和历史因素，均具有促进和制约其社会经济发展的作用。在思考当前的发展问题时，黄平也提出社会科学相关学科应改变以往较多研究微观层面问题的视角，而应从区域的角度来讨论发展问题。[③] 这是因为长期以来，发展被等同于经济增长，即人均 GDP 和人均收入的增加，也就是用单纯的经济指标和个人角度来代替社会发展的多层维度，严重忽略了发展给环境带来的问题。环境问题、生态问题需要更大的视野，因此发展应突破行政区划的界限，利用天然形成的经济地理、人文地理和自然地理的条件来考虑整个区域的发展。

---

① 杜靖：《超越村庄：汉人区域社会研究述评》，《民族研究》2012 年第 1 期。
② 费孝通：《农村·小城镇·区域发展》，见费孝通《从实求知录》，北京大学出版社 1998 年版。
③ 黄平：《区域发展格局问题演讲》，见黄平等《西部经验》，社会科学文献出版社 2006 年版。

第三节　螺旋式发展特征

　　根据马克思辩证唯物主义观点，事物的发展是螺旋式上升的。并且，事物的发展总是从量变开始，一定程度的量的积累，会引起事物质的飞跃。社会历史的发展过程也是如此。无论从总体社会发展的纵向过程看，还是从特定空间的具体社会看，社会的发展都是螺旋式上升的过程。在一定的社会发展阶段，量的积累是主要任务，当量的积累达到一定程度，社会进入一个新的发展阶段，就要重视"质"的提高。在这里，"量"主要指经济的增长及技术水平的提高和物质财富的增加，而"质"的含义指社会质量（社会发展的质量），既包括社会的结构性层面，也包括社会的价值体系层面，还包括作为社会成员的个人的能动性（生活质量方面）层面。

一　"经济增长"与"社会发展"的矛盾：20世纪60年代美国的社会指标运动

　　20世纪60年代美国出现的"社会指标运动"典型地反映了西方国家从仅仅重视经济增长到重视社会的全面发展的转变过程，也体现了西方社会各领域从仅重视数量方面的信息到重视社会质量方面的信息的转变。在西方国家，对社会指标的研究有悠久的历史，传统上，经济方面的指标及其研究占据统治地位，非经济方面的社会指标及其研究处于从属地位。[①] 二战后，经过一二十年的经济恢复和重建，西方国家的资本主义经济得到快速增长，技术迅猛发展，引起社会发生结构性变化，同时出现各种社会问题，几乎西方所有工业化国家都发生了各种类型的社会危机。20世纪60年代，美国经济增长，服务业快速发展，政府大力支持卫生、教育和福利事业，人们普遍相信他们的社会正在发展成为"后工业社会"。技术的高速发展使社会日益发生深刻的变化，权衡技术发展的代价、效益和利弊成为一种迫切的社会需要。社会指标运动的倡导者认为，技术发明的影响远远超出经济领域，而与社会的其他领域有关。另外，以经济指标为核心的社会指标反映社会发展的

---

　　① 秦麟征：《关于美国的社会指标运动》，《国外社会科学》1983年第2期。

局限性日益明显。经济指标只能收集经济领域的信息，而且仅仅是数量方面的信息。一个社会除了需要经济领域的信息外，还需要"政治、社会、文化、生物物理等方面的信息"，而且"质量方面的信息，完全可以和数量方面的信息具有同等的重要性"。经济指标既不能反映和衡量整个社会的基本状况，也不能提供有关社会质量的信息，这种双重局限性导致人们去寻求一种更全面、更综合的社会指标系统。于是美国的一些经济学家，社会学家，统计学家，规划、计划、管理、未来研究等方面的专家学者，在社会研究领域中掀起一场具有一定影响的社会指标运动。这场运动涉及社会发展战略、国情评估、社会的计划、规划、管理、社会政策、生活水平及生活质量等方面的问题。[①]

二战后，多数发展中国家在制定国家发展战略时也纷纷仿效美国等西方发达国家，一味追求工业化和国民生产总值。虽然国民生产总值增长较快，但社会发展仍然滞后，并出现和西方发达国家同样的社会问题，如贫富分化、分配不均、经济结构不合理、环境恶化、传统道德观念受到冲击、犯罪率骤增等。人们逐渐认识到，国民生产总值的增长就是社会的发展的观点是错误的，"经济增长"与"社会发展"有不同的含义，"社会发展"除了经济领域的发展外，还包括保健、教育、环境、住房等许多方面。经济增长和社会发展相矛盾的状况，一方面，引起社会科学不同领域研究者的兴趣，尤其是社会学领域学者的研究兴趣，并产生了一系列新的社会学分支学科；另一方面，20 世纪 70 年代西方各国兴起了新发展战略，即"经济、社会综合发展战略"。[②]

的确，一味地经济增长势必引起各种社会问题和社会矛盾，甚至环境危机。当西方发达国家正陶醉于高增长、高消费的"黄金时代"，1972 年，美国麻省理工学院的四位年轻科学家撰写了《增长的极限》一书，第一次向人们展示了在一个有限的星球上无止境地追求增长所带来的后果，尤其是全球性问题，如人口问题、粮食问题、资源问题和环境污染问题（生态平衡问题）等。

---

① 秦麟征：《关于美国的社会指标运动》，《国外社会科学》1983 年第 2 期。
② 张凤荣：《社会指标运动的背景及启示》，《长春光学精密机械学院学报》（社会科学版）2001 年第 2 期。

二　从"社会"的缺失到重建：20 世纪末欧洲的社会质量理论

在西方，自 20 世纪六七十年代以来，"社会"日益受到质疑，人们越来越感觉到这个概念正在走向消亡。以英国的撒切尔和美国的里根为代表的新自由主义者激烈地否认"社会"的存在，1987 年，撒切尔夫人曾说过一句著名的话："没有社会，只有男人、女人和家庭。"后现代主义理论家宣称"社会"已被融入更加模糊的"群众"观念中，在他们的眼里没有"社会"。一些全球化理论家认为，"社会"概念因其根基"民族国家"的衰落而不能幸存。到 20 世纪晚期及 21 世纪初，"社会"已淹没于人们掀起的批判浪潮中。[①]"社会"似乎在人们的生活中缺失了。随着全球化的发展和欧洲一体化进程的加快，欧洲面临着巨大的社会变迁和一系列社会问题，欧盟各国遭遇的相似问题包括社会排斥现象的增加、从事另类职业的边缘人群的大规模涌现、孤立人群和单亲家庭数量的日益增长以及越来越多的需要卫生保健的流浪者。为了应对这些问题和经济社会的变迁，欧盟委员会的长期战略目标是让欧洲"在创新和知识的基础上，成为世界上最具活力和竞争力的地区，然后通过更多和更好的工作和更有力的社会凝聚提升经济增长水平"。"这一目标是要保持对长期增长和竞争的刺激，以应对主要的经济、政治和文化变革及数字革命和全球化进程"，即通过消除失业和刺激经济发展来推动区域发展。[②] 这一视角的支配性逻辑是竞争的逻辑，并且认为经济增长是成员国之间在竞争和事实基础上联合的主要目标和必要条件，认为经济增长可以解决一切社会问题。

在"社会"缺失的背景下，面对社会变迁过程中的问题，与竞争性逻辑和经济增长的指导方针不同，欧洲一些社会理论家在对"社会"进行反思的基础上提出了社会质量取向，并成立了欧洲社会质量基金会，倡导在欧洲采用社会质量取向制定社会政策。这一取向强调了"社会性"和"质量"两个概念的重要性。他们认为："社会性是使个体作为相互作用的社会存在在实现自我的过程中不断变化的表达，这是它的存在方式。"这一论断指出

---

① 威廉·乌思怀特：《社会的未来》，沈晖、田荣译，浙江大学出版社 2011 年版。
② 沃尔夫冈·贝克、劳伦·范德蒙森、艾伦·沃克：《社会质量的理论化：概念的有效性》，见张海东主编《社会质量研究：理论、方法与经验》，社会科学文献出版社 2011 年版，第 18 页。

相互作用的个体主体应被视为社会存在，而非原子化或孤立的实体。[①] 在他们看来，社会具有结构层面和人的实践层面，即结构与人的能动性的不断再生产就是社会。社会性的实现借助作为社会存在的个人的自我实现和形成集体认同之间的相互依赖，这是社会性的核心。事实上，日常生活中存在着广泛而深刻的不平等，因此，社会性的机会须有四个基本条件：赋权、包容、社会经济保障和社会凝聚，这也是社会质量的四个构成要素。进一步地，社会性的具体化是由两种主要的张力相互关联形成的动力实现的，即系统、制度、组织与社区、群体和家庭之间的张力，社会发展与个人发展之间的张力，这也是决定具体的社会质量的因素。[②] 简单地说，社会质量的定义可以被简化为"实现个人的福祉所必需的条件"。[③]

社会质量理论没有走向极端的社会中心主义，而是寻求以个体为中心的取向和以社会为中心的取向的综合。这一取向以人为焦点，关注人们的福利，而不是聚焦于"经济"和货币价值领域。是对功利主义价值观的回应。[④] 同时社会质量是测量社会进步的标准，该理论关注何为好的社会，目的是引起政策制定者的关注。长期以来，GDP一直是衡量社会进步的最重要的指标，但GDP不能反映非经济领域的活动，更不能反映社会不平等、人们的福利、生活质量等社会质量方面的问题。

在社会质量理论里，质量的本质不是一维的，而是多维的。第一，社会质量取向关注日常生活，并选取日常生活的视角，而不是抽象的视角，这是因为作为社会存在的公民的自我实现，比如女性和就业、家庭和工作以及其他不平等问题及对它们的抵制都发生在日常生活环境中，这些环境决定了质量能怎样或不能怎样。第二，质量是处于日常生活的行动者中的永远变化的弹性结构，而不是制度或系统间的过程。第三，质量概念考虑制度、结构或共同体的规范、价值等问题，同时反思系统中的行动者的能

① 沃尔夫冈·贝克、劳伦·范德蒙森、艾伦·沃克：《社会质量的理论化：概念的有效性》，第3页。

② 沃尔夫冈·贝克、劳伦·范德蒙森、艾伦·沃克：《社会质量的理论化：概念的有效性》，第6页。

③ 德斯加斯珀：《人类与社会性》，见张海东《社会质量研究：理论、方法与经验》，社会科学文献出版社2011年版，第52页。

④ 德斯加斯珀：《人类与社会性》，见张海东《社会质量研究：理论、方法与经验》，第52页。

动性以及复杂的利益网络等。① 总之，质量既是经验的测量指标，也是社会发展的目标。

第四节　中国"社会"：改革开放以来的
发展进程与特征

一　发展的进程

1. 量的增长阶段：以经济建设为中心，经济快速发展

1978 年党的十一届三中全会的召开，标志着中国社会进入新的发展阶段。经过农村土地制度改革、经济体制改革以及对外开放方针的实行，中国从计划经济体制逐步转变为市场经济体制，从一个自我封闭的国家转变为开放的国家，并完全融入了世界经济体系。随着改革的深入推进，中国的经济持续快速发展，到今天，我国已成为世界第二大经济体。

在社会转型的过程中，我国经济持续快速发展，已成为新时期最显著的成就。在改革开放的推动下，我们这个人口多、底子薄的发展中大国，以世界上少有的速度持续快速发展起来。经济实力、综合国力不断增强，基础设施和城乡面貌发生巨大变化，最近几年，居民收入较快增长，家庭财产稳定增加，衣食住行用条件明显改善，人民生活水平显著提高。

党的十五大报告指出，"社会的主要矛盾是人民日益增长的物质文化需要同落后的社会生产之间的矛盾，这个主要矛盾贯穿我国社会主义初级阶段的整个过程和社会生活的各个方面。这就决定了我们必须把经济建设作为全党全国工作的中心，各项工作都要服从和服务于这个中心。只有牢牢抓住这个主要矛盾和工作中心，才能清醒地观察和把握社会矛盾的全局，有效地促进各种社会矛盾的解决。发展是硬道理，中国解决所有问题的关键在于依靠自己的发展。"

党的十九大报告做出新的判断，中国特色社会主义进入新时代，社会主

---

① 沃尔夫冈·贝克、劳伦·范德蒙森、艾伦·沃克：《社会质量的理论化：概念的有效性》，第31页。

要矛盾转变为"人民日益增长的美好生活需求和不平衡不充分的发展之间的矛盾"。美好生活需求不仅仅是社会物质财富的增长，而且是对公平正义、生态环境提出了更高要求。但是一段时间以来，在经济建设中，GDP几乎成为衡量社会发展的唯一指标，一些地方政府一度将其作为政绩的追求，在GDP快速增长的同时却带来了环境污染严重、水土流失、耕地减少等问题。

2. 质的跃升阶段：科学发展观指导下以人为本的和谐社会建设

的确，社会主义的根本任务是发展社会生产力，然而，我国在经济的快速增长过程中，出现了资源环境恶化、贫富差距扩大、城乡差距扩大，社会失业增加、社会经济发展失衡等各种社会和生态问题。因此，2003年召开的党的十六届三中全会提出科学发展观，并把它的基本内涵概括为"坚持以人为本，树立全面、协调、可持续的发展观，促进经济社会和人的全面发展"，坚持"统筹城乡发展、统筹区域发展、统筹经济社会发展、统筹人与自然和谐发展、统筹国内发展和对外开放的要求"。

2004年，党的十六届四中全会第一次提出构建社会主义和谐社会的理念，并将其作为加强党的执政能力建设的重要内容。2005年，胡锦涛在"省部级主要领导干部提高构建社会主义和谐社会能力专题研讨班"上指出，和谐社会的基本特征为"民主法治"、"公平正义"、"诚信友爱"、"充满活力"、"安定有序"、"人与自然和谐相处"。2006年10月举行的党的十六届六中全会通过了《中共中央关于构建社会主义和谐社会若干重大问题的决定》。

面对经济增长过程中遇到的各种社会问题，比如经济增长的资源环境代价过大，城乡、区域、经济社会发展仍然不平衡，以及劳动就业、社会保障、收入分配、教育卫生、居民住房、安全生产、司法和社会治安等方面的问题，2007年召开的党的十七大再次强调了构建社会主义和谐社会的重要性，提出必须坚持全面协调可持续发展，即全面推进经济建设、政治建设、文化建设、社会建设，促进现代化建设各个环节、各个方面相协调，促进生产关系与生产力、上层建筑与经济基础相协调。必须坚持统筹兼顾，深入贯彻落实科学发展观，积极构建社会主义和谐社会。明确科学发展观的第一要义是发展，核心是以人为本，基本要求是全面协调和可持续性，根本方法是统筹兼顾。

党的十七大第一次提出社会建设的理念，并对以改善民生为重点的社会建设作了全面部署。指出必须在经济发展的基础上，更加注重社会建设，着力保障和改善民生，推进社会体制改革，扩大公共服务，完善社会管理，促进社会公平正义，努力使全体人民学有所教、劳有所得、病有所医、老有所养、住有所居，推动建设和谐社会。

2012 年 11 月召开的党的十八大继续提出，在改善民生和创新管理中加强社会建设，并提出要加强社会主义核心价值体系建设。在 2013 年 10 月召开的党的十八届三中全会上，将促进社会公平正义、增进人民福祉作为改革的出发点和落脚点。同时提出创新社会治理的理念，指出必须着眼于维护最广大人民根本利益，最大限度增加和谐因素，增强社会发展活力，提高社会治理水平，维护国家安全，确保人民安居乐业、社会安定有序。要改进社会治理方式，激发社会组织活力，创新有效预防和化解社会矛盾体制，健全公共安全体系。

二 当前中国社会的特征

当前经济的全球化使得世界各国的经济发展形成了相互依存的局面。一方面生产分工越来越细，呈现高度的专业化、技术化倾向；另一方面跨国公司、跨国经营越来越普遍，产品营销的世界市场格局不断被划分、重组。尤其是随着电子信息技术的日新月异，网络传播无孔不入，互联网将全世界联系在一起，形成一个"地球村"。随着经济全球化的发展，西方社会的文化也日益全球化，对东方社会产生重要影响。

处于转型时期的中国，一方面经历着经济全球化、电子通信普及化以及西方现代文化的冲击，另一方面又有自身的特殊性和复杂性。经济发展方式的多样性、社会结构的流变性和文化的多元性成为当前中国社会文化的主要特征。

1. 经济发展方式的多样性与"增长取向"

改革开放以来，单一的公有制经济和集体所有制经济的局面得到了改变，个体经济、私营经济、外资经济等多种经济成分被允许同时存在和发展，市场机制推动着经济快速前进。然而，由于中国幅员辽阔，地区之间和城乡之间的发展很不平衡，我们可以看到三种不同时代、不同技术的经济形式共存的局面，即依赖（或半依赖）人畜力的农业和农村手工业经济、使用能源和机械的工业经济，以及后工业时代的信息产业经济。也就是说，当前的中国经济社会是人类历时数千年的三大社会经济系统的同时并存：传统农业及其社会、现代工业的城市社会，以及最近的后工业（信息技术）社会。①

在我国经济社会的发展过程中，长期以来"经济的增长"成为衡量社会发展的唯一标准，GDP 一直是国家和地方政府的主流话语和努力的目标，甚至成为衡量各级地方政府政绩的最重要指标。为了提高 GDP，各级地方政府积极招商引资、征地开发建设，在这一过程中，严重忽视了环境污染和生态问题以及区域社会的和谐发展。

2. 社会结构的流变性

转型时期，与经济发展方式的多元化相伴随的是，中国的社会结构也发生了深刻的变化，主要表现在政治生活、社会生活和私人生活等领域。整个社会处在巨大的变迁之中，社会结构呈现出多元化和流变性的新趋势和特征。

政治、经济的变化导致社会阶层出现新的分化，原来计划体制下的优势群体（如一些原国营企业的工人）的社会地位急剧下降，进城的农民工"被甩到社会结构之外"；贫富差距扩大甚至日益悬殊，社会资源出现向少数人手中积聚的趋势；一些改革受到利益集团的操弄，改革动力由初期的自上而下地推行变为多元化的社会力量的博弈。② 这种社会阶层结构的变化还在持续之中，而不是已经定型，并且出现了一些边界模糊，但雏形已现的"新"的社会阶层。

生活在社会中的人也发生了巨大的变化，个人的心态、思维方式、生活方式、行为模式等与过去有了很大的不同，生活领域呈现自由化和多元化的新特征。这些变化也影响着社会结构本身，随着改革开放的不断推进和深化，社会结构还会出现新的流变。

---

① 黄宗智：《认识中国——走向从实践出发的社会科学》，《中国社会科学》2005 年第 1 期。

② 孙立平：《断裂：20 世纪 90 年代以来的中国社会》，社会科学文献出版社 2003 年版。

3. 文化的多元性

中国文化的多元性体现在城乡文化的差异性、民族文化的多样性、中国传统文化与西方现代文化的交汇，以及前现代文化与后现代文化的碰撞上。

中国的城市文化和乡村文化存在很大差异。农民生活的乡村社会是熟人社会，虽然在改革开放后被卷入现代化和市场经济中，但是当地的习俗、信仰、价值观等传统文化因素依然维系着村落社区人们的认同。不同地区的乡村文化是各不相同的，而各地的城市文化却呈现相似的景象。拥挤的鸽笼式住宅造成人们之间的隔膜，大众传媒和网络强烈影响着人们的社会生活和人与人之间的关系，霓虹灯的闪烁表征着娱乐生活的丰富多彩，时尚消费区隔着人们的品位和社会身份与地位。

近年来，中国城市化进程不断加快，已经给城乡区域内的社会文化带来一定程度的影响，呈现较为复杂的发展状态。伴随大规模的农民进城务工，城乡间文化的接触和互动日益明显。虽然有 2 亿多"农民工"远离家乡"寄居"在城市空间进行工作和生活，其中有不少人生活在城市的时间并不算短，但很难真正融入城市社会，包括务工收入、日常习惯、生活状态、心理认同、关系资源等因素的差距，都成为他们难以进入城市文化的藩篱。

中国还是个多民族的国家，55 个少数民族各有其不同的历史文化传统，它们各自独特的风俗习惯、信仰、价值观以及生态智慧，呈现出多姿多彩的族群文化。汉族文化和各少数民族文化一起，构成了中国社会文化的多元性。随着经济和社会的发展，各民族文化互相交流，和谐共存。

中国的传统文化一直在延续，主要体现在宇宙观和日常节庆习俗中。尤其是强调"天人合一"的整体观，经由两千多年的儒家教化，天人之间的特殊关系在中国人的观念中根深蒂固，并体现在日常生活实践中。[①] 近代以来，随着国门被迫打开，西学东进逐渐成为风尚，以至于中国的现代化过程似乎与西方文化的渗透过程齐头并进。改革开放后，尤其是 20 世纪 90 年代以来，西方的生活方式、价值观、大众文化等越来越广泛而深刻地渗入中国，使得中国原本就丰富多样的文化更加多元化。

---

① 赵旭东：《超越社会学既有传统——对费孝通晚年社会学方法论思考的再思考》，《中国社会科学》2010 年第 6 期，第 138—150 页。

　　与此同时，后现代社会的一个典型特征"消费文化"也悄然进入中国社会。20 世纪 60 年代以后，西方社会从工业社会向后工业社会转变，从以生产（制造）为中心的社会向以"消费"为中心的社会转变。人们的消费占据了越来越重要的位置，消费主义不断膨胀。消费不仅仅是为了满足商品和服务的使用价值，更是为了得到精神的安慰和享受。符号体系和视觉形象等对消费趣味、消费时尚产生了越来越重要的影响。消费文化不仅改变了人们的日常生活、社会结构关系，也改变了人们的世界观和价值观。[①] 消费文化在 20 世纪 90 年代进入中国，也对中国社会产生了深刻影响。

　　后现代文化和思潮进入尚未完成现代化任务的中国，和中国文化叠加在一起，中西方文化在碰撞中混合、变换、交错、转型，使得中国本来就多元的文化和复杂的社会变得更加难以言说、难以表述。

　　文化的多元性和复杂性是中国社会的典型特征，正是这种复杂的、难以言说的社会文化现实，呼唤着质性社会学的建构和发展。

---

　　① 罗钢、王中忱：《消费文化读本》，中国社会科学出版社 2003 年版。

第 六 章

质性社会学：范式特征

范式（paradigm）概念和理论是美国著名科学哲学家托马斯·库恩在《科学革命的结构》一书中提出的，它指的是科学共同体成员所共享的信仰、价值、技术等的集合，是常规科学所赖以运作的理论基础和实践规范，是从事某一科学的研究者群体所共同遵从的世界观和行为方式。

将质性研究由"方法"层面提升至社会研究的基本理念和出发点，其主客体相统一的立场，个案到整体的研究路径，完全突破和超越了西方社会学传统的实证主义世界观和方法论。质性社会学已经形成一种迥然不同于主流社会学的、新的、独立的社会学范式，显现的特征从不同视角可以概括为人文社会学、理解社会学、社会质量学、建构社会学、微观社会学。或者一句话，质性社会学是"有温度的"社会学。

第一节　质性社会学是人文社会学

源自自然科学的经典社会学明确标榜价值中立，强调客观性、实证性、逻辑性，突出工具理性，旨在求"真"；质性社会学则重视参与、理解，倡导人文关怀，彰显价值理性、内在向"善"。因此，如果把经典社会学称为"科学社会学"，则质性社会学应倾向于"人文社会学"。

一　两种范式此消彼长

1. 科学主义范式及其局限

从西方社会学发展的契机来看，社会学作为一门独立学科，是基于欧洲国家社会大转型时期的需求应运而生的，是工业化、城市化、现代化的产物。与此同时，社会学也是伴随着近代自然科学的诞生而诞生的，这种渊源也使得社会学学科体系思想方法打上了浓厚的西方社会发展、自然科学研究的烙印。步入 20 世纪，统计科学的发展、抽样理论的创立，尤其盖洛普美国舆论研究所的建立及其民意调查的成功，使得抽样问卷调查、多变量统计分析及检验技术逐渐成为社会学研究方法的标准。逻辑实证方法是西方社会学的主流。

社会学的创始人孔德认为社会学应当是一门"关于社会的科学"，由此开创了以逻辑实证主义为基本范式的社会学。我们把社会学、经济学统归于"社会科学"，强调其"科学"的身份属性，因此要像科学家研究自然一样对待和研究社会现象。而只有那种能够在变量之间确定因果关系的学科才能被称为"科学"，于是定量分析成为科学主义范式社会学的核心理念和基本方法。

定量研究方法在不断发展的同时，其在研究过程中呈现出来的局限性也开始受到了学者们的重视。主要表现在以下几个方面：第一，定量研究始终强调其研究的客观性和普遍性，往往忽略了社会实践的主观性和特殊性；第二，定量研究容易受到既有知识和规范的限制，往往忽略了研究对象的主体性与能动性；第三，定量研究带给研究者在角色与定位上的困惑，往往容易导致出现统计数据不可靠的风险。

定量研究一贯强调研究的客观性和普遍性。一些学者认为只有客观的、实证的、定量的研究才符合科学的要求，才是真正规范化的社会科学研究成果，才有价值；也只有运用量化的测量和分析才能去证实或证伪自己的假设，才是科学的。定量研究方法在中国社会学研究方法领域一直处于主流地位，社会学研究报告往往以有数据、大样本、研究资料电脑化处理来建立起自身的学术权威性和引发其研究标杆效应。是否具有"客观性"、"普遍性"及"代表性"几乎成了评判社会学研究成果质量高低的唯一标准。其实，第一，所谓的"客观性"是不是真的存在，这是有争议的，并无定论。因为社会是由个人构成的，而人在社会中的行为和互动都是带有主观性质的，定量研究在面对人的主观性的时候面临着一个巨大鸿沟，很难跨越。第二，定量研究一直强调"普遍性"。但是过重地看待普遍性而忽略人的特殊性也会存在着一些问题，实际上普遍性一定程度上会成为主流势力巩固其既得权势、排斥、压抑少数群体、弱势群体和边缘群体的手段。第三，定量研究模式是一个以自然科学为标准的研究模式。本质上，人文社会学科所研究的现象和对象跟自然科学完全不同，把自然科学模式硬套进人文社会学科也有不妥当和不适之处。

定量研究容易受到既存的社会科学知识范畴和研究规范限制，使得定量研究只能验证理论而不能创造理论，只能粗略地解释问题而不能深入地理解社会现象。细细剖析定量研究，其过程主线是：研究者由既存理论推演假设，再由假设选出概念，进而界定概念，再根据概念定义设计问卷。这样的演绎法研究论证的起点是理论，也就是说研究者从选题、提问开始就已经受既存的知识范畴引导和研究规范限制，这样使那些原本没有被纳入既存知识范畴之内的、属于非主流的议题、社会现象，或是人生经验，更难有机会进入知识范畴之内，解释新问题、新现象时会比较困难，应对乏力。

谈到定量研究，必须妥善处置研究者角色与定位的问题。在定量研究的整个过程中，研究者往往居于具有权威性的主导地位，研究者决定用哪类理论框架，如何推演假设、界定概念、设计问卷。被研究者（提供信息资料者）处于一个被动的、被审问的地位，被研究者只能按研究者所设定的框架、研究者所界定的概念，以研究者自有的话语来表达和展示他们的经历。由于研究者难免存在主观性和片面性大的情况，研究者倾向于只看到他们自己想看到的现象，找到他们自己想找到的资料。研究者本身先入为主的观念和偏见往往在没有被检验的情况下，影响着知识的创造和再创造。

实际上，定量研究过程中大量运用的问卷和量表也隐藏着不少问题。比如，很多国内外的学者往往拿美国设计的问卷和量表到中国来用，这些在美国设计的问卷和量表是根据美国社会、文化、政治、经济情况设计的，不见得适合中国的情况。而且，问卷和量表常用"非常不满意、不满意、还算满意、满意、非常满意"之类的选项和以"1—5"的数据来说明问题，但是所谓的"不满意"、"还算满意"到底代表什么意思？"非常不满意"和"不满意"，"还算满意"和"满意"之间的区别到底有多大？张三的"非常满意"和李四的"不满意"代表的会不会是一样的情绪？你的"还算满意"和我的"还算满意"可不可能指的是两回事？也就是说，这些数据、量表其实并没有准确地说明研究者要说明的社会现象、人生经验。这些表面上是操作和技术层面的问题，实际上代表着用数据描写社会现象、个人经验的局限性。把西方发展设计的问卷和量表用于中国，不但会有削足适履的可能，而且还很可能有指鹿为马的问题。

除此之外，定量研究统计数据还有着不可靠的危险。定量研究的数据获取过程较为复杂，任何一个程序出现错误都会让整个数据的真实性和有效性受到影响。比如抽样方案的错误、在调查中被研究者给出虚假答案、数据输入和处理方面的技术错误等，都会让整个研究数据的质量受到影响。因为定量研究方法具有不可避免的局限性，近些年来，为了克服这些局限性，研究者开始越来越多地采用一些质性研究方法，比如进行实地研究，深入了解和发掘研究问题等。

2. 人文主义范式的兴起与社会学理论转向

社会学自创立之初，其实证主义取向在方法论层面上就长期占据着难以撼动的主导地位，而后研究理论和方法工具进入实用主义兴盛时期，美国本土的实用主义传统直接影响了社会学实证主义类型生成，开始慢慢转向工具实证主义（instrument positivism），再到 20 世纪 60 年代以后，现象学社会学、常人方法学、批判理论、符号互动论、科学的社会研究、科学知识社会学等反实证主义流派类型出现了一种勃兴的趋势，再至 80 年代产生的人文社会科学回归到宏大社会理论层次，以及尝试整合已有的社会理论视角的新功能主义选择，已然成为不同研究思路综合规整之后的理论表达新形式。

社会学的研究对象——人类社会是由一个个具体的活生生的人组成的，把人当作自然界的物一样来研究的科学主义社会学，其在发展过程中受到越来越多的质疑。西方社会学研究悄然发生着理论转向。这种转向的朝向是历史转向和文化转向。随着后现代主义思潮兴起，西方社会科学向前发展的过程中伴生了质性研究方法的出现，事实上，质性研究方法广泛应用于社会科学不同学科和多个领域，具有明显的泛学科应用性，从一开始在教育学、心理学、人类学等方面展现影响力，之后再逐渐渗透至社会学学科，在此过程中与之相应的是质性研究的方法不断完善，体系不断丰富，解释力不断彰显。对此，如果要细细探究质性研究的根源，可以追溯至三个不同的社会科学研究领域：一是，源自人类学早期的人种志方法；二是，20 世纪初与社会工作兴起紧密联系在一起的个案工作小组工作实务；三是，自20世纪60年代以来的对传统量化研究路径的挑战和反思。20世纪80年代末90年代初，质性研究经验和思路被引入国内，但由于学者认知不同，理解有差异，这一概念被译为多个学术名称，例如"质化研究"、"质的研究"、"定性研究"，其定义出发点各有千秋，指向存在层次性。质性研究早期以一种重视和展现女性主义方法论视角切入并应用于社会性别研究领域，逐渐孕育了一批具有鲜明特征、针对性强的研究方法、手法或策略，如扎根理论、焦点小组法、民族志方法、参与观察、深度访谈、个案研究、叙事研究、行动研究等一系列研究方法。我们所主张的质性社会学，正是以质性研究方法为基本方法和理念的社会学范式，是人文主义的社会学范式。

二　质性社会学的文化自觉

1. 文化多样性与文化自觉

"文化自觉"是20世纪90年代著名学者费孝通先生提出的，他指出文化自觉就是"生活在一定文化中的人对其文化有'自知之明'，明白它的来历、形成过程，所具有的特色和它的发展的趋向，自知之明是为了加强对文化转型的自主能力，取得决定适应新环境、新时代文化选择的自主地位。"①对此，费孝通先生将其总结为"各美其美，美人之美，美美与共，天下大同"16个字。可以说费先生的文化自觉是对全球化背景下的各民族文化和个体文化的一种理性表述，它是对当代社会人生存困境的直接思考。

文化的多样性同样是引入和应用社会质量理论于中国社会政策实践时需要考虑的重要问题。不同的文化背景带给人们社会行动上的差异性。如何在文化的多元化中，寻找社会整合、社会团结、社会信任的基点和衡量标准？

21世纪全球化浪潮迅猛推进，世界日益成为一个整体，在当今经济全球化的基础上，全球性的文化融合已经成为人类社会发展不可逆转的必然趋势。全球化背景下的文化多元发展是在尊重民族文化多样性、平等性的基础上形成的，是一种能够代表各民族利益、适合各民族文化需求的文化价值观。这种多元文化价值观并没有一个统一标准，因为各国家、各民族的文化

---

① 费孝通：《关于"文化自觉"的一些自白》，《学术研究》2003年第7期，第7页。

是有差异的，而文化多元发展就是在认同这种文化差异性的前提下所达到的全球文化共同发展，从而形成一种有利于全世界文化共同进步的文化价值观。当代中国所要坚持的就是这种各民族文化求同存异的发展战略，以便最终实现"和而不同"的文化价值选择。

2. 文化流动与文化焦虑

在社区人群的互动中，影响彼此关系及社区政治运作方式的不仅有群体性的态度、立场的分别，个人行为的作用也是不容忽略的。以布迪厄为代表的实践论人类学家在关注作为系统的文化的统治地位的同时，也承认文化控制的范围和深度是有限制的。"文化一旦产生，立即向外扩散。"[①] 人类文化的多元原发性和文化间封闭的相对性，使得流动成为文化的基本生存形式，已经成为不争的事实。以新航路的开辟及工业革命为界，人类文化流动可分为两个阶段：农牧文明时期的文化流动带有局部性及某种自发性和"盲动"的特点。近代资本主义"世界帝国"的建立，区域间的文化流动让位于西方对其他非资本主义文化的全面渗透，使得这种交流在各个范围、程度和层次上，日益表现出广泛的深刻性、目的性和策略性。

每一种文化都存在不同的制度让人追求其利益，都存在不同的习俗满足其渴望，都存在不同的法律与道德的信条褒奖他的美德或惩罚他的过失。研究一个地区或一个民族的社会，研究他们不同的文化现象和特征，研究他们的风俗，我们时常会对他们的努力和抱负生出亲和之情。通过认识遥远而陌生的人性，我们会看清自己。[②] 这是人类学家马林诺夫斯基在《西太平洋的航海者》中描述的文化功能和文化研究的魅力。正像他所说，人类文化功能的多样性，使文化趋异发展，而这种发展趋向所形成的多元化特性，又使文化与文化研究的魅力永存。以互动为基础、以多元性为主要特征的区域社会，正是形成文化纷繁复杂、丰富多彩的主要原因。

3. "人"的主体性张扬与个体间互动

整个现代社会结构变得日益复杂，而且日常生活世界越趋多元，所以，看待这个成长中的社会世界并不是一目了然的，恰恰需要移开一些理论的屏

---

① 季羡林：《东方文化集成·总序》，经济日报出版社 1997 年版，第 5 页。
② 马林诺夫斯基：《西太平洋的航海者》，梁永佳、李绍明译，华夏出版社 2000 年版，第 18 页。

障。目前看来，质性社会学正试图去回应这些新的变化，对待生活环境的认知似乎在摆脱同一性，继而去关注差异性和个性化。质性社会学其实也在重新建构研究主体与研究客体之间的权力话语关系，并且将社会个体生活的多维层面一一展示出来。由此，质性社会学的独特性和典型性一点点被提取。与量化社会学比较，不难发现，质性社会学不论学科主体抑或研究者自身都有着超乎寻常的研究敏感性和思考灵活性，把社会个体的点滴细节和生活特质嵌入整个社会结构之中，被大大书写的个体化的"人"打破宏大理论叙事传统和时代传承，实际上，质性社会学的理想和使命是把宏观与微观、个体与群体、社会与个体、结构与非结构等二元维度重新勾连和创新，以致研究规则也不时地处在"破—立"之间。

　　质性社会学的理论话语和方法概念具有典型的分散特征，它并不依赖一种整体化、体系化的理论方法话语系统来支撑，似乎传统上不同类型社会现象有着固定的理论定式和方法工具，但质性社会学却有着一套研究路径迥异的方法群构架，对待社会现象可以调动各类研究方法进行分析和阐释。质性社会学围绕的中心导向是主体性的张扬，关注社会个体间的深层次互动，同时还兼顾社会结构中社会、个体与群体三者结构化过程的生产。质性社会学在研究取向上除了关注通常意义上的同质性以外，把更多的精力放在了生动的个案、差异化个体、社会异质性及具体的时空情境上，也着眼于一个个活生生的社会个体日常实践经历。但是，质性社会学研究的成长具体化和实践操作化还面临着一系列研究主客体的个体性和灵活性融合过程。

　　第一，如何形成属于自身独特研究风格的质性社会学。关键在于，研究历程得立足于中国社会和文化思想传统，使用本土的"观察之眼"，通过发现和梳理与发源于西方社会学的历史脉络，重新厘清质性社会学本土的和全球的方位，以他者视角再看待，再思自身。

　　第二，如何理解和诠释质性社会学特有的书写风格。社会科学研究的风格不是简单地呈现研究成果的正规书写格式，相反写作手法及其内在符号意蕴却会传递出另一些"文本"意味。应该说，多数的书写文本和格式都已经被规训化、符号化、标准化、规范化，而且这里的语境中还会有研究主客体权力关系和角色互替的问题，质性社会学书写的格式不是为了从形式上与其他写作风格直接相区别，而是为了更好地呈现研究内容背后的逻辑和隐蔽的联系。

第三，如何思考质性社会学的结构化与非结构化。虽然目前质性社会学处在一个萌芽状态，并没有达到成熟期和发达阶段，与其他社会学学科和研究领域相比，似乎显得有些"势单力薄"和"孤木难支"，不能否认其内容体系不太完善，核心概念数量有限等限制性因素的存在，最重要的是如果真正形成一种结构化的知识共同体，反而可能会产生封闭化的知识生产风险，导致社会学诠释话语库存的枯竭。所以说，具有质性思维或人文主义色彩的一种非结构化的质性社会学学问其实更有利于重新认知世界和社会。

三 质性社会学在中国的成长空间与坐标

1. "中体西用"还是"西体中用"？

众所周知，19世纪晚期，冯桂芬、张之洞等人提倡了"中学为体，西学为用"，但之后被严复、胡礼垣等人驳斥后，便逐渐无人问津。20世纪以来，无论是国粹派或西化派，都或明或暗地以西方为模式而铸造中国的现代认同。在社会达尔文主义的笼罩之下，中国知识界接受了西方观点：一是所有社会都依循一定的进化阶段而发展；二是西方不但比中国超前至少一个阶段，而且代表了社会发展的最完美的方式。正是因为受着这两个观念的支配，中国寻求现代认同的人自然义无反顾地师法西方。这样一些社会背景因素存在，对社会学的学科发展、知识演进及应用价值提出了新的挑战。其实，无论哪一门社会科学的分支学科，都会面临一个本土化的问题，因为只有扎根于地方性知识的学科才更具竞争力和生命感，对于社会学而言更是如此。但是传统的量化社会学有时在回应部分社会现象方面会有无力感，或者寻找不到对应的有说服力的分析解释型概念，其实每一个社会状态背后都隐藏着文化意义和道德支撑，而这些要素与质性社会学有着某种天然的联系。换言之，质性社会学能够基于本土文化情境展现社会宏观结构中个体的思维特征和行为后果。它不仅仅是一个知识共同体的平台，更展示社会文化与个体联系的互动细节和历史琐碎，植根于人们日常生活实践的解释话语必然长存，进一步凸显了质性社会学的价值。对于质性社会学，其既解决了结构化过程中个体与群体关系所处方位，而且回应了社会发展的时代议题，也在全球化进程中提供了不同文化主体之间进行交流的机会和互动平台。

　　自 20 世纪初社会学传入中国之后，早期中国社会学实际上已经成为"整个中国社会科学多个学科中最早提出本土化并做得卓有成效的一门学科"。归纳起来，中国社会学活跃着的这些不同学派拥有一个共同特点，即知行合一，具体基于中国实际，汲取和消化中国文化，运用这些精神特质和思维优势，处理和解决中国问题、中国现象、中国话题。早期中国社会学家具有深厚的中国文化功底和思想底蕴，自觉地反思性地将来自西方的人类学、民族学、社会学等理论和方法进行改造完善，实现"中学为体，西学为用"的目标指向。

　　2."物竞天择"还是"天人合一"?

　　近年来，国内学界对"中国传统文化与社会主义现代化"问题做了富有成效的研究，发表了许多颇有新意的研究成果。但是，对传统文化的研究，多限于对儒家文化传统及其意义的研究，而忽视研究曾与儒家并称"显学"的墨家文化以及它对儒家文化的影响，这不能不说是传统文化研究中的一大缺欠。实际上，不论从历史上或是从现实上说，借鉴墨家学说的意义不仅不比借鉴儒家学说的意义逊色，而且要比借鉴儒家学说更能贴近当代社会、经济、政治发展的要求。这不仅仅因为墨子是我国古代伟大的思想家、教育家、科学家、军事家、社会活动家和学贯文理、注重实践、百科全书式的平民圣人，而且还因为他提出了有现实意义的一系列社会政治理论和政治主张。

　　西方文化强调"物竞天择"、"人定胜天"、"弱肉强食"，势必导致人与人之间的"优劣之争"，人对自然生态的无限度开发占有，毁天毁地，毁人毁己。然而自然虽无人格或神格，如孔子说："天何言哉！四时行焉，百物生焉，天何言哉！"

　　东方的"天人合一"的思想，实质是关于人与自然的统一问题、人与人的和谐相处互动、人的行为与自然的协调、道德理性与自然理性相一致。然而，中国传统的"天人合一"经常以神秘主义的天人观而告终，所以才会有战国后期荀子天人相分的呐喊、汉代王充对天人感应论的批判。当我们重新审视"天人合一"的时候，它的确是传统哲学的重要特点，但并非现代意义上的人与自然的和谐相处。从消极意义上来理解，它重内在的精神体悟，忽视了对外在客观世界的认识和改造，始终难以摆脱其固有的神秘性，甚至成为被人利用的工具。另一方面，传统"天人合一"世界观也自有其积极意义。它把外在的必然性和人的主体能动性统一起来，具有很高的精神价值和审美意义，也正是这种思想熔铸了中华民族自强不息的奋斗精神，渗入传统文化的各个方面。同时，根据这种思想，人不能违背自然，不能超越自然界的承受力去改造自然、征服自然、破坏自然，而只能在顺从自然规律的条件下利用自然、调整自然、完善自然，使之更符合人类的需要，也使自然界的万物都能生长发展。另一方面，自然界对于人类，也不是一个宰制人类社会的神秘力量，而是可以被认识、可以为我所用的客观对象。人类社会的发展应与自然和谐相处，人、社会与自然之间应处于一种互动的和协调发展的状态。

3. 历史的眼光和过程的视角

如何将质性社会学从中国社会学本土化发展进程的单向维度中跳脱和挥洒出来，树立一种相对独立的具有情境感的学科范式与研究指向，结合人类学、民族学、文化理论的相关理论视角和反思维度，同时要努力对本体知识的建构性和主体性保持一种学术自觉和理性思考，这将会成为质性社会学探索当中的一大重点和创新点。然而，与其去颠覆统计社会学的神话，不如提醒我们不要陷入"方法论的瘟疫"（韦伯语），塑造唯方法论的神话。[1] 正如叶启政所说的，新的理论视角所保证的只是在一些特殊哲学、人类学的存有论预设前提指引下，一个特定论述与人们的经验感知之间，所具有的贴切感的程度而已。[2] 质性社会学必须建立在对中国文化价值与经济结构的了解基础上，才能真正被纳入世界社会学体系之中。

洞察中国这样一直在经历剧烈变动的转型社会就更需历史的眼光和过程的视角。社会学家在对过程的强调中，更会强调事件性的过程，因为实践状态社会现象的逻辑，往往是在事件性的过程中才能更充分地展示出来。[3] 显而易见，以细微见长、以事件为中心的叙事方法与面向中国社会转型的实践社会学正有着特殊的亲合性。在中国社会发展变迁中存在三类特征，其一，中

---

① 应星：《略论叙事在中国社会研究中的运用及其限制》，《江苏行政学院学报》2006 年第 3 期。

② 叶启政：《进出结构：行动的困境》，台北：三民书局 2000 年版。

③ 孙立平：《实践社会学与市场转型过程分析》，《中国社会科学》2002 年第 5 期。

国社会体制运作的变通性①；其二，中国社会转型实践的过程性；其三，中国社会日常生活的模糊性。这些特征决定着社会结构和发展状态，社会学需要适应和加以回应。这也为质性社会学的学术生长和学科诞生创造了条件。

民族志研究法可以很好地与批判实在主义哲学结合。民族志研究法要求研究者将抽象的理论说明放在具体的田野经验中再三地检验和修正。研究者必须深入被研究群体的日常生活，理解他们的意义世界。但是，研究者不能把被研究群体的日常观点看成是对社会结构的直接说明。反之，研究者应该从收集到的田野资料中，推理出有关社会结构与行动的因果律则。为了完成这项任务，研究者需要在田野资料与抽象理论之间保持"连续的反馈"。研究者先以一些简单的概念对资料进行分类，接着形成一些可以说明概念的暂时性类属，然后提出一个说明不同类属之间关系的初步理论。无论是概念、类属或理论都可以在后续资料收集的过程中不停地被挑战、抛弃、修改、扩张、精炼，直到这些概念、类属和理论完全与田野资料紧密结合。

4. 文化自信与文化自醒

当代中国社会的文化焦虑，主要通过两个方面表现出来：从历时维度来看，造成当代文化焦虑的主要原因就在于传统文化在当今这个信息社会被渐渐地遗忘并失去了存在的空间，造成了中国传统文化与当代文化的断裂；从共时维度来看，影响当代中国社会文化发展的因素主要是来自于西方发达国家对发展中国家所进行的意识形态侵略，从而造成中国本土文化与西方文化的冲突。提升文化自觉意识，就要做到文化自主。当今世界是一个多元文化并存的世界，而每一个民族要想在多元文化氛围下发展自己民族特色的文化，就需要各民族有强烈的民族自主意识，能够在各民族文化的交流互动中做到在融入社会的同时，还要自主发展，这里的自主发展要求真正体现本民族内部需要，迎合本民族人们的意愿，实现本民族的自我发展，最终完成价值主体的重建。

中国社会思想史的理论关怀，是其从思想史或其他分支思想史之中凸显出来并形成独特社会学品格的关键，将秩序作为中国社会思想史的理论关怀，一方面基于社会学本身对秩序的关注，另一方面基于对历代思想家观点

---

① 应星：《略论叙事在中国社会研究中的运用及其限制》，《江苏行政学院学报》2006 年第 3 期。

主张和政治家行动实践背后强烈的秩序诉求的综合把握。中国社会思想史的社会学品格既来自其与社会学的同构共生关系，也来自其以社会秩序为中心的理论关怀。一方面，现代性是社会学的本质，但现代与传统之间并不能完全断裂，作为全世界唯一的数千年文明史延续不断的中国，其传统社会思想文化与现代社会更具有强烈的内在关联性。中国社会思想史的关注领域虽然是过去和传统，但由于现代是传统的延伸，传统是现代的根基，中国社会思想史研究力图沟通传统与现代，揭示传统与现代之间的连续性，并建立现代与传统之间的内在关联性，进而发现当下社会的新特质。由此，在传统与现代性问题上，中国社会思想史与社会学达成高度契合。另一方面，历代思想家的观点主张和政治家的行动实践背后都有强烈的秩序诉求，因而重在发掘传统思想现代生命力的中国社会思想史，就与以秩序为中心的社会学形成同构，凭借社会学理论和视角呈现出来的中国社会思想，就由此确立了独特的社会学品格，中国社会思想史研究也因此具备了社会学的理论视野。

近代以来，儒家思想在中国文化上的地位发生了很大的变化，在继承中创新、在创新中发展，重新认识和解读经典，必然赋予经典以崭新的意义。儒家传统并非仅存在于心灵之外的典籍，更是存在于每个中国人内心的观念和价值。中国传统文化的现代价值的最大体现就是要实现中国传统文化的智慧与现代社会的价值理念融合、协调和转接。重视和珍惜中华传统文化的魅力和价值，是因为这珍贵的传统从未与时代脱节，且处处预示和彰显了每个时代的特性。因此，将儒家思想与现代社会生活紧密相连，使儒家思想在现代社会的脉络中获得张举，进而激活它的传统价值，成为引发中国现代社会不断向前发展的一大活力。

第二节　质性社会学是解释社会学

一　从现象描述到原因追溯

质性研究的目的不是预测，不是控制，而是理解。质性研究强调在特定历史文化背景下，透过具体的日常生活实践，对典型个案、焦点群体和社会现象的诠释理解，在具体情境中把握现象和事件的意义；寓情于景，追求研究的特质化，强调地域的适用性，重视主观体验；寻求对区域社会发展质量的追求和人群生活意义的建构。

解释社会学或可称为理解社会学。谈及理解社会学离不开韦伯。韦伯把社会学定义为理解社会行动的科学。人类行动是有意义的。狄尔泰认为，如果我们要理解人类行动的意义，就要从行动者的内部去把握主观意识和意图。要做到这一点，需要对行动者进行一种同情式的理解，进入行动者的内心，理解其行为的动机、信仰、欲求、思想。

质性社会学以质性研究方法诠释、理解社会现象。重点取向社会研究的本土维度，倡导将心比心、设身处地的研究视角，强调情景意识、行动取向，从西方社会学体系的背景中走出，重新审视中国传统文化的理论与实践价值，从而建构中国社会学话语体系，达成社会质量观的中国研究实践，反思西方思想文化在世界研究体系中的位置，整合中国社会思想史，最终达成对中国社会文化与现实的本土阐释体系。

整体上看，质性社会学目前仍然处于一个演进发展的状态，它较好地融合了不同学科知识的话语指向和研究路径，立足于以往的研究场域，建立了倡导理性思维、面向文化语境、思考社会整体的质性社会学的知识脉络和理论储备。质性社会学与传统社会科学场景中时刻活跃的实证社会学截然不同，它不局限于数字模型的学术"素描"，而是添加了更多的符合时代气息的社会元素和文化背景，把关注人及其日常生活提升到了一个更高的研究底蕴层次，同时也注重回应人与社会的关系，提高社会个体或群体的幸福感和生活质量等内容，这些都为质性社会学的学科存在"圈定"了新的研究边界。

进一步来看，与量化社会学散发的对社会现象观察精准的气息不同，质性社会学"另辟蹊径"，走出了另外一条独具特色的研究道路，其关注点对焦在可谓社会现象背后的真实层面和最终本质。质性社会学的研究实践依靠其核心概念来承载，比如社会质量、社会结构的差异性、本土化与全球化等，这些话语符号其实是深入到社会个体的内心和社会整体的宏观结构的具体勾连和互动联系之中，从另一面展示了质性社会学的理论魅力、知识话语权、学术张力。由此可见，质性社会学的诞生恰逢其时，为如何认知世界、表达社会、诠释个体创造出一类新的解读思路和思考途径。

二　质性思维：解释的策略

1. 近距离个体切入，全方位倾听声音

质性思维作为质性社会学的核心分析概念之一，其首要回应如何理解和解释何谓社会及其社会的走向。也就是说质性社会学之为解释社会学，质性思维方式就是寻求解释的策略。实际上质性思维形成受到多重因素的影响和塑造，尤其是社会个体或群体的生活经历、记忆与遭遇，以致不确定性的特征成为质性思维结构中的典型代表。毫无疑问，质性思维方式重在社会结构之外寻求认知和诠释，突破既有的社会经验对原有社会个体的行为/行动框定，惯习的打破成就了质性思维的走向。

来自质性社会学的研究方法与文本呈现将社会个体生活情况、成长环境及经历、社会现实情景等联结在一起，对于研究者和被研究者个体来说，口述史和焦点小组法有着不一样的质性研究知识生产特性，它们是围绕社会现象的参与者或相关者的实景叙事来构建知识话语和资料生产的，因此，个体记忆或群体记忆占据了更为重要的研究地位和现实影响，以至于在一定程度上影响到了传统知识生产中所嵌入的权力关系，这种冲破和解构的变化过程改变了知识的"发声"人群构成，不仅仅是占据知识生产顶端的人群，而且还需要包括倾听那一部分的人群，而与之相伴的就是研究者转换研究"镜头"和研究"焦距"来配合实现这一变化。

由此可见，质性思维聚焦于倾听和领悟。倾听中有几个关注点：第一，经验之声，关注来自任何参与者的经验呈现；第二，背后之声，强调声音背后的声音，扩大知识发声的群体性和平等性；第三，差异之声，提到知识差异性、个体差异性、情境差异性；第四，知识之声，知识生产和构建从来都不是一个间断性的过程；第五，主体之声，注意到社会个体的主体性特征，在视域融合过程中实现这一目标。

2. 设身处地、将心比心

社会现象或社会现实要摆脱常规性的二元思维去解读和思考，因为往往人们对社会的认知都迷失在表象层面，反而会略过或失去真正了解社会真实的另一面。同时，同质性或同一性等习以为常的社会特征又进一步强化了思维指向常性，以致社会个体或研究主体没有办法挣脱二元思维带来的自我知

识窠臼，有时离质性思维定位只有一步之遥，才能贴近于真实社会和日常生活世界。无论社会变迁的频率有多快，质性思维始终都会具有敏感性、主体性、多元性、差异性等多种时代特征，这些特征不仅为人们理解和吸收质性思维提供思想基础，同时也为呈现社会样态创造了一系列认知指标或认识路径。虽然社会现象或社会现实看似难以捉摸、变化不定，但事实上它的本质就可以通过质性思维活动和行为实践获得感性认识与经验体会，似乎很远实则近在眼前。质性思维的存在散落在各种社会事件、社会过程、社会情境、社会变化之中，关键在于要学会从种种细微之处准确把握住质性思维的立足点和中轴线，明确地演示和凸显其来龙去脉。

此外，还应看到质性社会学的研究策略。研究者通过观察人们的社会行动，特别是由此所形成的事件与过程，对其进行叙事性再现和动态关联分析，并在简单的结构—效果因果关系之间加入过程因素，其中离不开"将心比心、设身处地"，"行动取向、本土知识"，"情景意识、赋权意识"等研究策略的支撑和维系。

三　寻求解释的维度

1. 日常经验、历史视角与常人方法论

日常经验研究是一种通过研究日常生活中各种事件发生时人们的瞬时感受而在自发、自然的情景中对人的心理现象、过程进行探索的方法。作为一种研究社会过程的范式，日常经验研究方法的研究对象是日常生活中各种事件发生的"当下"人们的主观感受。日常经验研究强调对日常生活经验进行直接而即时的报告，"并不太关注用内部效度最大化的方法对因果假设进行检验；相反，它要考察的是随波逐流于日常的、自发的行为'洪流'中的某一特定心理过程或现象"。日常经验研究方法的背后隐藏了这样一个假设——日常生活事件并非琐碎芜杂、无足轻重，相反，它们有着独特的结构和节奏；对日常生活事件细致、深入的研究能够帮助我们洞察人类的社会行为。

以人为中心，自然关注大众文化，注重基层社会，强调自下而上地看历史。社会生活史重视普通群众的日常活动，不仅关注到民众的经济生活，而且关心大众文化，即普通民众的人生态度和价值观。加强对基层社会的研

究，提倡研究"来自下层的历史"，并不排斥政治与国家，但研究方法是从此出发，将民众活动与国家、法制等联系起来。基层社会与国家具有相对性，基层社会的组织规则与社会网络是生活展示的舞台，体现风俗习惯与大众心态，以及连接国家权力，国家和政治在从下看历史中得到了新的体现。基层社会主要由普通人的生活构成，历史的形成与基层社会生态环境（包括文化）关系密切，自然而然地引入地域研究的概念。地域研究把人的活动放在特定的地域场景中认识，重视社区，其立意仍是探讨基层社会、关心普通个体，成为生活史必要的研究框架。文化在实践活动中的呈现是生活的样态，继而，这样的生活样态制约着、熏陶着人的行为方式和思维方式，它既有现实活动的文化模式也有理论形态的文化理念。不同时期的社会，会呈现出不同样态的文化；显而易见，在现代工业社会中的生活样态，就是现代性文化，就是现代人的生存形态、生活气息。

首先，从习以为常发现历史。日常生活世界各种不断重复的活动，多为群体无意识，这属于心态史的范畴。年鉴学派在家庭史、爱情史、配偶史、对儿童的态度史、群体社交史以及死亡史等一系列新开拓的研究领域中发现，人们看不到动乱突变，这就从一个方面证实了心态史所研究的是非常长的时段中一系列隐秘的演进，这些演进是无意识的，因为生活于其中的人们并没有意识到这些演进。[①] 心态史关心人们对待事物的态度，阐发人们对生命、年龄、疾病、死亡等现实的态度，对于认识日常生活很有用处。心态史研究与历史人类学的关系彼此难分，历史人类学研究各种习惯，而习惯都是心态的。历史人类学可以揭示人的行为反映的特定历史时期的社会文化，引入心态史与历史人类学的研究理念与方法，就可以从习以为常的琐事中发现历史。在中国，社会史的兴起与历史人类学有不解之缘，一些学者努力实践历史人类学，换位思考，从习俗进入社会，重视民众观念、文献研究结合田野调查进入了社会史研究。

其次，从日常生活来看国家。生活史主要以人为中心，很自然就会关注到大众文化主题，注重基层社会，强调自下而上地观察历史，社会生活史常

---

① 米歇尔·伏维尔：《历史学和长时段》，见勒高夫等《新史学》，上海译文出版社 1989 年版，第144 页。

常重视普通群众的日常活动，不仅会关注民众经济生活，而且也关心大众文化，即指向普通民众的人生态度和价值观。生活史从加强对基层社会的研究出发，不仅提倡研究来自下层的历史变化，而且不排斥政治与国家。研究方法由此出发，将民众日常活动与国家法制等联系起来。基于此，基层社会与国家具有相对性，基层社会的组织规则与社会网络成为生活展示的现实舞台，充分体现风俗习惯与大众心态，并连接国家权力，国家和政治在从下看历史的过程中得到了一种新的体现。

　　资本主义出现无疑是人类社会的巨大变迁，法国年鉴学派的第二代学者费尔南·布罗代尔探讨 15 至 18 世纪西欧资本主义兴起，首先从日常生活的结构开始，将之作为物质文明或物质生活。他认为，日常生活无非是些琐事，将其纳入历史的范围的用处在于：历史事件是一次性的，或自以为是独一无二的；杂事则反复发生，经多次反复而取得一般性，甚至变成结构。它侵入社会的每个层次，在世代相传的生存方式和行为方式上刻下印记。我们发掘琐闻轶事和游记，便能显露社会的面目，社会各层次的衣食住行方式绝不是无关紧要的。① 即从日常生活最基层入手，考察资本主义的产生，布罗代尔并未局限于此，接着探讨市场经济和资本主义，反映出年鉴学派对于总体历史的追求。当代中国正在迅速现代化，经历着社会转型，该如何对待传统生活方式，引起人们对于日常生活的关注，日常生活历史的研究自然也是必要的。

2. 社会结构差异性

　　从社会结构到社会结构差异性的转变折射出社会结构系列概念群的重要性和特殊性，这一变化的产生与质性社会学的诞生成长密切相关，也反过来凸显了社会结构差异性概念的独特解释力和历史指向性。社会结构概念自帕森斯、默顿以来都占据着社会学分析的核心地位，它串联了个体与群体、行动与思维、行为与经验、理论与实践等二元形式的概念组合，当研究年轮过渡到社会结构差异性概念时，其把社会结构差异性的解释空间又向前扩大了一步，为构建质性社会学理论范式和分析路径提供了独一无二的理解思路。

---

　　① 费尔南·布罗代尔：《15 至 18 世纪的物质文明、经济和资本主义》第一卷，顾良、施康强译，三联书店 1992 年版，第 27 页。

社会结构差异性比社会结构其嵌入语义及带入情境要更为丰富和宽广，同时也从刚性结构转变成流性状态，尤其是注入了本土文化的底色，由此改变了社会结构之于一般社会的传统，而使社会结构差异性镶嵌到质性社会的体系。差异性的社会结构既可以理解为一种社会结构性特征，亦可以看作一类社会结构分化情况，但无论哪一种情况的出现，都意味着社会结构差异性作为一个分析概念正在发挥作用。一定程度上，社会结构差异性解决了质性社会从何处来到何处去的问题，因为任一社会都离不开一定的结构布局和功能分化，只有解决了结构动力问题，才会厘清社会本质层面的根本属性和时代要义的问题。

第三节　质性社会学是社会质量学

质性社会学为自己确定的只是一个"有限"目标：研究和促进社会质量提升。社会质量也就是社会发展质量，即社会发展的程度和好坏，主要指经济增长之外的社会维度。"社会的文化价值、精神气质、历史积淀、人的社会认同、主观感受等方面，构成社会发展的质量。"[①]

一　社会质量发展观的源起

1. 社会质量概念的提出

"社会质量"（social quality）一词诞生于1997年的阿姆斯特丹欧盟会议上。会议期间，70余名来自社会政策、社会学、政治学、经济学等领域的专家学者共同签署了《欧洲社会质量：阿姆斯特丹宣言》（*Amsterdam Declaration on the Social Quality of Europe*），并宣称："我们不希望在欧洲城市中看到数量不断增加的乞丐、流浪汉和无家可归者。我们希望欧洲是一个经济上获得成功的社会，同时也希望通过提升社会公正和社会参与，使欧洲成为具有较高社会质量的社会。"[②] 社会质量概念的提出回应了近来理论界

---

① 江波：《构建"质性社会"与社会学的使命》，见张海东主编《质性社会学的探索：理论、方法、应用》。

② "Amsterdam Declaration on the Social Quality of Europe"，http：//www. socialquality. org/about - iasq/amsterdam - declaration - of - 1997/.

对于发展问题的相关讨论，传递了欧洲学界推动经济与社会协调发展的强烈愿望。会后，一些学者发起成立了欧洲社会质量研究基金会（EFSQ），发展并重点推介社会质量理念，在西方社会产生了较大影响。这种影响主要表现为：有大量学者关注社会质量；欧盟接受了社会质量理念，并将之引入年度报告、社会状况分析中，提升社会质量已成为其优先行动领域，其实证研究和比较分析已取得一定成果。2006 年以来，通过日本千叶会议、中国台湾会议、中国人南京会议等国际学术活动，社会质量这一概念开始进入东亚社会，并为一些研究者所触及。但总体看来，目前社会质量在国内的传播尚处于初期，其研究成果十分有限，引起的学术关注并不多。可以说，面对欧洲学者力推的这一社会政策研究新范式，国内学界对社会质量的理论导向、价值规范、操作体系等还是缺乏足够了解，而从理论发展的角度看，阐释往往是理论传播和学术研究的起点。

自从库兹涅茨在 1934 年提出"GDP"这一概念以来，它一直是衡量社会进步的最重要指标。但 GDP 作为衡量社会质量的标准时存在许多缺陷，它既不能衡量非经济活动，也不能反映社会平等、社会福利、生活满意度等影响社会质量的重要方面。为弥补 GDP 的这些缺陷，著名诺贝尔经济学奖获得者阿玛蒂亚·森曾提出人文发展指数（HDI），但这一指标显然过于简单，不足以覆盖社会发展的方方面面。20 世纪 50 年代，加尔布雷思在其《富裕社会》[①] 一书中首次提出"生活质量"（QOL），试图超越发展问题上的经济中心主义的片面性，开始关注"社会性"方面，但生活质量研究在系统连贯的理论整合方面陷入了困境。

社会质量理论以提高社会质量为研究宗旨，结合建构性、条件性和规范性三要素综合考量了社会发展质量，形成了较为完善的理论框架。在实践层面，社会质量理论从社会经济保障、社会整合、社会融入、社会增能、社会认知、社会反应、人的能力、社会公正、团结、平等价值和人的尊严等多个方面建立起了衡量社会质量的综合性指标，并使每个指标都具有可操作性。可以说，社会质量从理论、经验和政策导向层面为构建和谐社会提供了良好的借鉴和指导。

---

① 约翰·肯尼思·加尔布雷思：《富裕社会》，江苏人民出版社 2009 年版。

社会质量起源于一个纯粹的欧洲概念，其背景主要是：经济全球化的进程不断加快，随之而来的一系列问题使欧洲福利国家的福利水平有所下降，而这一福利水平的下降被学者们归结为与政策的制定者新自由主义者主导的重经济政策、忽视社会政策有关。[①] 为摆脱这种重视经济政策、忽视社会政策的局面，社会质量理论，旨在通过制定新的社会政策从而全面提高社会成员的福祉，是一个全新的社会发展理念。它以人的社会性作为理论基础，且由制度性因素、条件性因素和规范性因素构成它的理论框架，在这三个框架下分别产生了各自的测量方法，这为国家之间社会发展的比较研究提供了可能。

2. 社会质量的概念内涵

社会质量作为一个全新概念提出的时间并不是很长，但学者们已经将其发展为一个具有很大拓展空间的基础性理论框架。从概念上来说，社会质量是指人们能够在多大程度上参与其共同体的社会与经济生活，并且这种生活能够提升其福利和潜能。社会质量有其相对独特的理论架构，其出发点是消解社会发展与个体发展的矛盾，解决组织世界（体系和制度世界）与生活世界（共同体、群体和家庭）的冲突，从而改善社会状况，继而提升个人的福利和潜力。

一般可以从社会质量概念内在包含的四个条件性因素来管窥和梳理其理论内容。一是社会经济保障，指人们获取可用来提升个人作为社会人进行互动所必需的物质资源和环境资源的可能性。二是社会凝聚，指以团结为基础的集体认同，揭示的是基于共享的价值和规范基础上社会关系的本质，重在考察一个社会的社会关系在何种程度上能保有整体性和维系基本价值规范。三是社会包容，指人们接近那些构成日常生活的多样化制度和社会关系的可能性，人们在何种程度上可以获得来自制度和社会关系的支持。四是社会赋权，指个人的力量和能力在何种程度上通过社会结构发挥出来，社会关系能在何种程度上提高个人的行动能力。

从学术思想理论层面说，社会质量理论是一种围绕社会发展的新理念和

---

① A. Walker, "Social Policy in the 21st Century: Minimum Standards or Social Quality?" in *The 1st International Symposium and Lectures on Social Policy*, Tianjin: Nankai University, 2005, pp. 11 - 15.

思维范式，它摒弃的是以片面追求"经济发展"为核心内容的社会发展观，倡导建立一个以民主、平等、团结、和谐为核心价值的"可持续发展"的福利社会来谋求全体社会成员的共同福祉，也强调经济政策和社会政策平衡发展的公民社会的重要性和发展 NGO 的重要性。欧洲学者强调，社会质量理论并不是仅仅在于其对学术思维的启迪、社会价值规范的强调和对现实状况的描述，而是在于将理论思考运用于经验世界，通过社会质量为政策制定者和欧洲民众提供认识社会的一种崭新视角。

从社会政策实践层面说，社会质量理论通过倡导"社会质量"的理念来影响政府政策制定的活动，它主要涉及社会福利政策、住房政策、公共医疗卫生政策和教育政策等各项公共政策内容的制定、修改和完善等活动。所以，社会质量的政策蕴涵和功能指向十分明显，它追求社会政策的制定应该面向全体社会成员共享人类社会发展成果的终极目标，其社会发展诉求与我国社会政策价值导向相协调。

二　欧洲的社会质量分析框架

"社会质量"（Social Quality，SQ）概念提出后在欧洲受到高度关注，无论是学界还是欧盟都在致力于研究、推广这一全新的社会发展理念。目前欧洲许多国家按照统一的欧洲版本的社会质量指标体系衡量各自的社会质量，并据此对有关社会政策进行调整。

在社会质量理论阐释中，社会性（the social）是一个基础性概念。社会质量理论以社会为导向，强调人们在团体中、社区中和社会中的相互依存关系。在此，社会质量这一概念可以被定义为：公民在那些能够提升人们的福利状况和个人潜能的环境条件中，参与其社区的社会经济生活的程度。基于这一定义，社会质量理论倡导建立一种以公民权、民主、平等和社会团结为核心价值的社会，并把每个个人都看成是处在其自我实现和集体性认同这两方面的辩证关系中。该理论致力于反映社会整体状况，希望通过社会指标的研究和社会调查的方法来呈现各个社会的社会质量状况。据此，社会质量理论构建了一套围绕社会质量状况进行分析和考察的概念框架，并把它运用到对各国社会质量状况的分析和比较过程中。

社会质量理论倡导社会团结和社会和谐，并为此设立了特定的分析框架，这一理论以"社会团结"为核心概念，延续了以孔德、涂尔干为首以"社会"为导向的社会学思想传统，强调人们在团体、社区和社会中的相互依存关系。因此，作为理论特色，这一理论以社会性为立论的逻辑起点，以社会整合（包括社会体系、社会利益、阶级阶层的整合）为原则，强调以大众参与的方式来增进社会整体的福利状况。基于这一价值基础，社会质量研究把社会团结、社会包容和社会赋权这些理念有机地联系起来，并为研究社会和谐问题奠定了社会哲学的基础。①

尽管面对的是现实问题，但社会质量这一概念也蕴含了诸多欧洲社会思想家成熟、系统的理论思考。近代以来，欧洲社会思想所面对的基本问题之一即社会与个人的关系，亚当·斯密、黑格尔、马克思、韦伯等经典思想大师均从不同角度对这一问题提出过独特的见解，哈贝马斯、布迪厄、吉登斯等当代理论家也都试图弥合社会与个人之间的二元对立。

在这一思想脉络下，社会质量理论的出发点是消解社会发展与个体发展的矛盾，解决组织世界（体系和制度世界）与生活世界（共同体、群体和家庭）的冲突，从而实现改善社会状况与提升个人的福利，潜力的双重目标体现了人与社会相互统一的思维。在其倡导者看来，这一概念可以分解为四个维度：社会经济保障、社会凝聚、社会融合和社会赋权。社会经济保障包括人们赖以生存的基本社会经济保障条件及其相关制度，社会凝聚主要是具有共享价值观念的人们之间的社会关系状况，社会融合强调人们能够融入社会的不同层面而不是受到排斥，社会赋权则指通过社会关系的增加来推动人们社会行动能力的提高。每个维度都对个人、社会关系这一主题有所涉及，且彼此关联、相辅相成，构成了一个有机的理论体系。

当然，作为欧洲当代诸多思想家集体智慧结晶的社会质量理论体系，已经走出欧洲，联结欧亚，成为开展国际比较研究的重要工具。这也要求其保留一定的标准化特征，如何在必要的标准化与必要的本土化之间寻求某种平衡。这是中国学者的职责所在，也可能是影响社会质量理论生命力的一个关键。

① 林卡：《社会质量理论：研究和谐社会建设的新视角》，《中国人民大学学报》2010年第2期。

三 社会质量的中国语境

欧洲学者认为一个社会的社会质量状况可以通过以下四方面要素来描述。一是社会经济保障。人们必须有机会获得社会经济保障——不管是来自就业还是社会保障——以便使自己免于贫困和其他形式的物质剥夺，如保障人们获得收入、教育、健康照顾、社会服务、环境、公共卫生、个人安全等资源的权利。二是社会包容。人们必须在重要的社会和经济制度中（如劳动力市场）经历社会融合，或者免于最低限度的社会排斥。社会质量研究关注如何增进社会体系的整合性和包容性，从社会体系的层面来反映各个社会的社会质量状况。三是社会凝聚。社会凝聚就是基于共享的价值和规范之上的社会团结，用以考察各个社会中人们所具有的社会信任类型、程度以及人际信任与制度性信任之间的联系。在有关整合的讨论中，社会团结、社会信任、社会资本成为社会质量研究的重点。四是社会赋权。人们必须在一定程度上自主并赋予一定的权能，以便在社会经济的急剧变迁面前，有能力全面参与。增能意味着使公民能够控制自己的生活，能够利用机会，它意味着增加人的选择空间；因此，它超越了政治参与，而聚焦于个人的潜能（知识、技能、经验等），聚焦于这些潜能可以实现的程度。①

社会质量理论以"可持续的福利"这一目标作为发展前景，为人们探索如何满足人们的福利需求开辟了新途径。它倡导社会和谐，把"人"作为社会发展的主体，秉承"以人为本"的价值导向。正如《欧洲社会质量：阿姆斯特丹宣言》所言，欧洲社会质量的状况取决于欧洲全体公民所享有的经济、政治、社会的公民权利的程度。它考察社会融入、社会参与情况，要求把所有公民尽可能地纳入社会体系中，降低社会排斥，创造社会团结，提升社会质量。

可以看到，社会质量概念虽由欧洲提出，但其基本内涵具有普适性。社会发展既需要"量"的积累，更在于"质"的提升。社会质量理论把每个个人看成是处在其自我实现和集体性认同这两方面的辩证关系中。质性社会

---

① 艾伦·沃克：《21世纪的社会政策：最低标准，还是社会质量》，见杨团、葛道顺《社会政策评论》（第1辑），社会科学文献出版社2007年版。

学的社会发展质量，偏重于人的内心体验，是以人的主体感受为本的社会生活质量。迄今，人们已经对关注社会发展的质量达成了共识。但必须认识到，不同的文化背景、历史传统，对于生活质量的感受和要求是有所不同的。因此，我们也不能完全照搬照套其分析框架和测量工具。

譬如，欧美老牌殖民国家移民国家的历史传统，把"社会融入"、"社会参与"看作社会质量的关键。而我国历史悠久，近二三十年才开始了快速城市化历程。而我国"梯次城镇化"过程中的人口流动与国际迁移完全不可同日而语。但很多学者照猫画虎搬来欧美社会质量分析工具量表，把农民工的社会融入当作我国城市化的主要问题来研究，这种研究对于提升我国社会发展质量的意义可能是不大的。再如，东西方关于"生活质量""幸福感"的理解，有共性也有差异。中国语境的"幸福"传统表达为"五福"，《尚书·洪范》中说"五福：一曰寿，二曰富，三曰康宁，四曰攸好德，五曰考终命"。中国人追求的社会质量、幸福指数的指标排序及测量都不能照搬照套西方概念及表述。欧洲讲"社会团结"，中国对"和谐社会"的追求实际上就是要实现一个高质量的社会发展。对中国社会发展的研究者而言，发展出一个可以度量"社会的质量"的理论和测量工具，发展出一套适合于描述中国社会质量的话语体系，是对其研究的一个重要方向。

四 质性社会：着眼于社会质量的发展阶段

历史唯物主义告诉我们，社会是螺旋式发展的。欧洲学者提出社会质量理论是在 20 世纪 90 年代。美国在 20 世纪六七十年代也曾出现过"社会指标运动"，即在经济高速发展后将对社会问题的关注提上一个新的高度。我国改革开放以来以经济建设为中心，经济连续多年保持两位数增长，"和谐社会"建设提上日程并越来越受到重视。不同国家、不同地区都同样经历"经济高速增长—社会质量提升"的历程，这是一个社会发展由量变到质变的过程。也就是说，在社会发展的不同阶段有着不同的关注点。某一阶段我们关注的重点是社会经济增长、物质财富积累；当积累到一定阶段，关注重点就要转移到社会安定和谐、精神文明提升。也就是说社会的"数量发展"和"质量发展"是交替进行的。我们提出一个概念，把处于以质量发展为主的阶段称为"质性社会"。那么，以经济增长数量发展为主的阶段相应也可称为"量性社会"。

质性社会是理解社会发展阶段性而提出的一种类型化分类。当然,"质性社会"和"量性社会"是不可截然分割的,事物由量变到质变,质量互变,只不过不同阶段社会研究者关注的重心有所不同。对于社会学,社会亘古至今皆是社会学时刻关注的宏大命题和微观情境。就宏大命题而言,一直以来的社会变迁螺旋式发展反映"量性社会"和"质性社会"的交替,而谈及微观情境,则必会涉及社会结构中的社会个体间或群体间互动的细节,于细微之处发现质性社会到来的痕迹。无论"社会"的前缀是什么,都相应彰显出一个时代所独具的社会内涵和人文指向,从古至今涌现出各种社会类型称谓,涵盖了经济、社会、文化、思想、时空等多个领域和范围。质性社会实质上是一种概括现代性或后现代性以来的发展阶段,它反思物质社会,重视心灵建设,关注幸福质量,体现人文关怀。进入质性社会时期,实际上在社会架构中完成三次对接,即实现了宏观社会结构与微观个体行为的连接,实现了物质世界与心灵社会的连接,实现了社会主体性与现实客体性的连接。这些连接活动的背后展现了质性社会的内在行动逻辑,跨越了社会个体的一般能动性和社会群体的整体结构性,充满着对社会质量良性发展的追求。与以往的社会类型相比,其不再是一类物质状态的聚集体,而是一种心灵交流的共同体,质性社会带有的反思性和主体性也在默默地展现影响力和作用力。

质性社会作为质性社会学研究的对象范畴,为质性社会学提供了本体论支撑。这一核心概念主要包含以下几个方面的内涵:第一,社会质量的全面提升;第二,本土社会的发展体系;第三,全球化背景下个体与社会的二元对立消解;第四,质性社会学研究中的理论维度;第五,从提升生活质量到增进社会质量。①

第四节　质性社会学是建构社会学

一　秉承知行合一、经世致用的学术追求

"参与"、"行动"是质性研究的核心概念。这里涉及研究者的角色、立

---

① 张海东、石海波、毕婧千:《社会质量研究及其新进展》,《社会学研究》2012 年第 3 期。

场、态度和信念。秉持建构主义的立场，提出建构优质社会的目标，着眼生活世界，探寻行动策略，追求意义空间。也体现质性社会学的出发点和目的地，不是单纯地"追求真理"，更多的应是"寻求价值"。

胡塞尔现象学认为人类意识的结构使得人们领会经验世界成为可能。人对事物的认识感知不是对客体的被动反映，而是人类意识在积极建构经验对象。也就是说意识不是凌驾于经验之上的独立存在，意识在感知世界的同时也在建构着世界。

哲学现象学的"建构"是指精神层面。质性社会学的"建构"既包括意识对客观世界的领会，也意味着"行动者"对现实社会的积极干预。基于历史和文化传统的差异，中国社会学研究和西方社会学在风格、志趣上有着显著的不同。作为一种"科学"的西方社会学，研究目的首要是"求真"，寻求客观规律。相对而言，中国社会学研究更加注重"务实"。儒家文化传统做学问讲究知行合一、经世致用。

伴随着改革开放而恢复重建的中国社会学，一开始就以自觉服务于社会建设为使命。社会学恢复重建阶段的领军人、首任中国社会学会会长费孝通老先生20世纪90年代提出"小城镇、大问题"，建言乡镇企业大发展，为社会学研究干预社会发展开了一个好头。当今我国智库建设方兴未艾，以"行动"和"参与"见长的质性社会学更加有效地发挥服务决策的功能。

基于经世致用的学术追求，质性社会学研究的主要议题聚焦于民生领域、社会政策、区域社会发展，围绕和谐社会、幸福指数、社会政策等方面展开，这些主要议题相对具体化，包括就业、养老、健康、教育、医疗改革社会保障、新型城镇化，等等。

二 坚持以人为中心，全面、协调、可持续的社会发展理念

众所周知，改革开放以来中国社会的变迁过程主要是一个经济体制转化的过程。改革以后，中国社会发生了全方位的分化，如社会群体的分化、阶级的分化、产业的分化、地域的分化等，使中国从一个同质性很强的社会变为异质性社会。分化增加了社会整合的难度，加大了社会风险，同时也为新的社会整合机制的建立创设了条件。

社会质量虽产生于发达的西欧社会，但其回应的却是诸如发展的目的何在、人类社会向何处去等深层次的具有根本性的理论问题，而这些问题正是当前我国社会转型须要认真思考和应对的。正如我们所看到的，改革开放以来，我国的经济建设虽然取得了辉煌成就，但也出现了突出的重经济、轻社会，经济指标硬、社会指标软等情况，社会问题大量涌现、社会冲突不断加剧，使经济社会的可持续发展面临着严峻挑战。对此，有学者援引波兰尼的观点进行阐释，认为"脱嵌"的市场是一种野蛮之力，必然引致社会的反向运动，因此主张将经济重新嵌入社会，以实现二者之间的平衡。[①]

存在一种"经济中心负面论"论调。中国改革开放以来取得了长足进步，但仍存在不少问题，一段时间以来，有些问题还很严重，诸如贫富差距、环境资源、人口就业以及城市化、三农问题等。一些人将以经济建设为中心视为产生这些问题的重要源头。有人甚至认为，"中国的一切乱象来源于以经济建设为中心"，认为由于以经济建设为中心与中国独有的政治体制相结合，于是在施政过程中出现了短视现象，牺牲了长远发展。只有改变以经济建设为中心的战略，才能更好地治理中国面临的社会问题。

在理论上，要深化对以经济建设为中心的认识。第一，细化以经济建设为中心的含义，着力转变经济发展方式，提升经济效益。以经济建设为中心，不能总把眼光盯在 GDP 的增长上。要致力于推动经济发展方式的转变，从主要依靠增加投入、铺新摊子、追求数量，转到主要依靠科技进步和提高劳动者素质上来。在经济建设中，更加注重经济内涵，提高国际竞争力，提高经济效益。第二，更全面地理解经济建设。经济包括生产、交换、分配、消费等环节，过去长期偏向于生产和交换，今后要更加注意分配和消费在经济建设中的意义。应该将教育、医疗、社保、民居、环保、娱乐、体育等，也纳入经济建设的视野之内。在实践上，要注意克服以经济建设为中心的偏差。中央在提出以经济建设为中心的同时，并没有忽略其他方面，从最初邓小平提出的"两手抓，两手都要硬"，到后来的"三个文明一起抓"，再到社会发展总体布局的"四位一体"，都可以看出全面发展之意。但在具体执行中，有的以经济建设为中心而忽视其他方面的工作，有的将以经济建设为

---

①   王绍光：《大转型：1980 年代以来中国的双向运动》，《中国社会科学》2008 年第 1 期。

中心归结为以 GDP 为中心，把"发展是硬道理"等同于"速度是硬道理"。应该说，这些问题并不是个别的，因此需要进行总体的和深刻的反思。不在实践上纠正这些问题，就不是正确地以经济建设为中心。当今坚持以经济建设为中心，就要更加注意全面发展，在加快经济发展的同时，妥善处理好经济、政治、社会和文化等各方面的关系，实现全面而协调的发展。坚持以经济建设为中心，各项事业既要围绕和服从经济建设这个中心，又要抓好自身的具体工作。"以经济建设为中心"这个命题，其主语是党和国家的工作，是最宏观和最高层次的战略。具体到各部门，主语不同了，也就不能一概以经济建设为中心。各个领域都有各自的中心，如果不加区分地全部都盯着经济，把其歪曲为"捞钱"，社会就会失衡。各个方面工作有所侧重，这与全社会战略上以经济建设为中心并不矛盾。

应当把目光从过分重视"物"转到重视"人"上，从过分注重经济数字转到重视人民实际生活上，实践以人为本。经济发展并不是最终目的，改善人民生活、不断提高人民的生活水平才是目的。发展经济只是改善民生的手段，把手段当作目的，是舍本逐末。国家领导人一年之内反复多次强调"包容性增长"，表明"包容性增长"理念已上升为执政理念，已经并将继续深刻影响中国未来的经济社会发展。"包容性增长"立足的是近几年发展观的变革，是一种发展模式认识上的精炼和升华，明确了政治、经济、社会与文化"四位一体"的全面发展战略，奠定了全面、协调、可持续发展的内在根基。

在坚持"以经济建设为中心"的过程中，要切实实行两个转变，即经济体制由计划经济向市场经济转变，经济增长方式由粗放型向集约型转变，改善资源配置，节约资源，降低消耗，不断提高生产率和经济效益，这样，才能保持经济增长的后劲，达到可持续发展的要求。如果把重视经济建设理解为多上项目、多铺摊子、盲目追求速度等，不仅有违初衷，也是对可持续发展的背离。

三　直面社会风险，规范社会良性变迁

风险社会理论是西方学者在反思现代性危机的背景下提出的，学界对风险问题较早地提出并进行深入研究的学者当推德国社会学家贝克和英国社会学家吉登斯。在贝克那里现代性的特征被称为风险社会，即体现有组织地不

负责任。吉登斯在对现代性的分析中引入了时空特性，他认为现代性与前现代性区别开来的明显特质就是现代性意味着社会变迁步伐的加快范围的扩大和空前的深刻性。他们认为风险不是人们的主观预期，也不是人们在认识中附加给它的主观成分，而是事物客观关系在人们认识中的主观反映，是对事物固有属性的揭示，因而具有不容否认的客观根据，并随着现代社会的发展而变化。

当代中国社会经济转型蕴含着产生社会风险的主导因素。改革开放，由封闭、陈旧、落后的传统社会向开放、竞争、充满活力的现代社会转型。经济转型指的是资源配置和经济发展方式的转变，包括发展模式、发展要素、发展路径等转变。从国际经验看，不论是发达国家还是新型工业化国家，无一不是在经济转型升级中实现持续快速发展。我国从"九五"计划开始即提出了经济转型问题，中国经济发展走的是一条速度型、粗放型、外延型的道路，已经引发了一系列经济和社会问题，并且给国民经济的持续稳定增长带来了风险，主要表现为：过度依赖投资和出口拉动的增长方式成为中国经济大起大落的直接诱因；过度依赖廉价劳动力导致中国企业创新力不够，技术不高；过度依赖房地产业支撑的增长方式导致我国增长结构失衡、投资消费比例失衡，导致中国房地产经济泡沫化出现；经济发展中先富的非均衡发展方式加剧了社会贫富矛盾，成为实现共同富裕的主要阻力。

要实现社会风险应急处置，首先必须了解社会风险的实际状况。于是，必须在日常风险管理中对社会的实时风险状况进行监测，并将监测的数据进行及时汇总，以便让风险决策者全面了解实际情况，做出正确决策。当前，风险监测竞争机制的建构可走市场化的道路。经济风险的监测已有市场化的倾向，但社会整体风险监测的市场化因素并不显著。实施风险监测市场化，并不是推卸政府的责任，而是要让社会风险的监测更有效率，走一条政府主导、市场运作的道路。

第五节　质性社会学是微观社会学

一　另一种范式转换

与传统社会学不同，质性社会学由追求科学性、规律性的宏大叙事，转向关注微观个体、本土经验、中观区域，遵循从个体、局部到整体的研究路径，去解释和理解社会现象，不追求放之四海而皆准的普适性社会理论，类似于"中程理论"。如果说传统社会学的量化研究一般是一种"远距离"的研究，质性社会学则是一种近距离的研究，参与、体验、直接观察，因而是"本土社会学"、"区域社会学"、"微观社会学"。

前面我们提到社会学范式由科学主义到人文主义的转换，微观社会学意味着另一种意义上的范式转换：从整体主义向个体主义的转换。这里的整体和个体"主义"其实就是"视角"。经典社会学研究着眼于宏观整体，质性社会学强调个案研究，"一滴水见太阳"，见微知著，是另一种研究路径。

"微观"社会学是相对于普适于整个人类社会的"宏观"社会学而言的，有点类似于默顿的"中层理论"。美国科学社会学家、结构功能主义的代表人物之一默顿认为，社会学不应该追求建立一套全面广泛的普适性的宏观理论，而是要从具体的微观层面开始经验研究，建构能够解释社会现象中的有限部分，并在有限范围内适用的中层理论。在此意义上，质性社会学更适于局部性、区域性问题的研究，适于熟悉本土文化的本土学者研究本土问题。

二　微观社会学的核心是从本土化到中国化

回顾20世纪早期中国社会研究本土化实践的几种路径，都是从微观的区域研究入手，开启了社会学本土化、中国化的历程。可以认为这里包括几种不同的进路：社会学进路以吴文藻、孙本文为代表；民族学进路以蔡元培、林耀华为代表；人类学进路以陶云逵、林惠祥为代表。

在众多的倡导者中，孙本文、吴文藻的贡献尤为引人注目。就如何实现社会学本土化，包括孙本文、吴文藻在内的不少学者都提出了自己的设想或看法。在这些设想或看法中，有两点是共同的，即：强调对国外社会学理论、方法的借鉴和运用，以及强调从中国社会的实地调查研究着手。当然，在各种设想或看法中，孙本文特别重视从中国社会固有的社会史料的角度去考虑社会学本土化的实现，晏阳初则比较重视在运用适合中国情形的调查方法的前提下进行实地社会调查以推进社会学或社会学科系的中国化，而吴文藻则重视社会学与人类学相结合的情况下进行实地社会调查以实现社会学的中国化。

20世纪三四十年代社会学界对中国化问题的讨论，逐渐形成了两种有深远影响的观点，一派以孙本文先生为代表，强调以中国的材料和事实对社会学基本理论进行重建构建中国化的社会学理论体系；另一派以吴文藻、费孝通先生为代表，要求通过社区研究，增进对中国社会结构的认识在实地调查基础上构建通论式的社会学理论。这一时期兴起的关于社会学中国化的讨论，随着 50 年代中国社会学学科建设的中断而停滞。在中国社会学史上，这一阶段的讨论可以称为"社会学中国化的第一次浪潮"。

1930 年 2 月，孙本文联合许世廉、陶孟和、陈达等学者，在上海成立了全国性的社会学学术团体——中国社会学社。成立大会上，孙本文当选为中国社会学社的负责人（正理事）。1931 年 2 月，在中国社会学社的第一次年会上，孙本文发表了题为《中国社会学之过去现在及将来》的演讲。在这篇演讲中，孙本文明确使用了社会学的"中国化"概念，并特别地将"建设一种中国化的社会学"强调为中国社会学今后的四大"基本工作"之一。孙本文说"采用欧美社会学上之方法，根据欧美社会学家精密有效的学理：整理中国固有的社会思想和社会制度，并依据全国社会实际状况，综合而成有系统有组织的中国化的社会学"，是中国社会学界"今后之急务"。可以认为，孙本文在中国社会学社第一次年会上的演讲，标志着社会学本土化运动在中国的正式开始。此后的十多年里，中国社会学步入了轰轰烈烈的本土化运动时期，取得了引人注目的成就。在亚洲乃至世界社会学史上，孙本文的这篇演讲也算得上是正式地、明确地倡导社会学本土化的最早范例。受美国社会行为分析与文化社会学理论的影响，孙本文等构建的社会学理论体系以社会行为与社会文化分析为基础。1928 年，他在《社会学 ABC》中称"社会学是研究人类社会行为的科学"，社会行为即为"二人以上交互影响的共同行为"。[①]

燕京大学社会学系教授吴文藻在 1940 年 12 月表示："此前的中国社会学多为舶来品，欲实现社会学彻底的中国化，须将社会学理论与中国实际相验证，理论符合事实，事实启发理论，理论与事实糅合一起，获得一种新综合，现实的社会学才能在中国的土壤上生根。"[②]

---

① 孙本文：《社会学 ABC》，世界书局 1928 年版，第 1—4 页。

② 吴文藻：《社会学丛刊总序》，费孝通译，见 Bronislaw Malinowski《文化论》，商务印书馆 1947 年版，第 1—3 页。

费孝通总结他与陶云逵之间 1940 年代存在过的争论。费孝通指出，他们之间的争论，实际上体现了英国学术与德国学术对文化理解的根本差别，展示的是两种人类学的不同取径：作为经验科学的人类学与作为精神科学的人类学。笔者认为，两者之间固然存在张力，但这种张力在客观上也表明，两种研究的共存和对话构成了民国学术思想的一个重要格局：前者拥"社会"为核心，以文化作为服务社会的工具；后者将"文化"视作关键，以社会作为关联文化与个人的桥梁，同时将其当作实现文化价值与个人价值的工具。这样一种格局随着政治形势的变化而被打破，中华人民共和国成立以后，对"社会"的建设热情成为主流意识形态的追求，"文化"逐渐失去了声音。

这种格局变动的结果，使"文化"被限制在国家学的框架之中，后者是以"国家"作为全能主义的政治依据，而"社会"作为民主权力的政治依据所形成的政治权力格局。"文化"及其表述均为这个框架所规定。这似乎恰好印证了华勒斯坦的那句箴言："社会科学一向是围绕着国家这个中轴运转的。"[1] 也就是说，国家权力对知识的生产往往发挥着决定作用，正因为如此，他提倡"世界体系"理论，意在追求超越国家。不过，问题在于，这个超越国家的体系依然是个权力体系。由此，我们可以说，在华勒斯坦的努力中，体现出的是一种超越与权力的两难困境。

陶云逵对文化的思考从一开始就没有落入上述所谓的这种"华勒斯坦困境"。他追求的是以历史文化为主体建立知识体系，追求"文化"对政治的超越。[2] 从他的边政学思考中，我们可以看到"文化"对"国家—社会"的制约关系；从他对宗教的研究中，我们也可以看到"文化"、"社会"和"个人"在其文化理论中一个也不能少，没有任何一个能够单独保全，也因此三者都能得以保全。换言之，该研究的可贵之处在于，由于确立了"文化"作为精神核心的意义，"社会"才得以从政治性的"国家"概念中摆脱出来，作为人的现实生活图景，借助"文化"发现外在于自己的超越性和神圣性。

陈新华注意到三四十年代社会学中国化与美国范式间的矛盾，认为当时学界"主观意愿与实际操作之间也不可避免存在落差：留美出身的社会学

---

① 华勒斯坦等：《开放社会科学》，刘锋译，三联书店 1997 年版，第 87 页。

② 陶云逵：《文化的本质》，《自由论坛》，1943 年第 1 期，第 24—27 页。

学者在建设中国社会学时潜意识的美国化倾向；作为外来学科的社会学，引进中国之后的舶来性质、依附品格与中国化探索之间的矛盾等等。"①

三　越是民族的，越是世界的

社会学本土化在中国社会科学的学术脉络中是在社会学、人类学、民族学三个学科相互影响、促进、协调当中汇聚发展和形成推进的，在历史嬗变与理论演进当中分析归纳历时与共时、大传统与小传统、普遍性共识与地方性知识的理论研究与实践经验，因此，理应将这三者在中国发展的线索和路径加以分析，同时寻找化约和舒张其中话语张力的理论空间和诠释生长点，以此推进社会学本土化的进程和力度。

20 世纪后半期中国社会学界对社会学中国化的倡导，开始于 70 年代末 80 年代初，之后在中国台湾、香港地区，北美与中国先后组织了四次以社会学中国化为题的研讨会。第一次是 1980 年在台北召开的"社会及行为科学研究的中国化"研讨会，港台社会学者对社会学中国化的意义、可能性以及途径与方法进行了探讨与交流。1983 年，在香港召开的"现代化与中国文化"研讨会上，中国、新加坡以及美国部分华裔学者参加了讨论。同年在美国召开了"社会学中国化：旅美中国社会学家的若干观点"座谈会。1987 年由大陆五个社会学系发起，在山东召开了"社会学中国化"理论研讨会。这些研讨会的召开，从很大程度上促进了大陆、港台地区以及海外华裔学者在社会学理论研究方面的互动与认同，推动了社会学理论研究的中国化进程。1998 年社会学界明确提出了学术意识的概念，认为所谓社会学的学术意识，就是指从社会学的学科视角出发，运用社会学的概念语言和方法工具，回答在社会学的学术体系上可以定位的有意义的问题这样一种自觉的要求与意愿。② 这一种对问题意识、学科视角的学术规范的强调，说明社会学理论研究正在逐步走向成熟，学科性研究与非学科性研究的讨论进入一个新的阶段。

社会学本土化有着多种动因。第一，社会学自身发展的历时性维度。作为一门社会科学重要分支的社会学，它实际上是由连续不断的、对某一特定

---

① 　陈新华：《留美生与中国社会学》，南开大学出版社 2009 年版，第 5 页。
② 　参见本刊评论员《中国社会学的学术意识》，《社会学研究》1999 年第 1 期。

类型的社会群体、社区空间、地域文化和类型化社会的特征做理论分析与实践解释逐渐累积形成的知识连续共同体。在这一历史进路中，研究关注点涌现很大程度上都是与社会学本身的学科张力和诠释扩展密切相关。在这些学科张力和诠释扩展过程中，传统社会学知识话语对描述、理解、解释有时面对一些新社会现象会出现应对乏力感，甚至引发对理论范式惯习变革的新探讨、新尝试、新思考。化解这场知识危机，其实也是那些具备文化敏感性和地方性知识的研究方法和理论视角能够回应这一争议场景，才能增强社会学的时代解释力。与之对应，社会学重在诠释各类社会现象，努力探索社会变迁轨迹，着力维护社会和谐公平，不断推动社会发展进步，由此其方法和理论必然要融入具体的社会情境和成长"土壤"，这也是社会学学科建设的历史使命和现实要求。

第二，中国社会学发展的趋势变化。从文化接触的进路来看，甲午中日战争前后、清末民初更甚，且不论中国近代社会政治的实质性转变，思想领域在西学东渐之文化背景下经受的外部刺激及其遭遇的内部调整已属学界共同承认之社会、学术现象。梁启超《中国近三百年学术史》，体例上为治撰中国学术（思想）史典型，然论及"学术转型"、范式转移、理路变迁，即"思想（intellectual）层面的演变"是其一，"形态"或"制度"（institutional）转型层面的研究亦不容忽视。在此意义上，"合群"、"开会"之风，"西潮"、"古学"与"新知"的沟通，及包括科学界在内的中国独立学术界存续之种种都可同"体制化学术"的形成发生联系。

在中国社会学引进初创阶段，严复和章太炎等在社会学本土化和学术话语创新方面，进行了初步尝试。以严复为例，他把斯宾塞的社会学研究翻译为《群学肆言》，开创了以群学来命名社会学的历程，将群学看成是一门研究社会治乱兴衰原因，揭示社会达到治的方法或规律的学问。严复力图为社会学在中国的生长寻找思想基础，主要在其学术传统中寻求西学的立足之本与发展合理性。但这也从另一层面给后来中国社会学发展的西方中心论埋下了伏笔。

第三，当下中国社会发展的实践诉求。近百年来，中国处在社会变革转型期，在其过程中，社会结构在历史的洪流中嬗变，社会问题时常出现，文化变迁与社会经济发展，个体与社会、国家生存状态息息相关，而这都需要中国社会学研究者立足本土、面对现实、放眼世界，从社会学研究本体论角度出发，对当下社会发展进行更为深刻的研究反思与探讨，从而也是中国社会学派自 20 世纪初以来的又一理论发展契机，同时，也具有更大的研究空间和维度。

20 世纪初社会学传入中国后，早期中国社会学成为"中国社会科学诸学科中最早提出本土化并提出卓有成效的学科"。中国社会学这些不同学派的一个共同特点是：知与行的统一，即立足中国实际，植根中国文化，解决中国问题。早期中国社会学家具有深厚的中国文化功底，自觉地将来自西方的人类学、民族学、社会学理论方法加以改造，"中学为体，西学为用"。从 20 世纪初叶梁启超的史学演讲，到后来晏阳初的教育实践理念，吴文藻、费孝通的田野调查，都无一例外从中国本土文化出发，而并非落于简单的量化分析，虽然定县调查也部分涉及量化调查内容，但其研究关怀仍然是以研究社会结构为旨趣的。

相比社会学在世界格局发展历程中的状况，国内学者比较认同的是本土化提法以及概念，它是指吸收内外的合理思想，与中国的社会实际结合，增进社会学对本土社会的认识和在本土社会的应用，形成具有本土特色的社会学理论方法的学术活动和学术取向。[①] 这一概念随后用来如何理解社会学本土化的问题。王宁认为，社会学本土化应包括两个相互关联的方面：一是社会知识的政治经济学方面，即本体论；二是社会知识的逻辑学方面，即认识论与方法论。第一个方面涉及社会知识的民族化或中国化（民族认同）问题，第二个方面则涉及社会知识形成的认识论。

社会学真正的本土化标志应在于社会学理论的本土化，当代中国社会学本土化的成就，还包括一些实践性的突破以及一些开拓性的中层理论研究，但这些应该始终都是围绕着社会学理论的本土化而运作。[②] 目前中国出现的社会学理论本土化各种动向，应该兼容并蓄，采各家之所长，真正地创造出属于中国社会学自身的本土化理论并推向世界。

---

① 郑杭生：《社会学中国化的几个问题》，《学海》2000 年第 6 期。
② 王宁：《社会学的本土化：问题与出路》，《社会》2006 年第 6 期。

第 七 章

质性社会学：话语体系

质性社会学将质性研究方法上升为社会学的基本理念和出发点，旨在倡导一种基于深入"扎根"的个案研究，而不是泛泛的大面积问卷调查；基于平等的人心交流、沟通体悟，而不是只依靠数学运算、逻辑演绎的研究方式；基于本土概念和语言文字讲述"中国故事"，而不是千篇一律地把统计分析数学模型奉为规范来进行表达的社会学话语体系，进而促进形成具有中国特色、中国风格、中国气派的社会学学术体系、学科体系。

话语体系的建构，应当包括其核心概念、基本原理、方法原则、表达方式。

第一节　基本概念：质性

质性社会学，是以质性研究方法为基本方法，从历史和文化的视角，解释和理解社会现象，促进社会质量提升的社会学。源于质性方法的质性社会学，其最重要、最基本的概念就是"质性"二字。

在汉语中，"质性"的表达听起来有点别扭，就是把"性质"二字颠倒了。颠倒之后的意思是否变了呢？当然会有所变化，但在汉语本意中与"性质"意思也差不太多。

质性，汉语词语本意解释为资质、本性。出自《汉书·刘立传》："立，少失父母，孤弱处深宫中，独与宦者婢妾居，渐渍小国之俗，加以质性下愚，有不可移之姿。"还可见晋代陶潜《〈归去来兮辞〉序》："眷然有归欤之情。何则？质性自然，非矫励所得。"宋代陈亮的《孙贯墓志铭》："余爱其质性之颖悟也，不爱吾力而琢磨之，日引月长。"明代冯梦龙、清代蔡元放《东周列国志》第一百四回："是时秦正政年已长成，生得身长八尺五寸，英伟非常，质性聪明，志气超迈。"中国共产党早期领袖人物之一，作家瞿秋白在《赤都心史》中也有这样的记叙："我们个性的高傲，假使不能从'爱'增高其质性，他便成我们的诅咒。"

　　作为外来翻译语言，"质性研究"（qualitative research）与"量化研究"（quantitative research）相对应。20 世纪 80 年代，质性研究方法被介绍到中国大陆，一开始也有被翻译为"质的"研究，相对应就是"量的"研究；或译为"质化"研究，对应"量化"研究；后逐渐统一为"质性"研究，相对应也有人称量化研究为"量性"研究。总而言之，英文"质的"（qualitative）是与"量的"（quantitative）相对应词语。

　　当 qualitative 与研究方法相联系，"质性研究方法"形成一种方法体系，就又有了特定的含义。国内学者每谈及质性研究，基本上都是作为"定性研究"来理解，与侧重于数据采集和统计分析的"定量研究"形成对比。"质性"与"量性"相对应，强调语言语义表述，文字文本分析，"质性"隐含着"过程"与"意义"双重含义，强调符号互动的过程，意味着通过"体悟"而不是"测量"来获取人的意识信息。"质性研究，即定性研究，是一种在社会科学及教育学领域常使用的研究方法，通常是相对量化研究而言。"北京大学陈向明教授将质性研究定义为："质性研究是以研究者本人作为研究工具，在自然情境下，采用多种资料收集方法（访谈、观察、实物分析），对研究现象进行深入的整体性探究，从原始资料中形成结论和理论，通过与研究对象互动，对其行为和意义建构获得解释性理解的一种活动。"①

　　这里实际强调了这样几点：①研究者本人作为研究工具，即深度参与，通过与研究对象的实际互动来理解他们的行为；②是自然情境而非人工控制的实验环境；③从个别现象和具体人物、事件入手，进行整体性探究；④采用归纳而非演绎的思路来分析资料形成理论。

　　由此可见，无论中西方"质性"概念都指的是事物的"本质、本性"，

---

　　①　陈向明：《质的研究方法与社会科学研究》，第 12 页。

再加上获取、理解其本质、本性的方法及过程。

那么，质性社会学中的"质性"，可以定义为：对社会现象内在的本质意义的探究和理解。

这里需要注意质性社会学与西方经典社会学概念上的区别，我们强调的是"社会现象"而不是"社会事实"，强调"本质意义"而不是"社会运行规律"，强调"理解"而不是"发现"。

与此同时，质性社会学在借鉴西方质性研究方法理念基础上，中西结合创造了"质性思维"、"质性社会"等全新概念，也是质性社会学的基础概念。其内涵前面章节已有专门述及。

第二节　理论基础：社会全息论

质性社会学注重深入的个案研究，从个别现象和具体人物、事件入手，进行整体性探究。当我们对某一村庄、社区、单位调研之后做出结论，常常会说"某某的变化正是全国或全省发展的'缩影'"。这就有可能被质疑：你所选择的个案在全国或全省（总之是比样本更大范围的集合）是否具有代表性？每一个个案都有其特殊性，如何从特殊推出一般？如果你认为某一个点能够代表整个的面，其科学依据、逻辑关系何在？

事实上，所有的个案研究都隐含着一个前提：任何个案中总是包含着比调研对象大得多的所属社会系统的信息集合。俗语说，透过一滴水可以见太阳，窥一斑而知全豹，就是这个道理。在前面讨论了质性社会学的方法论特征和认识论基础之后，这里我们提出质性社会学的基本原理——社会全息论。

社会全息论认为，组成社会的任一部分，如社区、社会组织、街道、村庄，乃至家庭，都包含着所属整体社会系统的全部潜在和显现的信息总和，且部分和整体之间存在着某种相似和相互对应的关系。

一　中华传统文化与"社会全息"思想

自西方社会学诞生以来，结构功能主义曾长期主导和影响了学科发展。结构功能主义的基本理论是"社会有机体"论，英国社会学家斯宾塞将社会与人的身体相比较，社会结构正如人体各个组成部分，相互联系、相互作用构成一个整体。然而西方社会学对社会的研究，恰如西医诊病，是建立在解剖学基础上，分析、化验，"头疼医头，脚疼医脚"。

我国传统的中医诊病治病方式与西医形成鲜明对比。人体是一个整体，内脏有病可以反映到体表。《灵枢·本脏》"有诸内者，必形诸外"，故曰："视其外应，以知其内脏，则知所病矣。"观舌苔，可以察内脏疾病；针灸扎耳朵可以治腿疾，扎足底可以治头疼；与西医反其道而行之，真正可以做到"头疼医脚，脚疼医头"。因为在中医理论中，人体一些部位如耳朵、足底的穴位可以对应于全身各个器官。标志着中医学由经验医学上升为理论医学阶段的医学典籍——《内经》主张"天人相应"学说，强调人"与天地相应，与四时相副，人参天地"（《灵枢·刺节真邪》），"与天地如一"（《素问·脉要精微论》）。中医"天人相应"学说，将自然环境与人体器官相对应，"金、木、水、火、土"对应于人的五脏六腑，自然界的"风""气""寒""热"在人体生长运行中也被赋予其特殊意义。

"天人相应"学说认为作为独立于人的精神意识之外的客观存在的"天"与作为具有精神意识主体的"人"有着统一的本原、属性、结构和规律。外在的大系统"天"的运行变化都会反映到"人"的喜怒哀乐。反过来，从"人"的生老病死也可以窥视到"天"的运行变化规律。"人体小宇宙，宇宙大人体"，中医核心理论实际上就是中国古代的"天人合一"思想。

可以认为，中医理论代表了中华传统文化的精华。"天人合一"的思想观念最早是由庄子阐述的，后被汉代儒家思想家董仲舒发展为"天人合一"的哲学思想体系，并由此构建了中华传统文化的主体。"天人合一"反映在古代社会思想上，就是"家国一体"、"家国同构"的国家体制社会建构。儒家"为天地立心，为生民立命，为往圣继绝学，为万世开太平"，天地有心，生民有命，即把整个社会拟人化了。士大夫"正心、修身、齐家、治国、平天下"的理想抱负，由小到大，见微知著，也反映"小"即是"大"、个体即社会的思想，其思想源泉皆可归结为"天人合一"的世界观。

事实上，"天人合一"不仅是中国传统文化的核心理念，也是整个古老东方文化的基本思想。佛教经典《华严经》就有"于一微尘中，悉见诸世界"，与"一人一宇宙，一砂一乾坤"异曲同工，形象地表述了"天人合一"思想观念。

"天人合一"是一种系统整体观。组成系统的各部分之间相互联系相互作用，不仅整体包含部分，部分也包含了整体（的信息）。所谓"人体小宇宙，宇宙大人体"，就意味着我们可以从部分认识整体，从子系统了解全系统，可以以小见大，可以"窥一斑而知全豹"，可以"一滴水见太阳"，可以"于一微尘中，悉见诸世界"。

我们常说，人是社会关系的总和，家庭是社会的细胞，社区是"小社会"，是社会的缩影，个案研究之所以能够从特殊到一般得出普遍性结论，就在于个案中实际隐含了所属社会系统的整体信息。这就是"社会全息"思想。

二 生物全息论

如果仅仅基于传统文化"天人合一"整体观就得出"社会全息"论，顶多只能算是一种猜想或假说，因其缺乏科学的证明。然而我们在现实生活中其实经常可以看到全息现象的例证。譬如，一枚鸡蛋只需要适当的温度和时间，就可以孵出活蹦乱跳的小鸡，小鸡长大跟下蛋的母鸡一样。再如，受精卵在母体或试管中吸收营养，十月怀胎产下婴儿，长大后从外貌到性格都有着父亲母亲的影子，继承了父母的遗传基因。这就足以说明，以细胞蛋白质形式存在于父体内的精子和母体内的卵子本身已包含了未来子女的完整信息。

你也许认为，精子卵子等生殖细胞具有特殊性。从胚胎学观点看，由于在受精卵通过有丝分裂分化为体细胞的过程中，DNA 经历了半保留复制过程，所以体细胞也获得了与受精卵相同的一套基因，它就拥有了发育成一个新机体的潜能。但从一些低等动物中可以看到，像蚯蚓被斩断成几截之后，又能重新生长成为几条蚯蚓。植物界这种情况更是表现得非常明显。如在吊兰长出软藤的末端或枝节处，可以萌发出一棵棵完整的植株。又如切下一块长芽的马铃薯，便可培育出一棵马铃薯。而更有力的证据是用胡萝卜的一个分离细胞或细胞团就可以成功地培养成一棵胡萝卜植株。这里可以看到，"部分"包含了"整体"信息，而且几乎是任意部分都是如此！

1985 年，我国山东大学张颖清教授提出了"哺乳动物的体细胞具有全能性，即发育成新个体的潜在能力"的理论，创立了全息生物学。全息生物学认为，每一个机体包括成体都是由若干全息胚组成的。任何一个全息胚都是机体的一个独立的功能和结构单位；或者说，机体的一个相对完整而独立的部分，就是一个全息胚。在每个全息胚内部镶嵌着机体各种器官或部位的对应点，或者全息胚上可以勾画出机体各器官或部位的定位图谱。全息胚犹如整体的缩影。这些对应点分别代表着相应的器官或部位，每一个对应点的特性都与其对应器官或部位的生物学特性相似，甚至可以把全息胚看作处于某种滞育阶段的胚胎。这一理论在 1997 年被英国科学家维尔穆特克隆羊实验所证实。随着世界第一只克隆羊"多利"的诞生，"克隆"（Clone）技术已得到广泛应用。从而生物全息论在科学上得到完全证实。

三　光学全息论

实际上，"全息"这一概念来自希腊语"holos"，意即完全的信息——不仅包括光的振幅信息，还包括位相信息。也就是说全息概念最早源自光学应用技术"全息摄影术"的诞生。1948 年英籍匈牙利物理学家盖伯（Dennis Gabor）为了提高电子显微镜的分辨本领，提出了全息照相的最初设想。随后，他采用汞灯作光源，首次拍摄了第一张全息照片（全息图），并获得了相应的再现像，从而创立了全息摄影术。其形成原理是利用光学原理，在全息照片的底片上记录单一频率的光束照射到物体上反射出来的衍射波纹。观看全息照片时，需要用与记录影像时相同频率的光波照射到全息底片上，方能产生物品的影像。可是在 20 世纪 50 年代，全息图像的成像质量很差，这方面的工作进展相当缓慢。直到 60 年代出现激光这一相干强光源之后，全息摄影术才得以迅速发展，成为现代光学中十分活跃的分支。由于全息摄影术能够同时记录波动（包括机械波、电磁波和光波）干扰的振幅和位相分布的"全息"并使之再现，其不仅被广泛地用作三维光学的成像，也可用于声波（声全息）和射频波。将微波技术、超声波技术和全息照相结合起来，形成了微波全息术和声全息术，在图像识别和无损检验等领域中得到广泛应用。盖伯因发明全息摄影术而于 1971 年获诺贝尔物理学奖。

无论是全息摄影，还是最早的银版照相术，它们的奥秘都在于对光的记录。我们知道，光的波长决定光的颜色，光的振幅反映光的明暗强弱。早期的黑白照片只能记录下光的振幅，即明暗变化；而彩色照片在此之外还能通过记录光的波长变化，具有了丰富的色彩；而全息摄影还能记录下光射到物体上再折射出来的方向，即光的位相变化，从而逼真地再现物体在三维空间中的真实景象。

也就是说，一般普通照片只能看到物件一个角度的影像，即平面图像。但全息照片则能提供可从无限多个角度观察的立体影像。换一个角度，如果一张全息照片里面有一个人像，当我们无论从任何角度把这照片切成两半，从任何一半中我们都可以看到原先完整的人像；如果我们再把它撕成许多许多的碎片，我们仍然能够从每块小碎片中还原处理看到完整的影像。这一特性恰好反映出"机体的每一个局部都是整体的缩影，贮存着整体的全部信息"的全息论思想。

四　宇宙全息论

受生物全息现象和全息摄影技术原理的启发，科学家进一步提出了"宇宙全息论"概念。这一概念由当代著名量子物理学家戴维·玻姆（David Joseph Bohm）在《整体性与隐缠·序——卷展中的宇宙与意识》一文中提及，由诺贝尔奖得主、荷兰乌得勒支大学的 G. 霍夫特于 1993 年正式提出，并得到了雷纳德·萨斯金的进一步阐述。[①]

宇宙全息论可以表述为：宇宙是各部分之间全息关联的统一整体。在宇宙整体中，各子系统与系统、系统与宇宙之间全息对应，凡相互对应的部位较之非相互对应的部位在物质、结构、能量、信息、精神与功能等宇宙要素上相似程度较大。从潜显信息总和上看，任一部分都包含着整体的全部信息。通俗地说，一切事物都具有时空四维全息性，部分是整体的缩影；同一个体的部分与整体之间，同一层次的事物之间，不同层次与系统中的事物之间，事物的开端与结果、事物发展的大过程与小过程、时间与空间，都存在

---

① 参见百度百科，"宇宙全息论"条目。

着相互全息的对应关系；每一部分中都包含着其他部分，同时它又被包含在其他部分之中；物质普遍具有记忆性，事物总是力图按照自己记忆中存在的模式来复制新事物；全息是有差别的全息。

对于宇宙全息论的理解，需要注意：①"每一个局部都是整体"，当中的"局部"和"整体"应都是相对独立的系统，而不是任意范围、任意大小的局部都与整体存在信息的对应性；②全息论未必只能应用于在"整体"里面寻找浓缩的信息的"局部"，也能反过来，寻找"整体"所隶属的"整体"，并运用其之间存在的信息对应性；③"整体"与"局部"的信息变化速度存在"同步性"或"成比例性"。

全息理论虽然已一再从实验上得到证实，然而其科学机理还在探讨之中。无论是从牛顿经典物理学绝对时空观视角，还是从爱因斯坦相对论时空观出发，人们容易理解"大"包含"小"，"整体"包括"部分"，但是反过来说"局部包含着整体"，就显得有违常识让人困惑了。

这里，首先是从"信息"角度来理解。全息论是讲"从潜显信息总和上看，任一部分都包含着整体的全部信息"。人脑对周围世界的认识，对一切事物的感知，无非就是信息的获取和读出。人类大脑的空间是极其有限的，但是我们能够在如此狭小的空间储存那么多的记忆！曾有人估计人类头脑在人的一生中能够记忆约 100 亿比特的资料。我们说"宰相肚里能撑船"，"胸怀世界"都是以"小"容"大"。

当代信息技术的飞速发展，首先就是在存储设备的信息存储容量上获得突破。英特尔（Intel）创始人之一戈登·摩尔（Gordon Moore）提出著名的"摩尔定律"：当价格不变时，集成电路上可容纳的元器件的数目，约每隔 18—24 个月便会增加一倍，性能也将提升一倍。这一定律揭示了信息技术进步呈现加速度发展的现实。芯片越来越小，存储、传输功能越来越强大，存储器、传感器不断升级换代，云计算、云存储成为可能，人类社会进入大数据时代。一个重量小于 1 克，面积小于 1 平方厘米的芯片终极信息存储容量究竟是多少？描述整个宇宙需要多少信息？目前人们还无从得知。

全息摄影过程就需要惊人的资料存储容量——只要改变两道激光照射底片的角度，就可以在同一张底片上记录许多不同的影像。我们一直以来都坚信，世界是物质的；进一步，我们认为构成我们周围世界的是物质和能量；然而当代物理学的进展告诉我们，信息在物理系统和物理过程中起着关键的作用。一些物理学家甚至认为，物理世界是由信息构成的，信息才是最重要的，物质和能量不过是信息附属物而已，并由全息摄影的原理延伸得出结论：世界是一张全息图。

我们所生存的整个世界，不过是一张全息图像。听起来不可思议，到目前为止科学界持此观点的人也为数不多。但就是这一小群正逐渐增加的研究者相信，这也许是关于现实最准确的模型。

全息原理是"一个系统原则上可以由它的边界上的一些自由度完全描述"，是基于黑洞的量子性质提出的一个新的基本原理。其实这个基本原理是联系量子元和量子位结合的量子论的。其数学证明是，时空有多少维，就有多少量子元；有多少量子元，就有多少量子位。它们一起组成类似矩阵的时空有限集，即它们的排列组合集。全息不全，是说选排列数，选空集与选全排列，有对偶性。即一定维数时空的全息性完全等价于少一个量子位的排列数全息性；这类似"量子避错编码原理"，从根本上解决了量子计算中的编码错误造成的系统计算误差问题。而时空的量子计算，类似生物 DNA 的双螺旋结构的双共轭编码，它是把实与虚、正与负双共轭编码组织在一起的量子计算机。这种理解也可叫作"生物时空学"。这其中的"熵"，也类似"宏观的熵"，不但指混乱程度，也指一个范围。所有的位置和时间都是范围。位置"熵"为面积"熵"，时间"熵"为热力学箭头"熵"。其次，类似 N 数量子元和 N 数量子位的二元排列，与 N 数行和 N 数列的行列式或矩阵类似的二元排列，其中有一个不相同，是行列式或矩阵比 N 数量子元和 N 数量子位的二元排列少了一个量子位，这是否类似全息原理，N 数量子元和 N 数量子位的二元排列是一个可积系统，它的任何动力学都可以用低一个量子位类似 N 数行和 N 数列的行列式或矩阵的场论来描述呢？数学上也许是可以证明或探究的。

为了便于理解，宇宙全息论的创始人之一玻姆（David Bohm）曾经用"鱼缸里的鱼"来做比喻：在一个长方体玻璃鱼缸中放进一条鱼，两台相互垂直的摄像机"观察"鱼的活动，图像直接在两台电视机上播放出来。在电视机里我们可以看到，"两"条鱼分别做着方向相反、速度相等的游动。

如果其中一条鱼的状态改变了，另一条鱼的状态也立即随之改变。玻姆以此展开对超距作用的解释："两个同谋粒子应当被视为同一六维现实的两个不同的三维投影，在三维空间看来，二者没有相互接触，毫无因果关联；而实际情况是，两个粒子之间相互关联的方式，非常类似于上面所说的鱼的两个电视图像之间相互关联的方式。因此普遍地说，隐秩序必须被扩展到一个高维现实，这个高维原则上是不可分割的整体，其包含整个具有其全部'场'和'粒子'的整体宇宙。于是我们必须说，全运动在高维空间中卷入与展出，其维数实际上是无限的。"在玻姆所构想的宇宙的本体论图景中，宇宙真空的高维隐秩序被激发而展开和投影为三维物质世界的显秩序，而这种物质显秩序又不断卷入为宇宙真空中的隐秩序。用简单的话说，就是我们肉眼直接可见的三维物质世界的独立个体，实际上是更高维整体的一个投影，我们由于不能理解更高维度的整体性，而误以为我们所看到的一个个人或物是独立的个体。

波姆不仅用他的理论来解释量子跃迁与 EPR 关联等量子力学现象，还用它来解释宇宙的演化和人类意识等一系列科学与哲学难题。在一个全息图像式的宇宙中，甚至连时间与空间都不再是基本不变的。因为在一个没有分离性的宇宙中，位置的观念会瓦解，时间与三维空间就像电视监视器中的鱼，只是一种更深秩序的投影。这种更深的现实是一种超级的全息图像式幻象，过去，当下，未来，都共同存在于其中。

五　社会全息论

既然生物全息现象、光学全息理论可以推广到宇宙全息理论，那么"社会全息论"就可以成立，也不难理解了。科学发展到今天，人类对宇宙的认识仍然极其有限，科学家对宇宙全息论的基本原理和机制还在探讨之中。但并不妨碍我们以社会全息论作为社会学研究的基础理论。每个人都是一个小宇宙，每个社会细胞都是一个大社会。社会调查研究无非就是信息的获取和解读。

社会全息论是指：组成社会的任一部分，如社区、社会组织、街道、村庄，乃至家庭，都包含着所属整体社会系统的全部潜在和显现的信息总和，且部分和整体之间存在着某种相似和相互对应的关系。

第三节 方法原则：个案切入、整体认知、模糊识别、直觉感悟

社会全息论从理论上说明了任一"社会细胞"都具有一定程度的"代表性"。这就决定了社会研究可以以个案调查取代大规模普遍调查，通过个案研究"解剖麻雀"而获得对研究对象所属"整体"社会系统的认知。

那么，个案研究是不是可以不加选择，随意一个个案都能得出对"整体"的正确认知呢？显然不是。由于社会系统部分与整体之间的相似关系和对应关系是极其复杂的，我们选择深入研究的个案要求其具有"典型性"。而所谓典型性，即是个案与整体之间具有较高程度的相似和对应关系，我们能够由点及面从中得出关于研究对象社会系统整体的所需认知结论。

社会学研究社会，社会由人构成，人是有思想的动物。2014年，习近平访问联合国教科文组织总部时，在演讲中提到总部大楼前用多种语言镌刻的那句话："战争起源于人之思想，故务需于人之思想中筑起保卫和平之屏障。"这句话是一个美国诗人说的，也是教科文组织宪章的开篇语。截至目前科学的进展，人的思想意识尚不可用物理仪器来测量，但人与人之间可以用语言相互沟通，通过行为相互理解，用"心"来感知对方的思想。感知程度取决于熟悉程度，即深入程度。因此，质性社会学研究方法强调设身处地，深度参与，切身体验，将心比心。

难点在于当我们面对很多可供选择的个案研究对象时，如何选出其中最具典型性的一两个，进行深入探究？面对纷繁复杂的大社会，不同研究者可能选择不同的研究对象作为"案例"，针对同一对象的研究也可能得出不同的结论。有的研究可能接近社会的"真实"找到问题的症结，有的研究可能就差一些。这一切取决于研究者的经验，亦取决于研究者的"悟性"。这种经验和悟性实际上就是"社会学的想象力"。

前面我们论述过社会学的想象力，即质性思维能力。那么，社会学的想象力究竟是逻辑思维能力还是直觉思维能力？有人认为量化研究遵循的是演绎逻辑，而质性研究则遵循归纳逻辑。如果说质性研究方法是归纳法，从逻

辑上讲，归纳法的要义是完全归纳，穷尽所有情况。要证明"天下乌鸦一般黑"，只要发现一只白乌鸦就否定了这一判断。然而，无论多么伟大的社会学家，无论其多么庞大的研究团队多么勤奋努力地田野调查采集数据，其所能接触到的社会空间总是极其有限的，不可能做到完全归纳。现实中也没有人会愚蠢到非要走遍全世界查遍所有乌鸦才得出结论。社会学的想象力正是可以透过一个人的行为想象到一类人，透过一个家庭想象到千万个家庭，透过一个社区的观察可以想象到整个社会。为什么可以"以点代面"？因为点上的信息包括了面上的全部信息。由此可见，社会全息论是社会学的想象力的理论依据和基础。

质性社会学研究实践中，并没有像统计调查那样遵循严格的"抽样"程序和方法来选择样本，而是凭研究者的经验直接切入开展研究。也就是说，研究者的选择更多依赖的是"直觉"而非"逻辑"。并且，直觉判断实际伴随着质性研究的整个过程。诚如有的宗教人士接触村民，看一个人就知道如何和一村人相处；股票市场上，有人看几分钟就能感觉到整天的行情气氛。一些有经验的公安人员也是依靠直觉侦破很多复杂疑难案件。可以认为，社会学的想象力包括了逻辑推理能力，但更多的却是直觉思维能力。

在人的智能中，一个很重要的基本部分就是直觉。有人工智能专家这样定义直觉：直觉是基于人对于硬数据和软数据、冷识别和热识别综合在一起产生出来的高度的抽象和跳跃性的反映。直觉不能转化为数据，因而不可度量、不可传递，也无法用机器处理。甚至产生的直觉本身也是人无法描述的。例如师傅带徒弟不一定带得出来，同一个教授带出来的学生水平可能差别很大。好的教授之所以好，一是因为好的教授有更多的好的直觉，但在教学的时候这个直觉传递不过去，即使已经想出来了都传递不过去，学生能不能产生直觉是老师没有办法的，只能靠学生自己体悟。由此可见，直觉能力与人的天赋有关。

很多人都注意到日常生活中的一个现象：打哈欠会传染。并且，科学家观察到像猫、狗、鸟等动物都会打哈欠，但是只有在人类和大猩猩这样的高级灵长类动物之间才会发生打哈欠传染的现象。心理学家、生理学家给出了多种解释和假说，包括进化说、大脑缺氧说、大脑降温说、从众心理等，迄今仍没有达成统一意见。但公认的一点是，同一场所近距离相处的人们之间会发生情绪感染，而情绪感染就是一种对于他人情绪状态或需要的直觉反应。这一点也为质性研究要求亲身参与、面对面交流，"在场"而不仅仅"在线"提供了依据。

质性社会学把质性研究方法上升为社会学基本理念和出发点。与传统量化研究方法相比，在研究过程中倡导"解剖麻雀"式典型调查个案研究为主导型社会学研究方法，主张以深入生活、切身体验、"将心比心"、"望闻问切"式深度访谈研究取代"蜻蜓点水"、"走马观花"的大规模问卷量表测量式数据采集调查，由重空间的"横截面"结构分析转向重时间的"纵深线"历史演变探讨。概括起来，质性社会学的方法原则可以表述为：个案切入、整体认知、模糊识别、直觉感悟。

第四节　话语方式：重语言、轻数字，拆围墙、讲故事

一　质性社会学追求学术话语与政策话语的统一

前面的分析已经表明，质性研究方法体系来自于西方社会学的发展，但其内涵的理念恰好契合于中国文化思维方式。因此，质性研究方法中的许多外来移植引进概念，其实都可以"翻译"改造为本土概念或本土话语表达方式。如"参与观察"，实际就是我们话语体系中常说的"深入生活"。在主流官方语境下，很多场合还对干部、党员、作家艺术家、媒体记者等社会调查"深入生活"提出具体要求。如"三同"——同吃、同住、同劳动；"走转改"——走基层、转作风、改文风。再如质性研究方法中强调的"反身性"，其实也就是中国民间所说"设身处地"、"将心比心"。

质性社会学追求学术话语与政策话语相统一，倡导通俗、准确、清新、活泼的中文表达方式，反对千篇一律数据模型的"洋八股"学术规范，在客观、准确、符合事实的前提下，不回避价值追求，不排斥带有感性色彩的"诗性"语言。一言以蔽之：质性社会学话语是"讲故事"而不是数学模型。

二　我国社会研究的三种文本类型

现实中可以看到，国内关于社会调查研究（注意这里是"社会研究"而不是"社会学研究"）的文本类型大体可区分为三种类型。一种是高校学术研究机构的"学院派"研究成果，讲求严格的学术规范，强调"以数字说话"，形成了"问题—文献—假设—测量—数据—方法—分析—结论"的固定模式，"一项研究要从问题出发，然后综述相关文献和理论、讨论各种不同观点和可能的答案，进而从中抽出假设命题；之后测量概念，收集数据，设计分析方案；最后分析数据以检验假设，并做出总结。八个部分各行其职，环环相扣"，这称为"洋八股"。①另一种模式是政府部门研究机构的调研报告，同样也注重数据，但表达方式着重于文字表达，较少出现量表分析和公式模型。往往呈现"现状—问题—对策"的三段论模式，形成了注重实效和可操作性的政策话语体系，可以称之为"党政派"。还有一类社会调查成果主要来自于媒体记者，通过深入采访所写的调查报告、通讯报道，以生动鲜活的"讲故事"形式剖析案例。由于此类作品作者基本属于社会学的"非专业人士"，加之形式上不拘一格，一般不能被认定为社会学研究成果。但不可否认这些记者深入调查走访的过程也是一种社会研究的过程，媒体通讯报道也是社会调查报告的一种形式。并且，其中不少优秀作品的确不乏社会学的想象力，表现出对社会深刻的洞见，往往能够更有效地影响决策影响舆论，推动社会进步。如改革开放以来媒体广泛报道的"孙志刚事件"、"黑砖窑"事件，以及新华社组织的一些专题报道、内参调查，对社会治理起到的实际作用远远超过"学院派"甚至"党政派"文章成果。我们将其称为"媒体派"。

三　社会学研究有必要拆除围墙、降低门槛

诚如我们前面指出"社会研究"不等于"社会学研究"，上述除了"学院派"学术论文外，"党政派"、"媒体派"的调研报告通常不被承认为社会学研究成果。就连被公认是最了解中国社会的革命领袖毛泽东同志，其

---

① 彭玉生：《"洋八股"与社会科学规范》，《社会学研究》2010 年第 2 期，第 181 页。

《湖南农民运动考察报告》、《中国社会各阶级的分析》等社会调查成果却从未被社会学界纳入经典社会学文献范畴。因为"社会"一旦加上"学"字，就要强调其学术性、专业性、科学性。科学是高度抽象的，是用符号化、数学化语言来表述的。学术性、专业性要求科学共同体必须设置门槛，将非专业人士排斥在外。否则要是什么人都可以来说三道四就谈不上科学了。

这也可以理解，对于任何一门学科，讲求逻辑、讲求规范都是必要的。然而如果我们以强调社会学的"科学性"为由，硬是把一些简单问题复杂化，把基本常识符号化、抽象化，把明摆着的事实用所谓数学模型搞得一般人看不懂，把简单浅显的道理说得云里雾里搞糊涂，甚而至于搞小圈子画地为牢，少数人自我封闭自娱自乐，这种倾向实际也是极不可取的。

我们看到，自然科学领域由于其高度的专业性抽象性，达到一定的高度和前沿领域需要长期的专门训练和知识积累，科学共同体自然而然形成了较高的门槛。"民科"——民间科学家——往往是一个笑话，沦为贬义词。然而社会科学毕竟不同于自然科学。文艺评论家常说，文学即人学。很大程度上，社会学同样也是人学。但由于在我们的学科分类体系中，文学属于"人文学科"，而社会学属于"社会科学"，人文学科的文学艺术少了许多条条框框，没有那么多"学术规范"，因为它根本不被当作"学术"。当然也有其共同认可的一些标准要求，如诗歌讲究平仄、对仗、押韵，小说也有不同流派写法。但对待社会公众并没有人为设置门槛，而是只要是爱好者都可以进来。许多作家并非大学中文系毕业，不是科班出身，甚至有的学历很低，但通过作品依然能够得到人们的认可。

社会学具有科学与人文双重属性，如同经济学追求经世致用，社会学同样也应以服务社会建设推动社会进步为目的。从广泛参与、服务社会的视角，我们不应也不能画地为牢，为社会学研究筑起高墙深院象牙塔，不能像古希腊柏拉图学园那样竖起一块牌子"不懂数学者不准入内"，而是需要推倒围墙，降低门槛，深入生活，走向大众。

四　人文社会科学领域自然语言表达优于数学语言

有一句经常被引用的伟人名言，大意是，世界上任何一门学科成熟程度的标志，就看其应用数学的程度。那么没有数学公式模型的社会学研究是否就"不成熟""不科学"了呢？通过前面的讨论我们知道，不能拿自然科学标准来衡量人文社会科学。在人类进化过程中，语言的出现是一个标志性的飞跃。人能够创造出语言、文字、符号，就此区别于其他动物。人际通过语言交流沟通，认知社会。语言是人类思考的工具。数学语言是高度概括、逻辑严密、精确凝练的科学语言，以其应用的程度来衡量自然科学的成熟程度，正是近代实证科学数理科学发展过程中形成的共识。牛顿力学集大成的著作是《自然哲学的数学原理》，爱因斯坦毕其一生追求的"统一场论"就是试图要用一个最简洁的公式来描述宇宙普遍规律。然而人文社会科学与自然科学之间的确有着本质的不同。

人工智能专家、武汉大学蔡恒进教授提出了"触觉大脑假说"和"坎陷世界"概念①，他认为："人的所有思维产物都可以被理解为认知坎陷：它们都是对真实物理世界的扰乱，但也是人类自由意志的体现。认知坎陷是指对于认知主体具有一致性，在认知主体之间可用来交流的一个结构体。"自然科学的研究对象就是原子世界，所以我们要研究原子世界的规律。而截至目前，对于这方面的研究包括物理学、生物学、化学等学科在内都已经取得了十分明确的进展。而人文学科的研究对象则是坎陷世界，二者具有本质的差别。相比于原子世界而言，认知坎陷是一个永远未完成的、不断进化的、动态发展的世界，甚至可以无中生有。但是原子世界中的基本粒子却必须满足包括动量守恒、能量守恒等在内的物理规律的约束，并不能够无中生有。这里的"原子世界"并非单指微观原子而是泛指自然科学研究的物质世界与人文学科研究的"坎隔世界"相对应。而面对这两个存在如此大差异的世界，人类对其的描述方式、理解方式自然也大相径庭。对于坎陷世界而言，语言恰恰是其最好的传达工具。如果非要全盘采用研究原子世界时所采取的数字量化的方式去解读它，则很有可能走进死胡同，不利于人类思维的创造性发展。

并且，与自然科学以许多发明、发现作为研究成果不同的是，人文学科的研究成果往往没办法肉眼可见，且难以验证。而对于习惯于"眼见为实"的人们来说，这一点无疑就是"不切实际"的表现。然而，从"触觉大脑

---

① 蔡恒进：《机器崛起是否意味着人文危机?》，《文化纵横》2017 年第 10 期。

假说"的角度上来看，因为人类意识的起点就是对"自我"与"外界"的二分，则人认知的动力就是来自于不断探索"自我"是什么，顺带还要弄清与"自我"相交互的这个世界是什么的过程。在这个过程中，人就会赋予"自我"和"外界"非常多的意义，包括宗教、道德、哲学层面的意义等。这些意义，包括"自我"的意义，虽然在物理世界的角度看并不存在，但人类作为有生命的个体，却能够从自我的生命体验中真实感受到"自我"的存在。并且，其他个体也都会同意这个发现，而这也就是"自我"被实质化了。生命个体通过对其自我意义的理解，并按照这个方式去行动，则最终真的就很可能改变实际的物理世界。可以将"自我意识"看作一种非常主动的力量，这一力量是从人类进化中涌现的，虽然从物理视角看是虚幻的，却又能够最终实实在在地改变物理世界，缓慢而坚定地引导"自我"以及世界进化。从这一角度来看，自我意识及其建立在之上的人文学科，不仅不是"不切实际"的，与此相反却是支撑人类生存的最本质的存在。

中国汉字是象形文字，表意丰富给人联想。质性社会学倡导以中文表达讲好中国故事的社会学研究。所谓"讲故事"，就是强调"自然语言"表达方式。自然语言通常是指一种自然地随文化演化的语言。像英语、汉语、日语等均为自然语言的例子。与自然语言相对应的是"科学语言"或"人工语言"，强调其逻辑性、简洁性、准确性。符号化、数学化的模型就是科学语言表达的极致。

由于自然语言是随本土文化而演进的，通俗易懂，且常常一语多意、一语双关，与语义语境密切相关，甚至不同的人有不同的理解。这些特点构成自然语言的"诗性"，与科学论文所要求的严谨准确相矛盾，因此社会科学学术论文乃至规范的政府文件通常都尽量避免诗化的自然语言。然而凡事不可绝对化，有时自然语言所包含的信息量不亚于科学语言，且更加形象而深刻。如关于新型城镇化"看得见山、望得见水、记得住乡愁"，关于房地产政策"坚持房子是用来住的，不是用来炒的"定位都写入了中央文件，且琅琅上口、表达准确、记忆深刻。此类语言风格正是质性社会学所追求的。

第 八 章

质性社会学：本土路径

2016 年 5 月 17 日，习近平总书记主持召开哲学社会科学座谈会，提出要"加快构建中国特色哲学社会科学"。习近平指出，"哲学社会科学的特色、风格、气派，是发展到一定阶段的产物，是成熟的标志，是实力的象征，也是自信的体现。我国是哲学社会科学大国，研究队伍、论文数量、政府投入等在世界上都是排在前面的，但目前在学术命题、学术思想、学术观点、学术标准、学术话语上的能力和水平同我国综合国力和国际地位还不太相称。要按照立足中国、借鉴国外，挖掘历史、把握当代，关怀人类、面向未来的思路，着力构建中国特色哲学社会科学，在指导思想、学科体系、学术体系、话语体系等方面充分体现中国特色、中国风格、中国气派。"那么，中国特色社会学如何构建？唯一的路径只能是本土化。

第一节　中国社会学呼唤本土化

一　学科建设的呼唤

社会学在中国的恢复重建，是与改革开放完全同步的。将近 40 年时间，社会学教学、研究机构从无到有，人才队伍迅速壮大，学科体系逐步成型，期刊、著作和学术成果在世界学术之林占有一席之地。尤其随国家和谐社会、社会建设、社会管理的提出，社会学的学科地位也正在由过去相对次要的"潜学"变为越来越热的"显学"。

尽管中国社会学取得了长足的发展，但总体看，可以说我们尚没有建立起真正意义上的"中国社会学"。有学者指出："中国社会学虽然阶段性地完成了学科重建的任务，但距真正意义上的学科复兴尚有不短的距离。因为学科重建之精髓不仅在于学系之建立、学刊之举办、学会之成立、著作之出版等那些有形要件，还在于一种学科知识传统之再建。在这一意义上，社会学重建的实质是'学理'的重建。"① 的确，从学理层面看，我们的社会学无论是话语体系还是方法理论，很大程度上都只是"西方社会学"。社会学教材的主要概念、范畴、理论都照搬自西方，研究方法直至成果表述都是套用、模仿西方体例结构，语言表述流行的是西方话语体系、符号系统，而在研究成果的评价上更是以西方标准为标准，称之为"学术规范"。经济学在次级学科分类及教材建设中，明确提出了"西方经济学"概念，但社会学界却极少有"西方社会学"的提法。恰好表明大家默认的社会学只有一种，那就是西方的主流社会学。难怪有社会学家在总结改革开放以来中国社会学的成就与问题时，指出中国社会学存在三种"令人忧虑的倾向"，第一种便是"西方尤其美国社会学概念和方法的简单移植"。②

社会科学研究、人文研究与自然科学研究不同，具有明显的地域性。这是因为，自然世界与人类社会是不能等同的，自然现象虽然变化无常，但是现象背后的规律，则是古今如一。因此，自然科学"是科学的普适的，是无民族无国界的"③。物质世界服从宇宙统一的规律，所以不可能有"国别物理学"的产生，不存在自然科学的"本土化"问题。人类社会的发展当然也有许多共性和普遍规律，但不同国家、民族历史、文化的不同，使得大千社会表现明显的差异性。企图把西方的理论、方法及所研究的主题，全盘移植到中国是不现实的、不科学的。社会学以解释社会现象、探求社会发展规律、维护社会和谐、推动社会进步为己任，其理论和方法的本土化是学科建设的必然要求。

---

① 田毅鹏：《社会学学科知识基础的重建》，《中国社会科学报》2009 年 9 月 22 日，第 B8 版。
② 应星：《中国社会学的转型与中国社会学的复兴》，《光明日报》2008 年 10 月 21 日，第 11 版。
③ 张宇：《关于构建中国经济学体系和学术话语体系的思考》，《光明日报》2012 年 8 月 20 日，第 1 版。

二　社会转型实践的呼唤

当今中国仍处在"社会转型期"。这一转型包括了由计划经济体制向市场经济体制的转型，由农业社会向工业社会的转型，由传统社会向现代社会的转型。转型期社会结构剧变，社会矛盾高发，为社会学提出了许多急需解释、解决的社会问题。应当说，当代中国社会学者还是普遍具有这种"问题意识"的。然而，目前我们极少看到社会学重大成果在解决现实社会问题中发挥理论指导、实践先导的作用。关于中国特色社会主义社会建设、加强和创新社会管理等重大决策，相关理论及政策往往是由政治家们提出，社会学的功用则是跟在后面亦步亦趋地诠释、总结，提炼模式。

毫无疑问，社会学是一门应用性极强的学科。照说"社会"对该专业及毕业生应当有强烈的需求，然而现实是相关专业境遇极其尴尬。譬如，伴随社会建设的需要，民政部发文要求建设一支宏大的社会工作者队伍，教育部则短期内就在全国高校部署、设置、"培育"了一大批招收本科生和研究生的"社会工作"专业，一般是作为"社会学"一级学科下的应用型专业方向。然而，这些毕业生很快又大多成为"就业难"队伍中的一员。普遍反映"社工"专业所学内容"用不上"。这种际遇固然可以说与"体制"有关，但更多的确是学科自身的"先天不足"和"水土不服"，其照搬西方的基本框架、话语体系，与国内社区实际格格不入。

早在"五四"时期，中国知识界就有中西之学的"体"、"用"之争，体现出学界一种强烈的自我意识。"十月革命一声炮响，给我们送来了马克思列宁主义。"百年中国革命史可以说就是马克思主义不断中国化的历史过程。对于来自西方的马克思主义，是教条主义的照搬照套还是结合中国实际吸收消化创新，不同的态度展现截然相反的结果。在社会转型的关键期，立足中国实践，解决中国问题，迫切需要社会学的本土化。

三　大国地位的呼唤

至目前中国还是世界第一人口大国，历史悠久民族众多，国内生产总值也已成为世界"第二大经济体"。可以说中国拥有世界最大且最复杂的"社会"，理应产生相应的"社会之学"。"但是，在当今世界社会学界，没有中国社会学流派，没有中国社会学思想，没有中国社会学大师。"① 显然，这种状况与一个大国的地位是极其不相称的。

可以看到，中国社会学界不少专家权威"言必称西方"，评价标准也基本都是西方的，学界似乎完全是一种弱国心态。一门学科整体上跟在别人后面亦步亦趋，不可能达到学术前沿，更谈不上超越。而社会学不同于其他学科，社会学的落后将很难孕育出先进的社会思想，也很大程度上影响着国家软实力的发挥。

郑杭生教授认为，中国社会学的"理论自觉"是当今时代的要求，是当前形势提出的紧迫问题。"既不能看轻自己，抬高他人，也不能反过来，看高自己，看轻别人。"② 中国共产党十八大报告提出要坚定中国特色社会主义的"道路自信、理论自信、制度自信"，这里的"理论"包括了中国特色的社会学理论。但如果没有本土化的成功，就不可能建立起社会学的理论自信。

本土化就是结合当时、当地实际，结合本民族、本地区实际。从一个国家范围，社会学的本土化即社会学的中国化。本土化需要一定的理论准备，需要建立在对世界主流社会学的全面了解和反思基础之上。

第二节　不忘本来，扎根于中华传统文化土壤思维方式

一　早期中国社会学本土化的探索与流派

我们把 1979 年以来中国社会学学科体系的建设称为"恢复建设"，是因为 50 年代社会学教学与研究被作为"资产阶级伪科学"而中断。实际上早在 20 世纪伊始社会学就已传入中国。翻译家严复 1903 年（一说为 1898年）最早翻译介绍斯宾塞的社会学著作《群学肄言》，是社会学进入中国的标志性事件。他将"社会学"译为"群学"，体现强烈的中国文化色彩，表

---

① 李毅：《中国应创建世界一流社会学》，《中国社会科学报》2011 年 8 月 9 日，第 4 版。
② 李潇潇：《理论自觉与中国的学术话语权——访著名社会学家郑杭生教授》，《中国社会科学报》2010 年 9 月 9 日，第 5 版。

现自觉的本土化意识。1930 年 2 月中国社会学社成立，孙本文明确提出"把建设一种中国化的社会学"作为目标。[①] 商务印书馆 2010 年出版的已故社会学家吴文藻的文集，书名定为《论社会学的中国化》。

20 世纪二三十年代，一批也是留学欧美回来的中国社会学家们致力于本土社会学的探索。虽当时的规模与现在不可同日而语，但可以认为，当时中国社会学家在社会学本土化中国化方面取得的成就和影响，迄今并未被超越，甚至还远未达到。"当时中国社会学在世界上的地位，比今天要高得多。可以断言，在第二次世界大战前，除了北美和西欧，至少就其思想质量而言，中国是世界上最繁荣的社会学所在地。"[②]

前已述及，20 世纪初社会学传入中国后，到中华人民共和国成立之前中国社会学已经形成了三大流派[③]：以孙本文、潘光旦、吴文藻、费孝通等为代表的学院派，以梁漱溟、晏阳初等为代表的乡村建设派，以毛泽东、瞿秋白等为代表的革命派社会学。

学院派社会学家其实还可进一步细分为孙本文代表的综合学派和吴文藻、费孝通等代表的"燕京人类学派"。这些学术大家全部具有留学欧美或东洋的学术背景，然而他们却深具中国本土文化自觉。孙本文的著作《社会学原理》《社会心理学》等代表了中国社会学的理论高度，被日本用作社会学教材。他还著有《现代中国社会问题》。潘光旦的中国家庭问题研究产生广泛的世界影响。到 40 年代，吴文藻、费孝通等一批中国社会学家已创造出自己的社会学概念、主题、方法和学派，如费孝通的"超稳定结构"、"差序格局"等。学院派社会学还表现出一个特征就是早期"民族学、人类学、社会学不分家"现象。不仅仅当时社会学家大都有人类学或民族学留学研究背景，还表现在往往将社会学、人类学、民族学设在同一教学研究机构，社会学教学中通常会开设人类学民族学课程。[④]

乡村建设派社会学是大知识分子到农村去，到社会最底层，脚踏实地艰

　　① 周晓虹：《孙本文与 20 世纪上半叶的中国社会学》，《社会学研究》2012 年第 3 期。

　　② 李毅：《中国应创建世界一流社会学》，《中国社会科学报》2011 年 8 月 9 日，第 4 版。

　　③ 李毅：《中国应创建世界一流社会学》，《中国社会科学报》2011 年 8 月 9 日，第 4 版。

　　④ 王建民：《与社会学结缘的中国人类学——基于 20 世纪前半期的学科史讨论》，《中南民族大学学报》2012 年第 6 期。

苦奋斗，兴办平民教育，普及传播科学文化，试图通过改造"人"而改造农村改造中国社会。有点类似于今天的"社会实验""行动研究"。《定县调查》在社会学调查研究方面也做出了里程碑式的成果，其影响和效果也是世界性的。

革命派社会学是迄今仍未得到社会学"学术共同体"承认的学派，然而却是实践社会学解决中国问题最成功的学派。其代表毛泽东、瞿秋白等共产党人是革命家、政治家，还被冠以文学家等头衔，却从未被称为社会学家，在中国社会学的发展史上没有一席之地。毛泽东《寻乌调查》、《湖南农民运动考察报告》、《中国社会各阶级的分析》等文章按今天学术论文的科学性要求远非规范，甚至"不入流"，然而其对中国社会调查剖析之深入，表述判断之准确，却是今天大多数社会学成果所难以企及的。《新民主主义论》等著作所展现的社会思想、社会理论高屋建瓴、大气磅礴。

早期中国社会学成为"中国社会科学诸学科中最早提出本土化主张并卓有成效的学科"。① 中国社会学这些不同学派的一个共同特点是：知与行的统一。立足中国实际，植根中国文化，解决中国问题。社会学本土化的成功，当时中国社会学在世界的地位和影响，反复证明了"越是民族的、越是世界的"这个真理。

二　中国社会学恢复重建的历史背景

为什么早期社会学在中国取得巨大成功，而今天却仍处于一种落后状态？或者说，为什么老一辈社会学家在社会学传入中国的初期能够成功地本土化，而新时期恢复重建社会学却反倒渐行渐远？

对比相距半个多世纪的两个时期的中国社会学道路，"早期"社会学是从深切的人文关怀切入。20 世纪上半叶，中国社会面临内忧外患、国破家亡的深重灾难，许多学者怀着强烈的责任心使命感，投身于学术救国的大潮，力求准确理解变迁中的中国社会，探索民族振兴与发展之道。"作为处于社会侵蚀、国势日衰时代的中国社会学家，寻求富国强兵之道，谋划社会制度重建之策，是他们基本的关怀。然而，从严复开始，中国早

---

① 应星：《中国社会的转型与中国社会学的复兴》，《光明日报》2008 年 10 月 21 日，第 11 版。

期社会学家就已意识到了比制度建设更为重要，也更为艰巨的是人心的安顿。"①

"恢复重建期"社会学则是在"科学至上"的历史背景下引入的。时值十一届三中全会的历史转折，"文革"动乱结束，共和国百废待兴，恢复高考制度，全国科学大会召开，"学好数理化，走遍天下都不怕"的社会氛围下，社会学向自然科学看齐，以"科学性"为标准的学科建设就是必然的。

三　科学主义范式与人文主义范式分道扬镳

自然科学研究的目的是认识世界，寻求真理，把握客观规律。基于科学性要求的社会学主流意识形态认为，人类社会发展服从于"统计规律"。"尽管个体的行为各异，无法预测，总体或子群的平均值却相对稳定可靠。"② 就如单个的分子布朗运动毫无规律，但足够大量分子的运动产生温度压强可以总体测量。既然社会学的目标是探寻社会规律，以统计学为主要工具，以精确量化、数理分析为特色的社会学研究占据主流就不奇怪了。

"科学的"社会学否定、排斥或至少轻视"价值理性"。然而从人文关怀切入的"早期"社会学的成功，则表明本土社会研究必须高扬"人文价值"的旗帜。这里涉及社会学的出发点和目的地，以社会为研究对象的社会学，不是简单地"追求真理"，更多的应是"寻求价值"。"不追求价值的发展是毫无疑义的"，"为发展而发展是癌细胞的意识形态"。③

除了时代背景的不同、价值观念的不同外，学者的知识结构差异也是明显的。早期"学院派"社会学者多具有人类学、民族学背景，新时期社会学者统统突出了统计学训练。无论"早期"还是"新时期"，社会学都是"西学"。可以认为，恢复重建期的中国社会学基本是以西方社会学为"体"来研究、解释、解决中国问题，即"西体中用"；而早期中国社会学家尽具深厚的中国文化功底，自觉地将来自西方的人类学、民族学、社会学理论方法加以改造，"中学为体、西学为用"。

---

① 应星：《中国社会的转型与中国社会学的复兴》，《光明日报》2008年10月21日，第11版。
② 周旅军：《从类型逻辑和总体逻辑理解定量社会学新范式》，《中国社会科学报》2011年9月6日，第15版。
③ 冯务中：《提升国民幸福是社会发展的根本目标》，《新华文摘》2013年第5期。

比较改革开放以来中国恢复重建社会学与 20 世纪初叶早期中国社会学，也可以归结为风格迥异的两种不同范式：科学主义范式和人文主义范式。前者旨在追求真理，发现社会规律；后者着重寻求价值，解释人生意义。这种对比也恰好是"量化社会学"范式和"质性社会学"范式的对比。

四　植根于中华传统文化沃土

质性研究在西方的产生晚于中国早期社会学约半个世纪。但我们看到二者的很多相似之处，可以归结为同一范式。虽然质性研究或质性社会学无论在欧美还是在中国都尚未能进入社会学的主流，但我们看到，其内在的方法论、认识论基础暗合了中国传统思维方式，适宜于中国文化土壤，与中国早期社会学所致力的本土化社会学思想完全一致。

文化与思维方式紧密相关。东方文化"天人一体"世界观，采用整体思维，主客不分；西方文化恰好相反，征服自然，主客对立，分析思维。古代中国人主要停留在依靠直觉和领悟（和西方的"启示"相类似）的方式来认识自然。基于此，可以说西方文化主要是以"分析"为特征，而东方文化则主要是以"综合"为特征的。"分析"文化以演绎逻辑为其主要的认识方法，而"综合"文化则以"悟"为主要的认识手段。[1]

因此，从质性研究方法的角度定义"质性"，一层含义是意味着通过互动式的"体悟"而不是"测量"来获取社会相关信息，同时也隐含着"过程"与"意义"双重含义；另一层含义则是强调通过语言语义表述、文字文本分析来探讨事物"质的"方面。

中国传统文化"天人合一"宇宙观，"正心修身齐家治国平天下"、"家国同构"的社会观，"己所不欲、勿施于人"的伦理观，中医"望闻问切"方法论和认识论，都体现了质性思维的认识论特征。中国作为历史悠久的文明古国可以说在世界形成"社会"最早，植根中华民族传统文化的社会思想史蕴含形成"社会学"的沃土。古时读书人"不为良相，便为良医"、"进则救世，退则济民"的理想情怀，中医"望闻问切"的诊治方法及天人

---

[1]　杨玉良：《也谈李约瑟难题》，《新华文摘》2008 年第 23 期，第 138 页。

合一、相生相克的理论，都为没有"社会学"的社会研究提供了经验积累和理论借鉴。19世纪末20世纪初西方社会学传入中国，具有文化自觉的早期中国社会学家们在吸收外来经验的同时注重其本土化，早在20世纪初叶中国的社会学学科发展已领先于东亚并在世界占有一席之地。中国共产党从建党以来就形成了重视社会调查的传统和适合国情的社会调查方法。应当从传统中汲取营养，才能构建起独具中国特色的社会学体系。

第三节　吸收外来，汲取西方社会学的科学传统理性精神

作为一门独立学科的社会学的诞生，是基于欧洲国家社会大转型时期的需求应运而生的，是工业化、城市化、现代化的产物。与此同时，社会学也是伴随着近代自然科学的诞生而诞生的，这种渊源也使得社会学学科体系思想方法打上了浓厚的自然科学烙印。公认的社会学鼻祖、创始者法国人孔德就把社会学看作像自然科学一样，并认为是人类认识史上"科学序列"最高级也是最后一门学科。他对科学的排序依次为：数学、天文学、物理学、化学、生物学、社会学。社会学创立早期，干脆就叫"社会物理学"。之后，同样是法国社会学家涂尔干，以《社会学方法的准则》和《自杀论》等著作，奠定了社会学实证、定量研究的一般原则，并树立了示范样板。一代代西方社会学大师不断丰富发展着这门学科的理论和方法体系，但贯穿始终的是逻辑实证主义传统，尽量向自然科学靠拢看齐的方法论仍然是西方社会学的主流。

"科学的"社会学必须符合科学的特性。其一曰客观。就是强调研究者独立于研究对象之外，价值中立。只做客观描述，不做价值判断。反对先入为主，"人为"干预。其二曰实证。强调其"经验科学"特性，注重社会调查、社会实验，研究结果要求可重复、可检验。其三曰逻辑。倡导精确定量，注重数据分析、数学语言表达、数学模型统计方法。"只有当社会能够用数学语言来表示时，他的各部分之间的确切关系才能得到证实。只有当资料可以通过可信的计量工具用数量加以表示时，不同研究者的研究结果才能直接地加以比较。没有量化，社会学就只能停留在印象主义的臆想和未经证

实的见解，因而也就无法进行重复研究，确立因果关系和提供证实的通则。"[①]

我国恢复重建社会学以来，也一直十分明确地将其定位为"经验科学"。"中国社会学在恢复之初，主要是请美国社会学家来华讲学，受到美国社会学的研究风格影响较多一些。因此，30 年来的中国社会学在研究风格上更具有实证研究的特点。"[②] 以自然科学为模本，在研究应用中已经形成一整套"规范"严密的研究方法，包括抽样技术、量化资料收集技术、以数理统计为基础的资料分析技术等。确立了量化研究在中国社会学研究中的主导地位。

社会学领域这种"定量分析"的方法取得一定成功的同时，更表现出极大的局限性。其解释力、预测力很大程度上不如许多非定量的研究成果。"过度数量化"逐渐与现实脱节，使其"经世致用"功能演变为一场数字游戏。以致有人认为，与其说是"社会学"，不如说是"统计学"。我们以国外通行的五分制量表进行满意度测量，我们制定评比"幸福指数""和谐指标"，我们去计算现代化的实现程度，发布"中华民族伟大复兴完成 62%"的重大成果，我们的研究论文越来越精致"精确"，成果越来越与国际"接轨"。但，我们至今还没看到产生费孝通早期提出"差序结构"类似的具有解释力的宏大理论，未能有达到或超过费老的国际公认大师。

不少学者开始对追求精确定量的社会学进行反思。譬如对定量研究最常用的问卷调查方法加以"解构"，指出问卷的元假设、基本概念中存在诸多问题，问卷调查获取的数据都是被调查者面对调查员时"主体建构"的结果，而非"客观存在"的数据被发掘出来了。[③] 还有指出，社会学研究对象微观个体是有血、有肉、有思想的人，不可能把人像物一样分析测量。即使是"物"的微观粒子，其运动遵循海森堡测不准原理（不确定性原理）也

---

① 哈拉兰博斯：《社会学基础》，上海社会科学院出版社 1986 年版，第 60—61 页；转引自陈雯《社会科学研究中质与量的方法选择》，《重庆社会科学》2009 年第 3 期，第 115—118 页。

② 李强：《理论研究对于社会调查及实证研究的重要性》，《中国社会科学报》2009 年 10 月 29 日第 7 版。

③ 潘绥铭：《"主体建构"视角更应用于问卷调查》，《中国社会科学报》2010 年 6 月 29 日，第 11 版。

不可能准确测量。任何社会也几乎不存在"理想化"状态，研究者无法做到完全的"价值中立"。但另一种观点认为，当前中国社会学界的研究不是过于强调量化，相反是大量研究者的浅陋，量化研究的不规范，大规模调查的不足，抽样技术问题等。

伴随"后现代"思潮兴起，西方社会科学的发展产生了"质性研究方法"。实际上质性研究方法并非仅限于社会学领域，而是自一开始就广泛应用于教育学、心理学等不同学科。

质性研究在20世纪80年代末、90年代初被介绍到中国，又被翻译为"定性研究"、"质的研究"、"质化研究"等。其应用较早集中在社会性别研究领域，凸显女性主义方法论视角。已经形成了包括参与观察、个案研究、深度访谈、焦点（主题）小组法、民族志（人种志）方法、扎根理论、叙事研究（内容分析、口述史、音像资料）、行动研究等一整套方法体系。概括起来质性研究方法具有几个主要特点：一曰"参与性"，二曰"情境主义和整体主义"，三曰"理解原则"。

"参与性"不是简单的参加，而是打破研究者与研究对象的主客体界限，"研究者本人是主要的研究工具，其个人背景以及和被研究者之间的关系对研究过程和结果的影响必须加以考虑"。质性研究特别强调参与、体验，"相处式"调查，进入中国后开始阶段的许多课题都是以"参与式""行动研究"为关键词的。这就摒弃和否定了所谓的"客观性""价值中立"的科学性要求。

"整体主义和情境主义"表现在注重个案、强调"过程"。主张把社会现象放在具体的历史场景和社会网络中去考察，进行深入和长期的研究。强调倾听，尽量不干扰"自然情境"，跟踪事物的动态发展历程而不是只关注结果。更加注重语言、文本而不是数据。以深度访谈取代一定规模的问卷调查。认为"研究过程是研究结果中的一个必不可少的部分，必须详细记载和报道"。

"理解原则"提倡"地方性知识"。研究的目的不仅仅是描述现象、探求规律，而是要解释、理解其意义。透过文本语言语义分析，反思，多面反复归纳，挖掘"话语背后的话语"，"从当事人的视角理解他们行为的意义和他们对事物的看法"。

第四节　面向未来，立足于当代认知科学前沿

一　世界上最不可理解之事，在于这世界竟然可以被理解

前面讨论质性社会学范式特征，我们指出质性社会学是理解社会学，目的在于对社会现象的理解和解释，而不仅仅是描述、呈现研究对象。那么，研究者怎样能够理解所研究的人与社会？据说爱因斯坦说过这样一句话，"世界上最不可理解之事，在于这世界竟然可以被理解"，听起来有点拗口，仔细想蛮有哲理。

西方社会学一再强调研究者的"客观"与"中立"。人有五官，眼、耳、鼻、口、手；有五觉，视觉、听觉、嗅觉、味觉、触觉。用这五觉去感知身边的世界，谓之"客观"。然而随着科学的发展，现在已经开始有越来越多的科学家相信，这不一定就是客观的。因为我们的五官感受世界之后，把信息集中到大脑进行处理，但我们至今仍不能确切知道人的大脑到底是如何工作的。人常说"眼见为实，耳闻是虚"，已经有越来越多的事实证明，眼见耳闻都有可能是虚。科学家相信，其实我们已知的物质质量在整个宇宙中只占不到5%，其余约95%的物质存在形式是我们根本不知道的，即暗物质和暗能量。对于暗物质、暗能量，我们既不可能"看见"，目前也不能用任何仪器或方法间接测量，只能从理论上证明其真实存在。人对所处的"客观世界"了解如此之少，对于自身，对于大脑如何感知、认知周围存在的工作原理，其实知之更少。

二　全息摄影理论与脑神经科学

人类大脑思考过程中一个最不可思议的功能是联想能力。如果有人要你告诉他，当他说"斑马"这个字时，你会想到什么。你不需要笨拙地搜寻某种巨大的脑部字母档案库才能得到一个答案。相反地，一些联想，如"条纹""马"和"非洲野生动物"等词语会瞬间跳入你的脑中。当提到某个你所熟悉的朋友的名字，你的脑海会立即浮现出他的形象，以及他的家庭、工作背景等。在人的大脑中，似乎每一件资料都与其他所有资料相互连

接，这也恰好是前面讨论过的全息理论的基本特性，即系统的每一部分都与其他部分交互关联。

人的大脑如何翻译它从感官所得到的大量波动（光波声波等），使之成为人们知觉的具体世界？一些脑神经科学家认为，如果人的大脑是根据全息摄影的原理来工作，就比较容易理解人能迅速从庞大的记忆仓库中取出所需的任何资料的能力。正如全息摄影能够通过某种镜头某种传译工具把显然无意义的波动图案转变为连贯的影像，记录与解读波动正是全像摄影最擅长的。阿根廷籍的意大利脑神经研究者 Hugo Zucarelli 迷惑于人脑在即使只有一只耳朵有听觉的情况下，也能够不用转头就侦测出声音的来源方向。他把全息模型应用到听觉的世界中，发现全息原理可以解释这种能力。Zucarelli 也发展出全像式音响的科技，能够几乎真实无误地复制声音。脑部根据外在波动的输入，以数学方式建立"坚硬"的现实。这种想法也得到许多实验上的支持。实验发现，人的感官对于波动的敏感度要比先前所认为的远为强烈。例如，研究者发现人的视觉对声波也很敏感，甚至人体内的细胞也对很广大范围的波动敏感。如此的发现使人们推论，只有在全息式的知觉领域中，这种波动才能被整理归类为正常的知觉。

三 大数据与质性研究

前面讨论质性社会学的话语表达方式，我们指出质性社会学研究强调语言语义分析，相对不注重数据模型表述。然而，今天我们正处在一个"大数据时代"，所有的语言文字、声音图像、视频甚至气味都可以转换为数据，"一切皆数据"正是大数据时代的特征。那么，在此背景下质性社会学有无前景？

必须指出，此数据非彼数据。质性社会学希望避免西方社会学以近代数理自然科学为模板的统计主义方法论的局限性，因此特别强调"原生态"自然语言的意义。前面我们讨论过"大数据"和"小数据"的区别，这里统计主义社会学所涉及的数据统统都是"小数据"！而大数据方法本质上正是向质性方法的回归。可以认为，大数据与质性方法的融合应当是现代社会学方法发展的方向。

美国是社会学问卷调查方法的发源地，其民意调查机构民意调查传统有的已经有百多年的历史，调查分析技术已十分成熟。然而 2016 年美国总统大选结果还是令几乎所有的媒体和民调智库机构大跌眼镜。民意调查中各类预测数据领先、被一致看好的希拉里最终败北，而被民调预测"不靠谱""不可能"的特朗普胜选上台。于是马上就有媒体发声："大数据预测为什么往往出错？"其实这里不是大数据出错，而恰恰是小数据的局限性所致。民意调查的样本不管有多大，调查抽样设计无论多么精确巧妙，都依然还是"小数据"，采用的仍然是传统的数学分析处理方法，其基本思路和出发点是基于还原论的确定性思维。

我们所说大数据时代的到来，意指从近代科学到现代科学，我们已经进入了复杂性科学时代。大数据分析的"算法"不排斥统计学，但更加倚重于"直觉"和人脑的功能。实际的大数据分析过程中，分析技术的核心是"数据挖掘"，是从大量的、不完全的、有噪声的、模糊的、随机的实际应用数据中，提取隐含在其中的人们事先不知道的，但又是潜在有用的信息和知识的过程。这一方法实质上相当于数据科学家进行借助机器的质性研究，只不过这里质性研究的"在场"体现为"在线"。"挖掘"要有深度，由表入里、由浅到深；而质性研究强调"深度访谈"、"深入生活"。因此，一方面质性研究方法的核心理念和想象力贯穿在大数据分析过程中，另一方面"小数据"量化分析所依赖的统计学方法也在其中得到应用和延伸。大数据分析过程实际体现了质性研究方法和传统量化分析方法的有机融合。

社会学调查研究即是对研究对象社会系统的显现信息"采集"和潜在信息"挖掘"的过程。简而言之，可以认为，量化分析的统计社会学注重的是对外在表面显现的指标数据的采集"测量"，质性社会学强调的是对潜在信息的参与其中的深度"挖掘"。实际上任何系统中潜在信息总是比显现信息要更丰富也重要得多，更接近事物本质、决定演变的走向趋势。因此，大数据时代质性社会学不仅不会过时，且能够发挥更大的作用。

四　人工智能与整体认知

当代科学技术人工智能的快速发展，对于社会学研究也带来很多有益的启示。而人工智能领域引起公众关注的标志性事件，莫过于 2016 年 3 月，由谷歌公司开发的人工智能围棋程序"阿尔法狗"与围棋世界冠军、职业九段棋手李世石进行围棋人机大战，以 4 比 1 的总比分获胜；2016 年末2017 年初，该程序在中国棋类网站上以"大师"（Master）为注册账号与中日韩数十位围棋高手进行快棋对决，连续 60 局无一败绩；2017 年 5 月，在中国乌镇围棋峰会上，它与排名世界第一的世界围棋冠军柯洁对战，又以 3 比 0 的总比分获胜。围棋界公认机器人"阿尔法狗"的棋力已经超过人类职业围棋顶尖水平。

其实早在此 20 年前，1997 年 5 月 11 日，就已经有机器人"深蓝"在正常时限的国际象棋比赛中首次击败了等级分排名世界第一的俄罗斯棋手加里·卡斯帕罗夫。"深蓝"是美国 IBM 公司生产的一台超级国际象棋电脑，重 1270 公斤，有 32 个微处理器，每秒可计算 2 亿步。然而"深蓝"的成功并未像后来的阿尔法狗那样被认为是人工智能的重大突破。一方面，国际象棋的走法是有限的，比之变幻无穷的围棋可以说要简单得多。另一方面，"深蓝"中输入了一百多年来世界顶尖国际象棋优秀棋手的对局棋谱两百多万局，"深蓝"与人类棋手对弈获胜，完全是由于机器强大的记忆力和计算能力。也就是说"深蓝"充其量只是一台超级专用电脑，并不具备人的思维能力和智力。而"阿尔法狗"下棋则不依赖于任何棋谱，实际上它完全是从零开始"自学成才"。它具有深度学习、增强学习的功能，通过与人类棋手的博弈和不断地自我博弈，积累经验飞速进步从而达到战无不胜的境界。这里了不起的是它能够像人一样拥有"棋感"，能"看懂"围棋的"势"，对每一个局面估算有利程度，取有利程度最大的选择。

棋手的棋感是在长时间积累中形成的，是人类特有的直觉。围棋棋局的"势"即局势、形势，是棋手从整体出发对棋局的判断。对于机器而言，如果你给它看一张图片，它"看到"的无非是一堆 0/1 这样的二进制数字，除了最基础的可以去数里面有多少种不同颜色什么信息以外，其他的啥都不知道。而人一开始是从全局的角度看这个图片，一眼就能知道这个图片大概是什么东西、什么内容。人工智能神经网络应用在计算机视觉上的重要突破，就是不再让计算机用 0/1 来识别图像内容，而是让计算机自动地去抽取图像的语义特征。当然一开始很可能只是一个一个小图块组合方式的语义特征，计算机就可以开始慢慢地感知到这个图形的组合特征，进而形成了概念和"直觉"。

从"深蓝"到"阿尔法狗"，由穷尽棋谱检索到模拟直觉思维。单就记忆力和计算能力而言，人脑肯定不如电脑。但人的大脑特有的整体识别、模糊认知、直觉判断这些功能却是电脑所不具备的。人工智能的进展也正是机器向人脑"增强学习"所取得的成功。质性社会学的核心要义，就是充分发挥和依靠人脑的功能，着眼于整体，倚重于直觉；而不是反其道而行之，把人脑交给电脑，迷信于具体数字和"计算"。我们看到，近年来国内每年都有知名高校举办"质化研究方法"论坛和培训班，其培训的主要内容居然是对"质化资料"的计算机编码处理方法，也就是说硬生生要把质性研究纳入统计社会学范式。从人工智能的发展演进就可以看出，这显然是一种倒退。

由此可见，脑科学、心理学等认知科学研究的最新进展，尤其人工智能领域研究的飞速进步表明：质性社会学不仅要有充分的"文化自信"，而且也应当有足够的"科学自信"。

第五节　取道质性研究、回归人文传统，建构中国特色社会学话语体系

回到一开始的问题，社会学中国化的途径何在？从前面的比较可以得出结论：取道质性研究，回归人文传统。

社会学的本土化不是也不可能排斥"西学"。实际上西方社会学的发展早已超越了实证主义方法论，认识到简单定量实证分析的局限性，一方面引入借鉴系统科学复杂性科学理论方法对定量研究加以完善，另一方面其理论思潮经历了由实证主义—人文主义—批判主义的"进化"或演变。实证主义理论传统强调"社会事实"，追求"精确量化"、崇尚"价值中立"；人文主义理论则着眼于"理解"，强调"意义"，不避讳"价值"；批判主义理论主张和强调对现实的批判、批评、反思、修正、革命。这三种，既可以看成是沿时间序列发展的三个阶段，也可以看成不同地理空间不同文化传统形成的三种思潮或侧重点。

质性研究有着鲜明的人文主义色彩，也兼具批判主义精神，同时不排斥实证主义方法。事实上，费老生前一直在倡导社会学的人文性，主张社会学

是具有科学和人文双重性格的学科。这与质性研究的理念是一致的。当前，回归人文传统具有紧迫性。质性研究可以成为社会学中国化的方向和路径，中国社会学应当在质性社会学基础上建立理论和概念体系。

社会是个体的人通过"文化"而粘合起来的集合体。社会学的中国化不是简单地用西方概念理论来研究中国问题，而是要深深植根于民族文化、思维方式。有学者指出当代中国社会学是淡化、排斥文化研究的社会学，呼吁重新认识文化研究的地位和作用。"无论从中国社会学面临的紧迫任务还是从中国社会学的深入发展而言，加强文化研究都是不可回避的重大时代课题。"[①]

我们主张取道质性研究的本土化路径，正是因为质性研究与中国文化的契合。中国文化注重整体思维，"天人合一"；质性研究的"整体主义与情境主义"与此高度一致。代表中国传统文化整体联系的思维方式最典型的是中医理论，不同于西医"头疼医头，脚疼医脚"，而是从一对耳朵或手、足都可找到代表五脏六腑全身器官的穴位，并通过其治病。按照严格的科学逻辑，单一个案的研究不具代表性，需要大量个案足够多样本的数据分析才能反映客观真实。然而质性研究重视个案依托个案，依据的正是这种"以小见大"、"一滴水可以见太阳"的整体思维。

早期社会学家深入田野的社区研究，几乎都是深入的个案研究、深度访谈。费孝通著《江村经济》多次深入江村，考察苏南模式、温州模式等发现《小城镇、大问题》。由点及面，典型调查，正是革命社会学派的代表毛泽东所倡导的"解剖麻雀"的方法。他们的研究"把社会学的研究界限扩至对人和人、心和心、文明和文化问题的深层次"，"深入思考在制度背后真正起支撑作用的价值和人心问题"。[②]

中国传统文化处世为人讲究"将心比心"，传统思维方式重直觉、重感悟、重类比，这些都可以在质性研究强调的"参与"、"理解"原则中找到。也许直觉更能接近事物的本质，"将心比心"或可使复杂的逻辑推演简单化。社会学的中国化必须注重本土文化和思维方式，在此意义上，"统计社会学"应当让位于"质性社会学"。

---

① 刘少杰：《重新认识文化研究在中国社会学中的地位——兼论孙本文对文化社会学研究的贡献与局限》，《社会科学研究》2012 年第 5 期。

② 应星：《中国社会的转型与中国社会学的复兴》，《光明日报》2008 年 10 月 21 日，第 11 版。

参考文献

费孝通：《试谈扩展社会学的传统界限》，《北京大学学报》（哲学社会科学版）第 40 卷第 3 期，2003 年 5 月。

郑杭生：《社会学概论新修》，中国人民大学出版社 2003 年版。

陈向明：《质的研究方法与社会科学研究》，教育科学出版社 2000 年版。

文军、蒋逸民：《质性研究概论》，北京大学出版社 2010 年版。

陆益龙：《定性社会研究方法》，商务印书馆 2011 年版。

安东尼·吉登斯、菲利普·萨顿：《社会学》（第 7 版），赵旭东等译，北京大学出版社 2015 年版。

斯蒂芬·K. 桑德森：《宏观社会学》（第 4 版），高永平译，中国人民大学出版社 2013 年版。

约翰·J. 麦休尼斯：《社会学》（第 11 版），凤笑天等译，中国人民大学出版社 2009 年。

米尔斯：《社会学的想象力》，陈强、张永强译，三联书店 2005 年版。

索 引

后　记

　　本书为国家哲学社会科学基金社会学一般项目"本体经验与社会学质性方法研究"（立项号10BSH006）的最终成果。从2010年课题申报立项到2016年最终书稿完成历时7年。2016年10月免鉴定结项，2017年入选国家哲学社会科学文库后，根据评审专家意见再次进行了修改。

　　本书的完成首先要感谢参与本课题的陕西省社会科学院社会学研究所课题组成员：江波、尹小俊、牛昉、张春华、王旭瑞、谢雨锋、杨红娟、吴南、张影舒、高萍。课题研究团队在资料收集整理和初稿撰写中分工合作、齐心协力。这本书是集体智慧的结晶。大家在完成阶段性成果发表课题论文的同时，还组织举办了全国性相关主题研讨会8次（2010～2017年，每年全国社会学年会举办"质性社会学"分论坛），编撰《质性社会学研究》学术刊物累计12期（2011～2013年以季刊出版10期，2014年、2015年以年刊出版2期），在已有的质性研究积淀和经验积累的基础上，实现本土成果的层次化和类型化，形成质性方法相关研究的"成果群"，同时也形成陕西省社会科学院社会学研究的"质性"特色。

　　这里特别要感谢江波研究员，他思维活跃，灵感迭出。记得课题刚立项那段时间，我们几乎每天一起讨论，"质性社会学"成为团队成员的口头禅。实际上，书中一些核心概念如"质性社会"就是由他首次提出的，从项目申报到书稿完成，都包含着江波的重要贡献。感谢尹小俊副研究员，他认真踏实，博览群书，对国内外质性研究方法从兴起到传播发展的历史进行了系统梳理，在书稿撰写过程中做了大量卓有成效的工作。还要感谢人文杂志社秦开凤研究员，她虽不是课题组成员，但作为阶段性成果的责编，对于课题研究提出过不少有益的建设性意见，最终书稿的形成也凝聚着她大量的辛勤劳动。

　　必须要感谢社会科学文献出版社谢寿光社长、童根兴副总编辑、邓泳红主任、谢蕊芬主任和隋嘉滨编辑，没有他们对本书的肯定、鼓励和鼎力推荐，认真、细致的编辑和修订，这本书就不可能列入国家哲学社会科学成果文库而呈现给大家。

　　最后要感谢全国哲学社会科学规划办公室和专家评委，他们对本书初稿提出了极为中肯、切实而关键的修改意见，使得本书在原有基础上得以初步形成一个较为完整的理论架构。当然，目前的概念体系和解释框架还需要进一步建构和完善，这也正是我们下一步要做的工作。我们热诚欢迎和期待大家对本书提出批评和建议。

石　英

2018 年 1 月 22 日

于西安

图书在版编目（CIP）数据

质性社会学导论：基于本土经验的社会学话语体系
建构/石英著 . -- 北京：社会科学文献出版社，
2018.3
　（国家哲学社会科学成果文库）
　ISBN 978 - 7 - 5201 - 2411 - 9

　Ⅰ.①质…　Ⅱ.①石…　Ⅲ.①社会学 - 研究　Ⅳ.
①C91

　中国版本图书馆 CIP 数据核字（2018）第 047909 号

· 国家哲学社会科学成果文库 ·

质性社会学导论
——基于本土经验的社会学话语体系建构

著　　者/石　英

出 版 人/谢寿光
项目统筹/谢蕊芬
责任编辑/隋嘉滨

出　　版/社会科学文献出版社 · 社会学出版中心（010）59367159
　　　　　地址：北京市北三环中路甲 29 号院华龙大厦　邮编：100029
　　　　　网址：www.ssap.com.cn
发　　行/市场营销中心（010）59367081　59367018
印　　装/三河市东方印刷有限公司

规　　格/开　本：787mm × 1092mm　1/16
　　　　　印　张：16.25　字　数：267 千字
版　　次/2018 年 3 月第 1 版　2018 年 3 月第 1 次印刷
书　　号/ISBN 978 - 7 - 5201 - 2411 - 9
定　　价/99.00 元